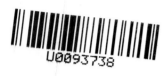

吟遊問俠之

食趣

飲饌叢談

龔鵬程 著

編序

人文的感應，友情的見證

陳曉林

編印這套「龔鵬程學、思、俠、遊特輯」，是由我向一些友人倡議，獲得熱烈回應而成事的。故而這一特輯問世之際，鵬程兄要我略綴數語以誌始末，我當然義不容辭。

鵬程兄是我深為敬重的朋友，就年齒言，尚小我數載，但他在人文學術上之造詣與著述，頗有非我所能企及的境域。更遑論他曾是佛光大學、南華大學的創校校長，及諸多民間著名學院、學會、學刊的創始人或主持者。我對鵬程這些與學術領域相關的煌煌履歷倒沒有什麼高山仰止的感覺，但對他於費心辦學與用世的同時，猶能寫出數量如此龐大、內容如此精湛的著作與論述，委實感佩無已。

在人文學術方面，我與鵬程論學脈則各有師承，論哲思亦各有宗主；但他對儒、釋、道三大主流的疏釋，及融貫三教而扼要詮述的創見，在大關大節處之把握，我率多能欣然認同，甚且歡喜讚嘆，至於若干考證或比勘上的細節，看法或有異同，則無關宏旨。總之，我認為鵬程在人文學術上的論述，其價值自有可大可久者在焉。

而我與鵬程能成為莫逆之交，亦非偶然，實因在一特定的時空情境下，他與我皆面對不測的凶險，卻不約而同表現了「臨大節而不可奪也」的氣概。後來發現，我與他皆從小認同俠義精神，並喜愛俠義傳奇，所以事到臨頭，能夠不畏強權、冷對橫逆，實也不足為奇。嗣後，鵬程和我及兩岸某些喜好俠義理念及武俠文學的朋友創辦中華武俠文學學會，推鵬程為會長，我則在主辦的出版社規畫出版古龍、梁羽生、倪匡、溫瑞安等的武俠經典，以迄於今，自也殊非偶然。

這套特輯的編選出自我的心裁，三教新論，是鵬程多年來對儒釋道三脈經典及相關理念的學術論述，海涵地負，自成一家。吟遊、大俠、武藝、食趣，是鵬程從文化與精神層面呈現古今詩人、文士、俠客的特殊風貌。九州心影，則是他遊歷神州大地的人文記錄，其間涵括論學的篇章、文化的光影，固不待言。

事實上，迄耳順之年，鵬程成稿的書籍早已遠逾百冊，由這十書編成的「學、思、俠、遊」特輯，不過只占其十分之一。但於我而言，這些是我在鵬程著作中特別珍視的篇章，充分凸顯了鵬程的深廣學思、俠義心性和淑世情懷；而這些，正是包括我及一些朋友和鵬程最能深心契合的交集所在。

常有關心的友人問我：你曾以文章述學抒懷，給人留下印象，何以多年未見大論述？我輒答以：在文化思想的大關節、大方向上與龔鵬程相近，他既寫下偌多著作，我便偷懶了。這雖或是戲言，卻真切反映了我對鵬程著作的契合和肯定。

此次和我一起出資集印這套特輯的友人，包括張正、黃滈權、吳安安、林鍾朝銓、龔明湘、古凌等位，皆是我引介給鵬程認識的朋友，且皆非人文學界中人（**張正為陽明交大生技學院前院長，亦非人文學界**）；他們與鵬程一見如故，多年來有機會便相聚暢敘，如平生歡。鵬程雖學養深厚，然為性情中人，與我們這些朋友尤其意氣相投，每聚皆開懷忘憂。他們一聽我有此倡議，皆熱烈回應，認為這套書可作為一個紀念，見證彼此友誼長在，文化價值長存。

自大陸經濟起飛後，常見內地一些具人文情懷的企業家基於對中華文化的認同，熱心拾穗蒐珍，捐資為在台灣漸被遺忘的文史大師們印行全集；而我確信，未來必有識貨之人會隆重編印鵬程的上百冊全集，當成重要文化典籍，垂諸久遠。然而鵬程畢竟是出身台灣的學者，是我們的好友，故此時推出這套特輯，誠然也不無微衷，意在彰示於所謂去中國化的狂潮下，台灣仍有對人文理念和實踐念茲在茲的明眼人也。

寫至此，忽憶起唐朝詩人韋應物的「喜會故人」五律，遂略易數字，藉以表達身邊這些俠氣朋友的情誼：

兩岸曾為客，相逢每醉還。
浮雲一別後，流水數年間。
歡笑情如舊，蕭疏鬢已斑。
何因不歸去？海上望空山。

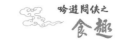

自序

定光古佛今又來

龔鵬程

一、羊頭燉之已爛，挑燈說劍未央

晚清楊守敬以書名天下，友朋來往，筆札亦多妙趣。如梁鼎芬一短簡云：「燉羊頭已爛，不攜小真書手卷來，不得吃也。」詩人周棄子先生外祖母就是楊氏女兒，故後來看見此柬，不禁感歎「承平文宴，脯醊風流。神往前賢，心傷世變，不止妙墨劫灰之可為太息也！」

周棄公之嘆，當然與他們那一輩師友棄其鄉里、流散入台有關。但當年楊守敬、梁鼎芬等人的詩酒文墨之樂，台灣未必不能繼承。棄公自己在東坡生日時與友人劇談，便曾說：「清班台省夙迴翔，載酒江湖亦敢狂。直以友朋為性命，豈因才略掩文章……」。

當時他們一批輾轉入台的學仕文人，迴翔於故土和島嶼，歌哭於清班和江湖，正如此詩所云。大難之後，友朋尤親。我和陳曉林兄即在此時，因緣際會，輒與作歡，羊頭燉之已爛，挑燈說劍未央。

後來少年子弟江湖老，前輩師友漸漸消散，幸而陪著我們的共樂同袍卻始終不曾離去。

從前孫悟空怕闖禍，連累了師父，所以起誓說「絕不敢提起師父，只說是我自家會的便罷！」希臘赫拉克利特（Heraclitus）也說自己不是誰的學生，辯證法皆出於自己的探討。

我非老孫，豈敢說此違心之語？我的本領，都憑師友。早期的，是前文所述周棄公一類人，後來仰賴同行同業則愈來愈多。相信許多人也是如此。

但道遠而歧、術用而紛，靠知識專業或職業維繫下來的友誼，往往經不起消磨，因為人事變遷，知識專業和職業也隨之屢變。所以我還需要另一群非親、非故、非同鄉、非同行、非同業、也無任何利益交換的朋友。

不必噓寒問暖，不必引經據典，也不用家長里短，更不須以國破家亡、新愁舊怨來藉口。我鴻飛冥冥，他們也天南地北，擔簦異路，事業各別，彼此不能長聚。但想到王維形容古遊俠：「新豐美酒斗十千，咸陽遊俠多少年。相逢意氣為君飲，繫馬高樓垂柳邊」，或李白高歌「天生我材必有用，千金散盡還復來。烹羊宰牛且為樂，會須一飲三百杯」時，我馬上就會遇到他們了。

我是靠曉林兄跟他們聚起來的，非儒非墨，蓋近於俠乎？飲於山巔水涯，必以缺一人為憾。

今年我將返台，曉林說疫後久不見矣，應大集慶祝以補憾。乃輯編了我論儒道佛三教、論遊、論俠、論武、論飲食，以及在大陸十年間的遊記，合為十本，諸友贊助，共為紀念。

二、定光古佛今又來

我的感動是不消說的。但在此刻，正猶豫著，欲說感謝之辭還是休說為好呢，忽然想起從前恰好日本有位和尚就叫一休。

一休出身本也高貴，父親是後小松天皇，母親是藤原照子。可惜父母不合，照子逃出宮廷，生下了他。所以一休之名，意思大約同於「也罷」。

也罷之人，行止不免狂亂，狎妓縱酒，無所不為。「夜夜鴛鴦禪榻被，風流私語一身閑」「美人雲雨愛河深，樓子老禪樓上吟」。本應為名教所訶，不料竟暴得大名。晚年自稱「忍辱仙人常不經，菩提果滿已圓成。拔無因果任孤陋，一個盲人引眾盲」，也不知是自詡還是自傷。

我曾看過一休自己寫的「一個盲人引眾盲」書法條幅，拍賣價格三十八萬八。

其實此語是用典，早期丹霞天然、大慧宗杲等禪師都說過這等話。

大慧宗杲尤其是臨濟宗楊岐派高僧，與富季申，張九成等友善，積極參政。秦檜恐其議己，竟褫奪他僧籍，刺配衡陽。不料入城前夕「太守及市民皆夢定光佛入城，明日杲至」。所以百姓赴從者萬餘人，都說是定光佛降世。

一休寫這句詩，雖謙稱自己只是一盲導引眾盲，但心中不會沒有大慧宗杲這段故事，也不會不知道佛教自家的忍辱仙人故事。

我們學者文人，大抵皆如一休，乃時代之棄嬰。或苟全性命於亂世、或詩酒婦人以自晦、或議政干時以賈禍、或膺淡泊寧靜之空名、或蒙盲以導盲之譏誚，誰能僥倖有定光古佛之譽望哉？

詩曰：我亦定光佛，曾燃七寶燈，煮字三千萬，塊然土木僧。感激唯舊友，冰塍曾偕登，又觀雲中道，稽首謝鯤鵬。

三、莽蒼歲月，大海洄瀾

回首當年，我還年輕時，時代倒真是站在我們這邊的。梁啟超《少年中國說》曾經講得豪氣干雲：「今日之責任，不在他人，而全在我少年。少年智則國智，少年富則國富；少年強則國強，少年獨立則國獨立……」。

大概那時民國肇建，少年中國遂給了少年無窮底氣，故歌聲嘹亮若此。隨後毛澤東、方東美、王光祈都參加了的「少年中國學會」顯然即繼其風而起者，五四運動期間的北大「新青年」也是，但少年很快就成青年了。

青年都做了些什麼？壯烈者，如十萬青年十萬軍；陷於盲動者，如學潮不斷，趕老師、趕校長；到台灣以後，馮滬祥雖然還在寫著《青年與國運》，青年其實已對國運無從措手。

不只台灣如此。年輕的美國，才剛剛以年輕氣盛自誇，看不起老大腐朽的中國和英國；卻很快，二十世紀五十年代，青年就成了垮掉的一代（或稱疲憊的一代，Beat Generation）；然後是性解放、搖滾樂、衣衫襤褸、反戰和躺平。青年成了國家的對立面。

台灣不是美國，青年的氣焰張揚不起來，學潮都壓住了，時代也不一樣。一九四九年大批中壯老年學者來台，「新青年」只成為期待，老專家和中壯學者文化人才是主力。

張其昀、錢穆、唐君毅、牟宗三等在辦學；臺靜農、魏建功、洪炎秋、何欣等在台大、國語日報社；林尹、魯實先在師大；故宮、中研院、中央圖書館也是大老雲集。出版界，如王雲五的商務、劉國瑞的學生書局、劉紹唐的《傳記文學》等等更是。台灣及港澳新馬緬越各地不願附從紅旗之青年，乃亦因緣際會，群聚於此。

青年得前輩調護引導，甚或可以詩酒相從，無疑是幸運的。那些年，雖然李敖一直悻悻然喊著老人應該交棒，可實際上老輩愛才、獎掖青年，佳話頗多。

那時，美國流行大師為青年開設大一通識課程，台灣也頗從風。像我大一參加國學營，方東美先生居然親臨授課，大氣磅礡、渾淪浩瀚，令人難忘。

台北以外地區，隱士素儒，教化一方者也不罕見。友人王財貴，於師專畢業後去鄉間實習，聽聞當地有掌牧民先生，常指導鄉人讀書。財貴好奇，也跟著去看看。掌先生一問才知，除教科書外他並沒讀過任何古籍，於是才教他讀經之法。如今財貴在大陸推動兒童讀經，成果斐然，皆掌先生之賜也。

我最近在花蓮，地方人士也常與我談到當年老儒駱香林成立說頑精舍、奇萊吟社，編《洄瀾同人集》的事。花蓮青年受其裁成鼓舞者甚多。近年風氣澆薄，一說起五六十年代，好似白色恐怖之外，這些激揚文運、少長咸集的事都不值一提了。我對此，是深不以為然的。

四、出入三教，以實濟虛

當然，論斷老蔣在台功過，非我小文所能為。但相對於大陸之文化大革命、破四舊，老蔣主推的中華文化復興運動，無論如何，都是裨益千秋的大事，我自己亦深獲其益。

首先是潘重規、周何先生等所編語文課本，加上以四書為主的「中國文化基本教材」，對於國人之文化教養，植基甚厚。大陸至今引進、仿擬不斷，便足以見其價值。

我父立逑公，江西吉安（古名廬陵）人。鄉邦素以「文章節義」自許，崇拜歐陽修、文天祥。明正德年間，廬陵知縣王陽明又在當地青原山講學，嘉靖年間且在六祖惠能弟子行思的道場（淨居寺）旁創青原會館，並於附近安福、泰和、永豐、吉水、新建、南城等地廣設書院。一時人才稱勝，故黃宗羲說：「姚江之學，惟江右為得其傳。」

我生長雖在台灣，但廬陵父老很早就教會我歐陽文章、文山節義、陽明心學了。入學後，對於國語文課程植本立基之教自然也就少習若天成。

學校對我很滿意，要不就勸我跳級，不必浪費時間；要不就鼓勵我自學，免得在校淘氣；要不則留著我，派去各種國語文競賽（作文、閱讀、朗誦、演講、書法）得獎。我則樂於以此為保護傘，可以雖在校而嬉遊浪蕩為俠客行。老師輩憫其憨直，看了也只是笑笑。

其實那時已漸入魔道，不只是行為上練武、鬥狠、打架、爭地盤，更是從台灣武術秘笈漸漸搜羅到了香港《當代武壇》之類；從神打，進而講求神術神方如《秘術一千種》、《萬法歸宗》之類江湖術士的奇門道法，續命、起魂、入陰、養鬼、圓光、降神、修禪等等，差點還要去台北南懷瑾的十方叢林。

我家世傳之學，本來瞧不起這類江湖道術。伯父乾升公出身國立中正大學，可算新派知識份子。離開大陸時，與六十三代天師張恩溥大真人在韶關相遇，一時莫逆，竟爾結拜入台。天師後來主持政府冊封之嗣漢天師府，伯父翊贊甚力，而道法本諸易學易圖，從不講怪力亂神。即使後來以風水揚名，所用亦不過江西楊救貧、賴布衣之法。堂兄龔群後來輔佐天師多年，以符法精湛見稱，但大抵也是如此。

所以這時隱然覺得不妙，武人李小龍又猝死了，我則考上了大學，改弦更張，正當其時。乃下定決心由正道上去探微掘隱，闡發儒、道、佛的奧秘。

除了努力聽講，還要氾濫群書，充分利用淡江大學舊藏。其次是擔心遊騎散漫無歸，每年都要自訂功課，寫成稿本。大一是註解《莊子》，大二寫《謝宣城詩研究》，大三是《古學微論》，總說儒、道、名、法、墨、與陰陽，大四又寫了《近代詩家與詩派》。一年義理考據、一年詞章，交替而行。

五十年來，總是如此，縱橫求索，文學史、思想史、文化史、藝術史、社會史，什麼論題都要研究。每年不少於七十萬字，不徐不急，盈科而後進。

思想當然逐年遞有進境，範圍也愈來愈為廣袤，精勤博大，學界少有其比。古人常惋惜才子多半沒學問，因為揮灑其才即足以驚世了。享此才名，就懶得在書卷裡打熬氣力。這是才子的虛名和危險，所以我要下滿堅實工夫，不敢懈怠。

五、遊者不拘墟、百家不通竅

「我用我自己的流浪，換一個在你心裡放馬的地方，像那遊牧的人們一樣，把寂寞憂傷都奔到天上。」

讀書人何嘗不如此？他們雖只在書齋裡坐破蒲團，四體不勤、五穀不分；可總是自以為在書中流浪，尋找適合墾牧的地方。而學者思想流浪之處，也希望能成讀者心裡放馬馳騁的草原。

可是，流浪的歌者並不曉得學者所謂浪跡、放馬只是飾詞。守著地盤的專家哪需博學？田連阡陌，就耕不過來了，更何須草原連天？糊口學林，亦不能如孔子「博學而無所成名」，或如老子之為博大真人，只須簡單扼要、旗幟鮮明，便於品牌行銷即可。

此等專家，莊子就不滿了：「天下大亂，賢聖不明，道德不一。天下多得一察焉以自好。譬如耳目鼻口，皆有所明，不能相通。猶百家眾技也，皆有所長，時有所用。雖然，不該不遍，一曲之士也。判天地之美，析萬物之理，察古人之全。寡能備於天地之美，稱神明之容。是故內聖外王之道，暗而不明，鬱而不發，天下之人各為其所欲焉以自為方。」

我當年既註莊子，自然就不肯再做一曲之士，想要博通載籍，「判天地之美，析萬物之理，察古人之全」。內聖外王，能到不能到，不曉得，但立志當然如此。

我如此博、大、高、遠，迴異於一般學人，源頭雖皆本於孔子；入機，也就是方法和方法論卻無疑來自莊子。我自稱能「以逍遙遊為養生主」，當然也是從莊子那兒學來。

無論莊子孔子，所說道術當然沒能包括後世佛教道教，但論析判查他們的方法，我覺得可與研究古代道術一以貫之，也要通、博、美、備，不受某宗某派某時代之限。像道教，我傳承的是正一，但全真、金丹南北東西中也都講，辦「中華道教學院」時，於符籙、練養、文獻、科儀等更沒少傳授。佛教，我生長台中市，最盛的是李炳南居士的蓮社，但我沒參加，研究佛教仍從般若學六家七宗開始，空有雙輪，加上唯識和禪宗，原原本本。

後來我把這些三教論衡的文章稱為新論、新思、新解。是因為「三教講論」形成制度，是在唐高祖時期。每年祭孔後，邀請儒學祭酒、道教大法師、佛教大和尚一齊商兌義理。可是此等論辯，成果有限，甚至增添了誤解和火氣，原因在於沒一個人真能同時懂三教，所以爭來辯去，不免出主入奴、雞同鴨講，唯我乃期一洗舊觀，再開新局。

換言之，傳統整齊貫通了，自然就能脈絡井井，洞明諸家聚訟之癥結，並打開新思想的空間。

六、遊居四野，以義合天

想這樣，不只須要博極群書，也得遊半天下（這次特輯中《時光倒影》、《龍行於野》、《遊必有方》即是我一部分遊記）。

因爲學與遊不是一般人說「讀萬卷書，行萬里路」的分列關係。《論語》第一句話「學而時習之」就強調學本身就該時時練習熟習。朱子解習字為「鳥數飛也」。可見學本來就有實踐性，人不斷學，猶如鳥不斷飛。《莊子．逍遙遊》開頭大鵬小鳥那一大段，即是從《論語》這兒化出。

遊即是學，學在遊中，故孔子「從心所欲，不踰矩」，就是消遙遊，學與遊是二而一的。學，依文獻、耳目見聞和思慮省查；遊就加上了貼地的人類學、鄉土志工夫，以及遊屐中偶得的機緣。

機緣屬於天，不可能以計劃、調查得之，而要靠我的性氣、人緣，「以人合天」庶幾得之。

所謂性氣、人緣等說不清楚的條件，古人常統稱為俠氣。俠，很難從階級屬性、行為類型或是非善惡去辨認，但其共同點是「俠」，其人皆有俠氣，能聚眾。聚眾當然也可憑權、錢、勢，但涉及俠和遊，卻還有個「義」的性質需要考量。

義是什麼？我有次說自己寫書，有點俠義心腸。古詩《獨漉篇》云：「雄劍掛壁，時時龍鳴。不斷犀象，繡澀苔生。」在我看，中國文化現今就彷彿這柄原是神兵利器，可以斬犀斷象的寶劍，無端遭了冷落，瑟縮在牆角裡生苔長蘚。美人落難、明珠蒙塵，皆是世上大不堪之事，我遂深懷出而搭救之心。

這不就是義嗎？見義勇為；義不帝秦；義憤填膺；路見不平、拔刀相助……說的都是這個。

而這種義，有美國羅爾斯《正義論》或我國一般政治社會學者如陳喬見《義的譜系：中國古代的正義與公共傳統》之類所不能含括者，即是俠的精神。

俠有不軌於正義者，但正義不彰，俠者恥之，俠又是人間正義的持守者。凡事有可為、當為、不能不為，則俠客出焉，不出不足以為俠。學者的毛病，是書卷氣太重而人氣多半不足，所以要張天義、行俠道以振作之。這次特輯中《吟遊：遊的精神文化史論》、《大俠：俠的精神文化史論》、《武藝：俠的武術功法叢談》，即是例證。

七、集思，也集喜怒哀樂

我如此學、如此思、如此俠遊不已，當然成書數百種、交友無量數。此中是要有真正實踐工夫的，如人飲水。書要寫、酒要喝，一字一思，千折百轉，不是昏沉懵懂即可花開見佛。一人一緣，覿面相親，不是僅有「人類」、「人民」、「同胞」、「民主」等大詞就能歃血心傾。

歷年同學、同事，與我一同闖蕩社會，辦報、辦學、辦雜誌、辦活動之同懷友生，乃因此幾乎人人皆有可憶之處。

其中最特別的，當然是與這套書直接相關的陳曉林、吳安安、黃漓權、龔明湘、古凌、林鍾朝銓、張正諸位。曉林與我，文字骨肉，俠情尤為我所敬重。擅張鐵網之珊瑚，收輯神州欲散之文心；心光無量，又能傳將盡未盡之燈。黑白有集，宗風不替。他和安安、漓權等時日相聚，輒常邀我，或竟與我同其沆瀣。如我遠去新疆特克斯辦周易大會武林大會，他們也鷹揚草原，隨至雪山；明湘號召於台灣東北角觀海嘗鮮，我等亦簇湧而聚……，實踐並體驗著我這特輯中《食趣：飲饌叢談》的趣味。此時，定光佛亦跳牆過來矣！

孔子說詩可以興、可以觀、可以群，可以怨。友道裒人，未嘗不能如詩。故我的學、思、俠、遊，朋友們也最能欣賞。現在大家一起玩玩，把它印出來，也為時代添些光彩罷！

壬寅虎兒年，龔鵬程寫於泰山、倫敦、花蓮旅次

吟遊問俠之
食趣 飲饌叢談

目錄

目錄

旅行者的美德

荷蘭的家賽斯・諾特博姆（Cees Nooteboom）在《西班牙星光之路》中談到他旅行在西班牙與葡萄牙交界處一小鎮時，偶然聽到服務生提起「蜥蜴」一詞，立刻警覺了起來，連忙向老闆打聽。獲知他們果然有賣蜥蜴餐，而且還不是小鬣蜥蜴。他馬上要了一客來品嘗，且在該書立了一個小節，題目就叫「蜥蜴晚餐」。

此君乃歐洲文學獎得主、荷蘭康士坦丁文學終身成就獎得主。此舉則顯示了他作為一名傑出旅行文學家所具有的敏感。

旅行者，需要許多條件。條件之一，就是須有一副好脾胃。

常見旅人出門，腸胃便患起思鄉病，須得到處找家鄉味或與家鄉相似的餐飲來吃，否則腸胃就要拉警報、搞暴動。某些人縱使不如此，對於平日不經見、不常吃的東西，大抵也儘量避著。非萬不得已，不肯嘗試。偶或試之，亦總是攢眉、捏鼻、咂舌、縮肩地淺嘗輕啜便罷。如吞毒藥，如上刀山，臨險履冰，不勝痛苦之狀。又或者，無可奈何而安之若命。反正人生至此，說不得，只好吃它一番。但卻是暫求果腹，不能消受其滋味也。如此旅行，雖然一路或許飽飫了眼福，可實在是痛苦，等於受罪。

偏偏異鄉之惱人處，就是奇奇怪怪的吃食特別多。如元朝方回的詩說：「秀州城外鴨餛飩。」這鴨餛飩，是沒孵成的卵。因已有雛鴨在裡面，將之取出鑷去細毛，洗淨烹煮而成，味極美。據朱彝尊《鴛鴦湖棹歌》說：「鴨餛飩小漉微鹽，雪後壚頭酒價廉」，知此物乃某些地方一般居民常食的小吃，但我估計現今就有許多人未必敢嘗試。推而廣之，各地醃、醬、鹵、漬、泡、浸、腐、臭的各色名物，奇形怪味，亦輒令人不敢向邇，且要暗自詫怪：為何這些地方竟有這些人，偏要來逐臭嗜痂？而又自怨自艾：為啥子要到這種鬼地方來活受罪，吃這種難吃噁心的鬼東西？

對了，就是噁心。旅人常患的，其實不是腸胃病，而是心病。心中嫌厭那些異鄉怪味，也疑慮著那些沒吃過的物事，且疑、且懼、且驚、且厭。於是看著難受，吃著可怕，喉頭一緊，胃一抽搐，可能就立刻哇吐了出來。縱或終於勉強沒吐，噁心作嘔之感，也仍然要盤縈在心頭。

況且還有不少人心中別有一把戒尺，或禁止自己吃葷，或禁止自己吃腥，或不吃魚，或不吃芥，或兩隻腳的不准自己吃，或會飛的也不能吃。種種戒律，在心上懸著刀尺，那就更無緣享受旅途中的美味了。

就算對飲食沒有禁忌，不至於堅壁清野，峻斥一切；大多數人也只是逆來順受型的，不會專心致意去「發現」異饌。要把異鄉那些我們原本不知道有而且還能吃的東西找出來，需要有發現者的眼光和機緣好運氣。要對這件事抱持著高度的敏感，以及亟欲一嘗、冒險探尋味蕾之神秘的心情。這種眼光和興致，與老饕並不相同，但卻是一名優秀或稱職的旅人所應當具備的條件。

要知道，一地水土一方人。每個地方的飲食，必與該地之地氣、風土、人情、世態相符應。不能親近該地的飲食，實際上就絕不能親近那個地方那個社會，更不能懂它理解它。那個地方越特別的飲食，越能顯示那個地方的氣質。

就像諾特博姆「發現」了那個小鎮餐廳有蜥蜴可吃，而這尾蜥蜴，伴在一盤碎番茄中，配上百里香、迷迭香，那不就是西班牙的氣質嗎？諾特博姆形容西班牙是「混亂的、粗野的、自我中心的、殘酷的。行過之處，永無止境的驚歎」。這種氣質，鬥牛，或西班牙舞孃的舞蹈，或許都足以顯示，但都不夠；只有那一股迷迭香混雜著蜥蜴肉味刺竄入腦時，你才能懂得什麼叫作西班牙。無怪乎他要刻意記述這一餐了。

我們每想起一個地方，總會想起那裡某一種或某幾種吃食，想起某一餐，道理即是如此。食物的氣味，用餐時的氣氛，店家的風情，一同用餐者的神態、聲語，整體激擾著我們的神經，在腦子裡浮漾出一幅特異的地圖，標示著那一個無可替代的地點。

像池田利子文《吃定義大利》就選了四十二事，寫成「挑逗味蕾的美食地圖」。蘇珊・羅德蘇格・韓特《二〇年代：頹廢的巴黎盛宴》則借當時文人聚會飲宴、食譜及其故事背景來勾勒那個時代。旅行者，不論是空間的旅行，抑或進入時光隧道，都須對沿途所見食物食事，像風景名勝一般感興趣才是。

我稱不上是個旅行家，但萍蹤佚旅，漂泊久慣。宿在不知名的旅樓，吃著說不上名堂的食物，乃是常有之事。腹笥漸寬，撐拄肚腸的，都非書卷，而是臠肥膩脂與異卉奇珍。我不敢挑食，因而時要嘗鮮。未必是新鮮美味之鮮，也可能是鮮少、鮮奇之鮮。鮮奇者不一定是鮮美，故又時多驚異。什麼，這也能吃嗎？這東西是這樣吃的嗎？吃了會怎麼樣啊？

但我通常總想如諾特博姆嘗蜥蜴般，去試試當地人的飲食，旨不在知味，而是想藉此更瞭解那個地方。

可是，我也發現，人們對此等旅行者的好品德，並不尊敬。或者說，人基本上是個拘墟者。拘墟之見，之一是對遠方異地的人，充滿猜疑；之二則是對異地的飲食習慣不滿，對口味不拘墟者也不滿。

例如平常說到吃，大家總是嘲笑廣東人，說老廣兩隻腳的除了凳子不吃，天上飛的除了飛機不吃，此外什麼都吃。SARS 肆虐期間，廣東人之嗜食野味也因此竟成了罪狀。萬方有罪，罪在老廣，千夫所指，居然沒審判定讞就被稀裡糊塗地禁售、禁食了一番，迄今仍未完全解禁。

其實這恐怕是北方人對南方人一貫的偏見作祟，藉此機會便發作了起來，與 SARS 大約無甚直接之關係。清朝王侃《江州筆談》不是說嗎：「北人笑南人口饞，無論何蟲，隨意命名即取啖之。」現在，你看，果然就吃出毛病了吧，嘿嘿，咎由自取了吧！還不趕快停止？禁令出於北京，似乎就顯現著這麼一副口吻。

由北方觀點來看，閩粵人確實吃得太寬，也吃得可怕。明朝謝肇淛《五雜俎》卷九論南人口味時說：「南人口食可謂不擇之甚。嶺南蟻卵、蚺蛇皆為珍膳。水雞、蝦蟆其實一類。閩有龍虱者，飛來田中，與灶蟲分毫無別。又有土筍者，全類蚯蚓。擴而充之，天下殆無不可食之物。」跟王侃的講法差不多，都是在說閩粵人吃得太雜。

可是。謝肇淛自己是福建人，他立刻就自覺到這樣的說法也不見得公允。因為北方人同樣有令南方人感到難以消受的食物。所以他說：「燕齊之人食蠍及蝗。余行部至安丘，一門人家取草蟲有子者，炸黃色入饌。余詫之，歸語從吏。云『此中珍品也，名蛐子，縉紳中尤雅嗜之』。然余終不敢食也。則蠻方有食毛蟲蜜唧者又何足怪？」

這個辯護很有趣，足見南方人北方人半斤八兩。某些東西，北方人看著害怕，不敢吃，那是因為北方原本不產那些物品，故自古以來無人吃食。乍見南蠻竟然啖咀此等噁心異物，不免詫怪失色。南方人吃這吃那，碰上北方的蛐子、蠍子，也一般驚疑不定，難以下箸。

可是，往往就是那令遠方來的人無法欣賞的東西，才最足以代表那個地方的特色。在北京，只知吃烤鴨、涮羊肉的人，是不能懂北京的，須得也去炸蛐子，或炸幾尾蠍子來吃吃。現在，這些東西，跟老北京人喝豆汁一樣，也稀罕少見了，未必買得著。成為現代化都會城市後，北京的飲饌口味，五方薈萃，而越來越向中間一般化靠攏，這些老傳統吃食自然日漸凋零，少人問津。卻也不是吃不著。多半只是因旅人遊客不甚曉得，或曉得而不敢品嘗，所以少人賣了。若碰上，炸蠍子可是有炸蜂蛹般的美味呢！

林語堂先生一九六一年在美國出版過一冊《輝煌的北京》（Imperial Peking：Seven Centuries of China），二〇〇三年才見譯本。於北京之吃食，譽為「正宗」。但所介紹的，僅有東興樓的芙蓉鴨片、正陽樓的蟹與烤羊肉、西門砂鍋居的豬肉、順治門外便宜坊的烤鴨，此不足以知北京也。

巴生宿緣

由泰國勿洞返回馬來西亞檳城後，即馬不停蹄，先趕至怡保，參加由「馬華公會」主辦的一場演講會，談「全球化知識經濟發展中華人之處境」。馬華公會方改選完畢，刻正推動終生教育，故邀吾等來此助拳。

怡保乃山城，地形類似廣西，陸上桂林也。多溶洞，是以多禪師、修道士。然此地舊為礦區，經濟發達，秘密會黨及妓女亦特多。頃經濟往下降，交通又不便，人口多外流，但仍不失為北馬第一大城，惜無時間遊賞。講畢又夜談甚晏，次日一早便驅車往吉隆坡。

抵吉隆坡，即去韓新傳播學院簽約並演講，論「華人文化之生命力」。韓新學院係林景漢先生獨立經營，昔余辦南華及佛光時均曾與之簽約，接受其畢業生來台深造，不乏已畢業者，今則由我歐亞大學與之續辦，將先開三研究所，今既演講，亦是招生說明會也。

繼而再匆匆趕去吃飯。原先陳漱石在我去勿洞途中，已來電聯絡，云準備好熊掌一隻，今抵吉隆坡即可大快朵頤，所以我很擔心時間不夠。偏偏吉隆坡又有文明社會之通病：堵車。堵得我心浮氣躁。後來方知熊掌沒法吃了，狗肉也沒時間去嘗，本來孝恩基金會還有人跟我說要安排去吃鱷魚，亦同樣沒空了。這令我大感氣沮，原本疲倦的身心，益發感到疲累。

在華人大會堂底下匆匆果腹，食不甘味。餐畢即去演講，談「華文教育的多元發展」。係林連玉基金會主辦。林連玉號稱「族魂」，但今晚也不知是否因我未食狗與熊之故，還是怎麼，總覺得場面冷清，人氣蕭瑟，和前兩年我來講時迥然不侔。華教鬥士陸庭諭老而彌堅，但觀點悲觀，益增蒼涼之慨。

講畢回旅邸，李豐楙已不支，先去打坐入睡了，我們則又去吃肉骨茶，返回再磋商了一下辦學的事。我與楊松年已累得不行，只有王琛發仍跳踉雀躍，精神不衰。看來他這屬兔的比我這屬猴的更厲害得多。

今日才是正事，要與馬來西亞大學合辦「道教與伊斯蘭教之對話」。但實在已兵疲馬困，倦憊難名。七點即出發，八時抵馬大。一大群人站在樓下恭迎校長，然後再恭迎部長。此地風氣如此，令我這退休校長大開眼界，但據說新加坡更可怕。

馬大校長前額縮塌，行動遲緩，然衣飾講究，皮鞋光可鑒人，我看著他，總覺得似山豬或熊。但他致詞時，用了一大段中文，頗博好評。部長致詞，則是華人而用英語，講了不少新疆的事，可惜有些錯誤。

我主題演講匆匆了事，無心戀戰，只覺得睏。正講間，雨傾盆而下，滂沱宏沛，天地為之晦閉，竟如昏夜一般。我低聲跟陳漱石商量：中午殺去吃熊掌罷！他偷偷按了手機去問店家，知那隻熊還在。兩人乃偷偷溜出來，冒此大雨開車至巴生。

行行重行行，宛如黑夜中擇路而行，好不容易繞抵巴生。原來卻是間海鮮店。店家陳先生，福建永春人，二十歲時才到大馬經營此店。但他酷好的，乃是南音，店中有一南音社，藏曲譜、樂器甚全。這太出乎我意料了，令我精神大振。跟他聊起來，他也很高興我略為知音，竟抱琵琶來，為我彈唱，並命其十一歲小孫女執檀板唱之。雨餘午後，坐此荒郊野店，聽南音、吃熊掌，真人生未有之奇也！

陳漱石不太動箸，讓我一人自斟酒自食肉，妙不可言。陳老先生的公子告訴我，馬來西亞已禁食此等物，也不易覓致，他一年更難得炮製此物幾回，我能吃上實是難得，他也很高興，因此又整治了一盤果子狸來。我說：此熊與我有緣呢，前世宿緣，故特萬里來此超度它哩！彼此哈哈大笑。

川中滋味長

曾見張大千先生宴請張學良等人之食單一紙，曰：干貝鵝掌、紅油豬蹄、蒜苔臘肉、乾燒鰉翅、六一絲、蠔油肚條、蔥燒烏參、清蒸晚菘、紹酒悶筍、乾燒明蝦、汆王瓜肉片、粉蒸牛肉、魚羹燴麵、煮元宵、豆泥蒸餃。看來賓主吃得十分盡興，所以張學良就請大千在菜單後面加上跋語，當成藝術品收藏了。

這菜單裡，除紅油豬蹄外，並不太顯麻辣特徵，與現今社會上對川菜之一般印象頗有差距。眼下的川菜館子，大都以麻辣燙、麻辣火鍋、水煮魚、水煮牛肉、酸辣魚等為號召。紅油泡椒以刺激味蕾，令人食之汗竄舌酥。重慶更曾有人建議以其麻辣火鍋作為其「城市名片」。我在杭州，也見過他們搬排大型歌舞新戲，說蜀人蘇東坡到杭州做官，發明了麻辣燙。可見川味麻辣，竟已眾口一詞，而與大千先生之庖治則異矣！

原因非常簡單：今之川菜，非昔日之川菜也。蘇東坡發明麻辣燙這種笑得死人的劇碼，居然獲得了大獎，足見今人頗不知史，亦不知味。

中國原生之辣椒，長在廣東、廣西和海南，是樹辣椒。當地人曾用為調料。可是四川無此品，亦未以之調味，所用辛香，主要是茱萸，蜀中又稱艾子。現在用的辣椒，乃是明末才由南美洲引進的觀賞花卉，又稱番椒。後來成為蔬菜，所以寫《聊齋》的蒲松齡，在其《農桑經》中列入花譜。到康熙間編《廣群芳譜》時就入了蔬譜。用它來調味，則最早見於朱彝尊的《食憲鴻秘》，大約在康雍之際。因此東坡固然不可能發明麻辣燙，就是想吃，他當時也吃不著。

辣椒作為調料，逐漸普及，事在清朝中葉，可是初僅流行於江南。辣風入蜀，年代甚晚。乾隆間著名之文人李化楠所著烹飪善本《醒園錄》，記錄菜餚三十九種、製作調料二十四種、醃漬粉二十五種，就都不重麻辣，滋味反而接近江浙，如糟魚、醉蟹、火腿、板鴨、風雞等均是。連其蒸西洋糕法、東洋醬瓜法、做東北餑餑法、關東煮雞鴨法，也都是流行於江浙的歐洲日本料理。

依大千先生食單及其他相關資料推測，蜀中辣風，乃是清末才逐漸發展來的。後起者踵事增華，辣上加辣，乃形成如今這一局面。

辣椒用在烹飪上，就如白粉用在女人的化妝上。一白可遮三醜，故靚妝多恃粉重。辣椒之辛亦足以掩脅眾味，因此做菜多用辣椒，是最取巧也是最能藏拙的辦法。一般食攤，刀功、火候、食材、調劑、手法都沒什麼講究，只要澆上了一大勺辣油，把客人辣得暈頭轉向，味蕾麻燙，其餘的自然也便無法吹求了。

到後來，索性菜也不用炒、料也不必調，一傢伙全扔進一汪子辣椒、花椒、胡椒的湯鍋裡，稀裡糊塗煮著就吃。烹飪技藝之門檻甚低，誰都可以開店。一般人喜其簡便，亦樂於就食。於是麻辣燙、麻辣火鍋等等乃大行其道。

巴蜀飲膳之藝，遂因此而頗為真正的食客所輕，認為在四大菜系中，格品居下，店雖開得多，菜卻賣不上好價錢。我在北京吃一桌潮州菜，常要兩三倍川菜的錢。而有些畏懼辣椒之霸道的人，又對川菜意存芥蒂，不敢問津，可說是兩不討好。在各地開四川館的人也很為難，辣子放少了，就會有一知半解的客人來質疑：「不是川菜嗎？為何不辣？」弄得只好拚命加辣，要讓人辣得胃疼，讓他見識見識川辣子的厲害。

但唐司空圖《詩品》曾說：「味在酸鹹之外」，川菜之味，其實也是在麻辣之外的。如糖，江浙菜好放糖，眾所周知。然製糖之術，實始川中。初用蔗糖，唐代中葉四川和尚才加工成類似現在的白糖，稱為糖霜，見王灼《糖霜譜》。宋代以川中乳糖為貢品，據《本草》說，是以砂糖和牛奶煉製的，唯四川能做，銷行天下。入在菜裡，著名的有八寶鍋珍，是用蜜棗、橘紅桃仁等和糖，在鍋裡用菜油炒成。此外川菜所謂的魚香、怪味、鹹鮮、醬香、荔枝味、陳皮味、糖醋味也大量依賴糖調料，用得並不比江浙少。

而以糖製成的各色甜品小點，更是精美繁多。此即非僅知川味麻辣者所能曉也。

川味也非僅厚重一路。可能恰好相反，川菜雖重滋味，但卻本應是淡雅的。例如豆腐、粥都是川中常食。清人黃雲鵠《粥譜》所載粥方二三七個，出於四川的就占了七十幾種，可見川人擅於做粥。豆腐各處當然也都吃，卻也不像四川吃得那麼多姿多彩，《調鼎新錄》所列芙蓉豆腐、杏酪豆腐等，達七十三種，無怪川菜館常以豆花莊為名了。還有冷麵。杜甫在四川時，盛讚之槐葉冷淘，即是用槐葉汁做成的涼麵，青碧色。宋代則有甘菊冷淘、水花冷淘等。這些東西，都是清素的，縱加調料，也不可能太過肥腴油膩。

這是川味的本底。因此東坡在《菜羹賦》裡說：「煮蔓菁、蘆菔、苦薺而食之，其法不用醯醬，而有自然之味」，又在《狄韶州煮蔓菁蘆菔羹》詩中稱羹應「尚含曉露清」。且云：「勿語貴公子，從渠醉膻腥。」又東坡煮魚之法，亦只是：「冷水下，入鹽如常法，菘菜心芼之，仍入渾蔥白數莖，不得攪。半熟，入生薑、蘿蔔汁及酒各少許，三物相等，均勻乃下。臨熟，入橘皮線，乃食之。」全不用大醬重劑。我以為這才是川味之本色。

再者，川菜之精華，亦不在大筵而在小吃。

大筵有田席和宴席兩類。田席其實就是農家菜。紅燒肉、薑汁雞、大雜燴、粉蒸肉、鹹燒白、夾沙肉、蒸肘子、燴明筍、清湯等合稱「九斗碗」，類似台灣鄉下的「辦桌」，不入品裁。宴席則以滿漢全席為最豪，或全牛、全羊、全魚、筍席、豆腐席、魚翅席之類，矜飾名目，亦非雅道。一些大菜，如獅子頭、叉燒雞、蒜泥白肉等，更是由外地引進，不如小吃精彩。

小吃著名的太多了，不能一一細述。我每回去四川，都喜穿街過巷、覓攤就鋪去找小吃。有些古代記錄有的，現在找不著了，如用三斗麵擀一張比幾間房子還大的餅；或白如雪、薄如紙，焦脆甜香的薄餅。有些偶然食得，念念不忘，如像麵條一般，棉糯鬆泡的提絲發糕；薄如一層白紙包著龍眼般大小的餡心之龍眼湯圓；閬中可放半年而不變味的白糖蒸饃；小販挑擔，現做現賣的蒸蒸糕……等都是。

可惜就跟所有美好的事物一樣，總要因歲月而變質而消失。現今街市整治，攤販不易存活；廣廈闊筵中，啖金波而咽玉液者又罕能知味。偶爾去「龍抄手」等處叫幾道小吃來嘗嘗，竟亦索然寡味。未來的川菜史，大概不免要走俗豔的路子了。

特重飲食的文明

在摩爾根（Lewis Henry Morgan）的《古代社會》一書中，把文化分成：（一）生活資料、（二）政治、（三）語言、（四）家族、（五）宗教、（六）居住方式和建築、（七）財產等方面，來觀察人類如何由蒙昧社會進化至野蠻社會，再進而至文明社會。文化是否即指這七個方面，當然大可爭議，不過即使暫依其所述，他所講的文化進程仍與我國大相徑庭。

依其說，「蒙昧社會」已知用火、用弓；「低級野蠻社會」自知製陶始；「中級野蠻社會」自知用土石建築及知畜養動物（東半球）、種植物（西半球）始；「高級野蠻社會」自知製鐵器始；「文明社會」自知用語文始。

此論甚謬：製陶術未必晚於畜牧術；農業之起殆亦與牧畜同時；埃及、蘇美、印度、墨西哥、秘魯、中國更均在鐵器時代以前，甚至青銅時代以前即已創製語文進入文明社會了。

但馬克思深受摩爾根影響。他把摩爾根所說在蒙昧時期兄弟與姐妹間互相集體通婚的血婚制家族形態，視為人類第一種社會組織形式，且為最早的原始公社。在這種原始公社之後，則是一種亞細亞的生產方式，但仍保持著血緣親屬關係的殘餘。由此再向奴隸社會過渡。

後來馬克思學說被應用到中國史上，引生了無窮爭辯。一九七六年郭沫若主編的《中國史稿》是以黃帝前為原始公社期，黃帝經堯舜至禹為原始社會到奴隸社會的過渡，夏商周是奴隸社會，春秋才開始了封建社會。可是相關爭論並未停止，至今也還在爭辯中。

黃彰健認為不應用這種框架去硬套，若以《左傳》、《國語》所述來推測，炎帝氏以火紀、黃帝氏以雲紀，其時應已有國家組織，已由氏族部落發展為國家，而且擁有賜姓、胙土、命氏三要素的封建制度。因此當時早已非原始民族，不唯不能以「原始公社」來形容，也不宜用人類學家對原始部落的調查資料來比附（一九九六，中研院史語所《中國遠古史研究》）。

我不擬在此詳論中國古代社會的性質。且我一來不主張建立一種文化進化類型階段理論，二來更反對用這樣一種理論來套著講中國史，因此以下我也不會照他們那些講法來講。相較於其他文明，中國自有其獨立的特徵。

例如，所謂青銅時代，本來指的是以青銅作為主要生產工具之時代。但據已發掘之資料觀之，萬餘件青銅器中，禮樂器最重，兵車器最多，農工器反而最少。所以有些研究者認為那個時代根本不用青銅農具，有些人則認為可能還有其他原因。但無論如何，這個現象豈不說明了古史學界現今普遍運用的一些框架概念，放在中國古史的解釋上，確實會出現許多問題嗎？我們不見得要堅持中國文化特殊論，可是，談中國史，畢竟還是由中國的實際狀況出發會比較好些。

仍由青銅說起。古雖有黃帝「鼎湖龍馭」的故事，似乎黃帝已知鑄鼎，但《墨子・耕柱》有云「昔者夏后開……採金於山川，而陶鑄之於昆吾」，鑄銅蔚為風氣，咸信是夏朝才有的，夏禹鑄九鼎之傳說尤為世人所重。但如此即應注意：墨子說鑄銅時用的語詞是採「金」。中國古代說金就是指銅，而非金銀之金。

這便與其他文明迥然不同。古埃及、古希臘、蘇美文化均有大量金銀器，唯中國用金較少也較晚。金的雕飾製作要到春秋戰國才較發達，在殷周，稱為吉金的，都是銅。

採金鑄器，先是用純銅，稱為紅銅。再而用銅錫合金，是為青銅。青銅器大概分為禮器（如鼎彝）、樂器（如鐘鐃）、兵器（如戈矛）、車器（如鑾軸）、農工器（如刀鏟）、雜器等之類。但有趣的是，所謂禮器，大抵就是食器。而這也與其他文明不同。

禹鑄九鼎的「鼎」就是主要的食器。直到現在，閩南語仍稱鍋子為鼎。而鼎卻又是政權的象徵，爭政權就叫作「問鼎」。入朝做官跟寧願退隱江湖的人相比，則稱為「鐘鼎山林，人各有志」。有錢的大戶可以用旁的形容詞去描述，「鼎食人家」卻只能指有政治勢力的世家。鼎這種食器為何竟有如此重大的政治及權力意涵呢？禮器為何又多是食器呢？須知兵器、車器、農器、工器都不可能用為禮器，只有食器可以。何以食器有此地位？

答案不難索解。《禮記・禮運》早已講過「禮之初，始諸飲食」，又說：「禮必本於天，動而之地，列而之事，變而從時，協於分藝。其居人也曰養，其行之以貨力辭讓：飲食、冠、婚、喪、祭、射、御、朝聘。」

古人的觀念認為人要生存就需脫離競爭搶奪資源的狀況，以「貨力辭讓」來安排分配之，此即禮之所由起也。覓食求生是古時最基本的問題，故禮亦起於會餐分食之頃。由飲食乃有生命；有生命乃能長大成人，而遂有冠有婚有喪；有個人而後才有群體，群體間才需有祭、射、御、朝聘等禮以「協於分藝」，才能形成一個彬彬有禮的社會。這是後世儒者對禮的發展及其內涵之解釋。亦唯有如此解釋，才能說明禮器與食器混同的現象，也才能表徵出中國政治學以「養」為內涵的特點。

禮器中鼎、彝、爵、尊、盤、觚均為主要飲食器。以酒食敬神或敬人即是禮。此可稱為「禮食一如」。一個民族須是如此重視飲食，才會從飲食的角度看待禮的問題，此可稱為「特重飲食」。

正因特重飲食，故銅器之中食器之繁，令人歎為觀止。以酒器來說，釀酒的罍、貯酒的壺、貯酒而備斟的尊、裝滿以備移送的卣、溫酒的斝、斟酒的升、飲酒的觶、可溫酒而飲的爵、可盪酒的觚，以至盂、卮、杯、觴等，簡直不勝枚舉。其中爵又用為爵位之爵，尊用為尊長之尊，孔子以「觚不觚，觚哉」喻說政治抱負，莊子以「卮言日出」形容自己說話的方式，則明顯是飲食事物在思維活動中的延伸。

過去曾有人主張中國人種外來說，青銅文化過去也有外來說，目前考古學界雖較傾向本土發展說，但爭議猶未定。可是由我以上所述即可知：雖蘇美等其他古文明也有青銅文化，某些現象甚或早於我國，但我國青銅文化自有特色，飲食即為其中之一。

我國飲食之起，當然不自青銅時代始。距今約九千年前長江流域已有稻作農業，比國外發現的最早的稻作遺存要早三千年以上。距今七千年以前黃河已有栽培粟作。小麥與高粱則在五千年前已有，跟非洲高粱、西亞小麥也根本無關。家畜馴養部分，馬、牛、羊、雞、犬、豕在新石器時代亦都已畜育成功，成為主要畜養及食用物。飲食文明發達之早，舉世無匹。

食用之法，中國以火食為特點。《禮記・王制》曾談及南方有不火食的「雕題交趾」之民。雕題就是文身之意。文身和生食冷食，都是中國人認為的異族野蠻原始人特徵，而中國人卻是火食的。《禮記・禮運》說：「昔者先王……未有火化，食草木之實、鳥獸之肉，飲其血，茹其毛。」《淮南子・修務訓》云：「古者民茹草飲水，採樹木之實、食蠃蠬之肉，時多疾病毒傷之害。」《白虎通》卷一講「古之時未有三綱六紀……饑則求食，飽棄其餘，茹毛飲血，而衣皮韋。」都表達了文明是以火食為徵象的意思。孔子曾說：「君賜腥，必熟而薦之」，也是這個意思。至今民間童謠仍在唱：「小氣鬼，喝涼水，喝了涼水變魔鬼。」中國人腸胃仍忌生冷，不像外邦人那樣喜食生魚、冷肉、涼水。

中國火食之早，是在周口店北京人洞穴中就已發現的了，這跟日本、韓國等及今尚喜生食、冷食之民族相較，足見其早。但更重要的，還不只是早，而是善於用火。一般民族逮到魚獸或採集了黍稷，只能直接用火燒之烤之；次則燒熱石塊以燙熟食物，或用竹筒盛水米煨烘；再不然就用泥巴裹食物隔火烤之。現在各式燒烤、石板燒、竹筒飯、叫花雞等，即屬此類初級用火之道。故《禮運》說：「中古未有釜甑，釋米捭肉加於燒石之上而食之。」大部分民族至今都仍停留在這個階段。

用釜甑就是較高層的用火之道了。先用火燒土成陶器，再用它盛物烹煮，就是釜；鼎則是釜的變形或發展；至於甑，是利用火燒水產生蒸氣來蒸熟食物。世上各民族用煮的辦法多，懂得蒸的少。中國則在河姆渡文化時期已有甑。蒸，在距今六千年前便已成為中國烹飪法之特色，歐洲人迄今尚不嫻熟於此。蒸不是直接用火燒煮，而是火水相與的，有「水火既濟」之趣。它和宋代以後發明的炒菜法，都是中國烹飪術對世界的重要貢獻。至今世界上懂得蒸菜和炒菜的民族，仍僅只我們一家。

火食之外，還有許多特點。例如刀工之繁複細緻、酒麴之發明等等都是。

進食之法也不一樣，古以抓食為主，現今非洲、中東、印尼及印度次大陸的許多地區也仍維持此種進食法。歐洲、北美洲現在以刀叉及湯匙進食，但歷史不久。起先只作為廚具，十世紀以後拜占庭帝國時期才開始作為餐具，但為傳教士和上流社會所鄙棄。英格蘭伊莉莎白一世女皇、法蘭西路易十四都喜用手抓，後者還曾禁止勃艮第公爵等人當他面用叉子。英國則遲至一八七七年仍禁止水兵用刀叉進食。要到十八世紀以後，中產階級用刀叉才較普遍。中國人卻在四千年前已用餐叉了，以黃河中游為多。用匙，更早在七千年以前。至遲在商朝時則已開始用箸。

以箸夾物，故又稱梜，《禮記・曲禮上》說：「羹之有菜者用梜，其無菜者不用梜。」釜鼎煮菜羹、煮肉湯，用箸去夾也最方便。正如吃涮羊肉時絕對無法用手、刀、叉、匙，只能用箸。箸梜之用，當是伴隨釜鼎羹湯來的。現今實物發掘固然只見到商箸，然其起源理應更早，而此後亦成為中國人主要的餐具，且影響及於東亞大部分地區。

箸，明朝以後稱為筷子，在餐具中最平實、簡便而技巧性最高，特色甚為明顯，長挑近夾，無不如意，故亦可發展合桌會食的形態。使刀用叉，就只能各自分食，不可能像中餐一樣會食了。

文化交流的飲食

偶看日人伊藤武《亞洲美食之旅》（二〇〇二年，講談社。二〇〇五年中國社科出版社，李煒譯）。此書跟一般講美食誇滋味的書不同，內中其實想建立一個亞洲文化新視野，那也就是董炳月序文中說的：「亞洲一體性。」例如日本人以為是日本特產的納豆，中國西南也有；中國人以為是中國特產的餃子，則可能起源於中亞；饅頭據說是諸葛亮發明的，但土耳其、阿富汗也有……因此，絲綢之路或許同時也是麵食之路、酒之路、魚醬之路、乳製品之路、納豆之路、咖喱飯之路等等。這樣的角度自然十分有趣。

但由於論飲食文化交流其實十分困難，伊藤武畢竟對中國歷史與文化不盡熟稔，故說南宋時商人到柬埔寨貿易，「梳著圓圓的髮髻，額頭剃得光光的」，似乎是用清朝剃頭的情況去想像宋代人了。

他又說，「火鍋，是中國在清朝時為了吃涮羊肉而開發的飯桌上的烹飪工具」，並另作考證云人類最古老的沙鍋，是一萬多年前日本的繩文陶器，以後中國及西亞人才開始製造陶器云云。這是三個問題，一是陶器製作之始，二是火鍋之始，三是涮羊肉火鍋的起源。

陶器製作世界各地均有，非單一起源，日本繩文文化亦未必最早。以陶煮水，形成類似今日火鍋的吃法，估計也起源甚早。古之羹湯，本來就是菜肉混煮的。至於涮肉吃法的火鍋則較為明確，並不起於清朝。起於何時呢？恐怕也出乎許多人之意料，它並不源自北方。

宋林洪《山家清供》載某年他去武夷山拜訪止止師，正逢下雪，得到一隻兔子。止止師說他們山裡人的吃法是把兔肉切成薄片，用酒、醬、花椒等調料澆了，醃一下。然後把風爐安在座上，放半銚水。等水滾後，每人各用筷子夾肉片「納湯擺熟啖之」；並據各人口味，提供不同的佐料醮食。林洪吃了以後，十分喜愛。這位止止師，即道教南宗丹法祖師白玉蟾。高道而精此涮法，益覺可人。

過了五六年，他又在臨安朋友家中吃了這道菜，曾作詩云：「浪湧晴江雪，風翻晚照霞。」故這道涮兔肉又被稱為撥霞供。據林氏說，此法「豬羊皆可」。足見涮羊肉至遲在南宋已流行於南方（**現在有些人說起源於蒙古士兵用頭盔燒水涮煮，乃是不經之談**），可惜後來只涮豬牛羊而少涮兔肉了。伊藤武顯然不知此涮法之淵源，故以為起於清代。

這是對中國狀況不明所導致的錯誤。另有些關於起源與傳播的講法也可商榷。如主張餃子起於中亞，證據是吐魯番出土了風乾的餃子，這是一千四百年前的物證（七章）。但比這年代更早的文字記載早就提到：「今之餛飩，形如偃月，天下通食也」（《顏氏家訓》）。形似偃月的餛飩，就是今所稱的水餃。水餃這個詞起於明代，清氏則或稱為餑餑，宋元稱為角兒或角子，也有叫餛飩的。可不管怎麼稱呼，這種東西已流行於北齊是無疑的。它在唐代傳入西北吐魯番地區，遠比創自吐魯番而傳入中土合理得多。伊藤武寧信中亞起源說，正顯示其好奇之過。

他說玄奘西行時吐魯番高昌國王曾以肉娃娃款待玄奘，此肉娃娃即水餃，「是模仿女胎做的，這個麵皮的連接處，就是女人的陰門」；又說餃子的「發音和交子（男女相交生兒育女）相通」。亦皆好奇之野談，不值識者一笑。宋代叫交子的是鈔票或支票，不是水餃。

由這個中亞說出發，伊藤武繼續申論：「在土耳其，人們把水餃稱為饅頭；在阿富汗，把蒸餃稱為饅頭。……由此看來，饅頭或許是在由西域傳來的胡餅的基礎上產生的。」（九章）這也是錯的。

饅頭起源，大抵都推到諸葛亮。在諸葛亮以前，其實早有這種蒸麵團的辦法，東漢劉熙《釋名》所載蒸餅即此物。《佩文韻府．餅》引東漢另一名人崔寔《四民月令》也講到：「寒食以麵為蒸餅，樣團，棗附之」。足證類似饅頭之物已流行於東漢。諸葛亮或許在麵團上加了工，形似人頭，故稱為饅頭，以致魏晉人皆用它來祭祀。如束晳《餅賦》說：「三春之初，陰陽交際，於時享宴，則饅頭宜設。」盧諶《祭法》也說：「春祠用曼頭。」胡餅是烙烤的，起於南北朝。年代既晚，製法又南轅北轍，怎能說饅頭是在胡餅的基礎上產生的呢？蒸，非中亞民族之技藝，伊藤武大概忘了這一點。

雖然存在著這類問題，不過此書其實挺有趣。例如談素食時，一筆宕開，忽說起在印度修行的食人行者，也就是在墳場屍林中吃人肉的修行者（十章）。我知道古代這類人很多，佛教徒中亦不乏食人者，卻不料至今仍有此風。另外，古印度祭祀食用蘇摩酒奉神的習俗，也保留至今（三章）。

此書論各民族飲食文化關係也值得重視。如他說在新疆、阿富汗、旁遮普邦各地還能見到北京烤鴨或烤叉燒肉的烤爐。日本的素食分為兩派，一是鎌倉時期留學中國僧人所開創的「水準流」，一是江戶時期明朝逃居日本之僧人所創「普茶」。日本的荼枳尼天，即是孟加拉人信仰的地母神，她以人肉為主食，後來在日本演變成狐仙，是五穀神之使者。麵條則由中國發明，遍傳歐亞，但印度人不吃麵條，因為手抓不方便。苗族被黃帝征伐後，可能一部分渡海去了日本，成為彌生人，故飲食文化頗有相通處……均甚有趣。言未必確，然啟人遐思也。

土耳其旅遊答客問

我屢欲由新疆通中亞，去土耳其，而皆未果。二〇〇八年四月十八日，經《萬象》雜誌與土耳其駐大陸使館之安排，去旅行了一趟，主要是在伊斯坦布爾、安卡拉、安那托利亞中部（Central Anatolia）及卡帕多細亞（Cappadocia）一帶活動。著眼於歐亞文明交會之問題，故不選擇它沿愛琴海、地中海地區。

目前去土耳其玩的中國人極多，且有不少人摯愛這條路線，認為到伊斯坦布爾比去巴黎更酷。因此我走馬看花的旅行日誌或一鱗半爪的見聞，根本沒有寫出來的價值，我在旅途中寫了一天就放棄了，只專心做個觀光客。

但回來以後，竟有朋友好奇來問道：

哇，好棒，去土耳其，就可以每天做土耳其浴了！

答：不，土耳其人基本上都不洗土耳其浴。家家都有浴室了，誰還去公共澡堂？那大抵只是用來宰觀光客的。且多獨立設置，就是五星級旅店也未必有。洗一次索價不菲，因為他們都知道你不會再來了。

那至少可以每天喝到土耳其咖啡？

答：土耳其是咖啡文化的起源地，據說喝咖啡的風俗即是由此傳播到維也納的。可是土耳其人一般也不喝咖啡，平時只喝茶。茶稱為Cay，中譯「恰伊茶」，其實就是「茶」字。泡成茶鹵，兌開水喝，另加方糖二三顆。還有化學合成的蘋果茶。我去一家陶器作坊時，主人奉茶，曾獲喝一盅，甜膩無比。同樣是本地人不喝，專用來供觀光客的。

若想喝咖啡呢？

答：大城市有星巴克、麥當勞，也有茶座可點咖啡。但價格不菲，為茶之三倍，份量則約一半。且土耳其咖啡不過濾，底下全是渣。當然上面也一半是渣，所以喝來一嘴渣。土耳其有種占卜術，即以此為斷。因你若喝到沒什麼渣的土耳其咖啡，那就可以去抽獎了，必有好運。這樣的咖啡，自然也可能有人特別喜愛；但你若想帶點回來，基本上也沒有，超市裡較容易買到的是雀巢咖啡或三合一。伊斯坦布爾香料市場裡倒是有，當工藝品賣，買咖啡杯或勺時附上一包。

那麼，喝茶吧！

答：也行，但要注意價格，從一杯三里拉，到三杯一里拉不等，價差極大。土耳其一里拉約等於人民幣六元，他們的公務員，例如員警，月薪約七百里拉。但你若在街上討杯茶喝，竟要三里拉，你會心理很不平衡。土耳其又乾，一天要喝七八杯茶，茶資實在頗為可觀。

不喝茶，就喝水如何？

答：一樣！一瓶五角到三里拉不等，視你運氣及長相而定。

何必買礦泉水？自己帶壺熱水出去逛不就得了？

答：想喝熱水？基本沒有。旅館不提供熱水壺、電熱器及開水。你當然也可以請櫃檯送一壺熱水來，但一壺約五里拉。

旅館為何竟不提供熱水？

答：旅館還不提供鞋、牙膏、牙刷、梳子、茶杯等，旅客最好自備。不過旅店通常會提醒你，他們已替你把這些東西都妥為保管在櫃檯了，你若去取，只需交付極優惠之價格，各幾里拉便可。

旅館裡的餐飲如何？

答：旅店各式各樣，可選擇者多，但基本上都難吃。旅行社安排的各種美食餐廳，也都難吃。因大抵是旅遊餐。餐廳跟各旅行社有合作關係，各有專供的旅行團及國別對象。例如有的是日本客的定點餐廳，有些專營韓國團，有的針對歐洲團，有的店只有台灣客喜歡去。各色人等付的錢及口味各不相同，餐廳當然就因此而分了類。不過，我的建議是都不要去。千萬別聽旅館、旅行社、旅遊指南上的吹噓，地道的土耳其飲食，只能自費去街上閒逛時，跟本地人一樣在街邊巷裡找！

街邊巷裡都有些什麼？

答：沒什麼，基本上也很單調。土耳其美食在歐洲夙享盛名。但那是對歐洲人而言，對中國人來說，吃一兩天嘗鮮也還好玩，再吃下去就會嘗試絕食了。因為食材太少。菜，翻來覆去，只有沙拉、生菜、番茄、小黃瓜、土豆，或單吃或剁碎了吃，或混拌油醋去吃。肉，只有雞、牛羊，海邊略有些魚蝦而已。不准吃豬肉，又無鴨鵝兔驢等數不盡的食材。烹飪手法更單調，不會蒸、不會炒，只會烤和煮。所以一尾魚只能烤成一段木頭般的死肉，淋上一點酸汁，澆拌一些香料，便成了當地所謂美食。不會做蒸魚，也不能做魚湯。湯，我在土耳其喝來喝去，約只兩種，一紅一白，均是熬煮，用番茄、扁豆、肉屑、乳酪、洋芋等熬成，沒有青菜豆腐湯、蛋花湯、海帶湯、魚湯、雞湯、牛羊肉湯、老鴨湯等無數煮燜燉煲之技。因此歸納起來，只能說是單調。

做牛羊肉應該比較拿手吧？

答：當然！土耳其人乃突厥後裔，飲食風俗與新疆維吾爾、哈薩克極為近似，且受伊斯蘭教規影響，故日常食肉，以牛羊肉為主。不過，肉似太少。以肉丁、肉屑、小塊肉為主，肉排、肉腿皆罕見。中國北方那種涮羊肉、烤全羊、手抓羊，從羊頭、羊腦、羊心、羊肝、羊肺、羊腸、羊血、羊腿、羊蹄，吃到羊尾巴的風氣，此地邈乎無聞。故若想吃牛羊肉，去土耳其，不如去新疆、內蒙古。

餅呢？

答：餅是中亞發明的，是中國人做烘餅的老祖宗，當然不差。且古風猶存，用大爐貼燒，風味不惡。不過一樣是單調。基本上是類似春捲皮或荷葉餅的乾烤白餅，夾著牛肉或雞肉、碎菜吃，宛如北京、台灣都有的沙威瑪烤肉夾餅，有時也夾麵包。可見餅亦已不如中國多姿多樣！

甜點呢？

答：甜品不錯。據說土耳其人酷喜甜，是受《古蘭經》的影響。經文上說：「享受甜蜜的味道是虔誠的標誌。」故土耳其人吃得極甜，茶都加兩三顆方糖，可見一斑。其實糖本來就是中亞民族發明的，後來才傳到中國和歐洲。古代中國只有飴和餳，不會製蔗糖、砂糖，唐代才由中亞學來，所以中亞民族乃吃糖的老祖宗，風俗形成在《古蘭經》以前。現在仍然擅長做糖果糕點，旅客不可錯過。但吃前需有些心理準備，有糖尿病及其嫌疑者勿輕易冒險，奇甜無比。

講了半天都是吃，你就沒看見什麼其他的嗎？

答：哎呀，吃多麼重要呀！土耳其作為歐亞文化之交會區，正需從其飲食見之。例如歐洲人看土耳其，覺得它豐富，中國人看土耳其吃食，覺得它簡略，原因就是土耳其得歐亞之中。

歐洲人只有麵包，土耳其就多了餅，且有一種加上了做麵包技巧的餅，比我們的鍋盔還厚，又不像鍋盔那麼乾。歐洲人只有土豆、麵包，土耳其日常也就吃米飯，還有蛤蜊鑲飯、葡萄葉包飯之類吃法。香料用得又多，適足以表現它在世界香料貿易中的地位。伊斯坦布爾香料市場上舉目所見，姹紫嫣紅，令人目迷五色者，類皆為此等物。其中且有些為土耳其特產，像我們中醫裡的乳香，乳香木就只土耳其有。它在香料世界的地位如此，飲食中用香料之道自然也就極其豐富。例如茴香，我固然吃過茴香肉包、炒茴香等，可就從沒想過它可添入酒裡。土耳其人常喝一種葡萄白蘭地，有濃厚的茴香味，喝時可兌水。但只要一兌了水，立刻變成奶白色，如飲優酪乳一般，十分有趣。味道初喝時很不習慣，但略飲便也覺其風味獨具。所以，觀察土耳其，飲食是不可忽略的！

也就是說，飲食表現了土耳其的多元文化現象？

答：我剛才只說它表現了居於歐亞文化之中間者的身分，以及表現了它在香料貿易上的地位，並沒直接說它多不多元。目前土耳其為多元文化之表徵的說法甚囂塵上，土耳其本身以此為宣傳，旅行社以此為號召，世人以此為標籤去認識土耳其，可是我對此卻是存疑的。

仍從飲食上看：我國閩、廣、江浙，各省方言、風俗、飲食之差異多麼大？但我從伊斯坦布爾到卡帕多細亞，跑過的距離，至少可以由山東到內蒙古了，而其區域差異絕對小於我國任何兩個省，起碼飲食就基本相同，可見其內部一元化其實頗為嚴重。

目前全國百分之九十五左右為伊斯蘭教徒，凱末爾又提倡民族國家理論與政策，要求土耳其只能是土耳其人之土耳其，以致三十年代引發民族大遷徙，希臘人均棄其田產廬墓，返回希臘。卡帕多細亞地區舊的教堂、旅邸、民居乃因此多成廢墟。今以此廢墟為觀光景點，以為古代文化多元之證，實不免令人哭笑不得。

赫梯人、拜占庭帝國之歷史，其實也是如此。除了在博物館中展示，或用為觀光資源之外，現實上並不在意。我在安卡拉國家博物館旁的城堡裡遊觀時，就發現他們把許多羅馬時代、希臘化時代之教堂、墓碑、紀念建築取來作為堆砌城牆的石料，情況跟咱們國內把一些老碑刻胡亂拿來鋪路、架橋，做新建築的礎石完全一個樣。我們各地方為發展旅遊，也大力宣揚歷史文化，但「經濟搭台，文化唱戲」，傳統歷史文化何嘗真被這批人所體認、所珍惜？道理和土耳其正是相同的。

可是土耳其在歐亞之間的角色與地位，似乎也使它不多元也不行。

答：對，歐亞文明在此交會，形成了文化交會的格局，這種位置與格局，使它不多元也不可能。

但這種交會也可能只代表了衝突，未必即等於融合。而且這只是歷史之實然，人對於這種歷史實際之處境，卻可能另有體會，或對此交會衝突之局籌思有以平抑之。我覺得土耳其即是這一類。

在拜占庭時代，把本來被禁止、藏躲在卡帕多細亞山窟地洞裡的基督教忽然拔舉為國教，揚之於青雲之上。反過來壓制了原本生存在這塊土地上的老信仰。等到拜占庭被滅，奧斯曼帝國以伊斯蘭教為國教，基督教又被壓到地層底下，傳教士跟教堂都藏在地洞裡面。奧斯曼本是亞洲文明，突厥人本身也自有其文化，曾信奉過本族原有宗教、佛教、摩尼教等，可是信了伊斯蘭教以後，卻盡棄故我，把舊文化全丟了。奉伊斯蘭真主之名，跟歐洲各國爭衡了幾世紀之後，如今又欲「脫亞入歐」，積極讓自己成為歐洲之一部分。

這樣一個國家，雖絕大部分領土在亞洲，人種亦屬亞洲，文化更與歐洲頗有差異，卻在自我意識與認同問題上如此，豈不像極了近代的日本？凱末爾昔年也最欣賞日本天皇。正顯示著這其中存在著太多錯亂，歷史層層掩蓋，文化一次一次被否定，人的主觀選擇又一次次企圖扭轉歷史實然的處境。歐亞多種文明衝突的悲愴，絕不是把多元文化拿來觀光賞玩的人所能體會的。

你的講法總是太極端。文明衝突的同時，應該也就有融合。

答：理論上固然如此，實際狀況則要看是衝突為主，抑或以融合、溝通交流為主。土耳其這個地方，因爭戰不斷、生存競爭激烈，看來竟是有我無你式的衝突為主。

早期赫梯王國何等強大，把巴比倫王國都給滅了，勢力進入兩河流域，並進兵埃及。不旋踵赫梯王國又被滅了。烏拉爾、腓尼基諸國崛起，又與希臘大戰，特洛伊戰爭，名垂青史。接著波斯勢力進入，又把諸國滅掉。亞歷山大東征，攻佔拜占庭，波斯薩珊王朝攻佔安那托利亞中部。哥特人又入侵，希臘人的城市頗遭破壞。

再來就是東西羅馬分裂。東羅馬以基督教為國教，不只壓制異教，抹滅了早期的文明，就是它自己也窮折騰。例如基督教分裂為羅馬公教和東正教，幾乎勢不兩立。八世紀時還大掀聖像破壞運動之風，與中國文革時期打砸古物、破四舊一個樣，時間則長達一百年。聖索菲亞教堂等各處之壁畫、鑲嵌等，幾乎破壞殆盡。

至十一世紀，塞爾柱帝國崛起，也就是在中國西北被唐太宗擊敗的突厥人，西遷至此，攻下了這片土地。希臘羅馬化的時代當然也就結束了。可是塞爾柱衰亡分裂後，十字軍東征，竟洗劫了跟自己一樣的基督教文明，你說這是什麼亂七八糟的事？

十四世紀以後，奧斯曼帝國建立，奉唯一真神阿拉，其他文明自然更遭破壞或掩蓋。所以至今我們在土耳其旅行，所能看到的歷史，大抵皆是劫後殘存的廢墟、斷垣，靠沉船與考古所得，聊窺一斑。傳世的文物，其實絕少。就是托普卡普王宮、朵瑪巴切王宮，這幾處具指標意味的處所，亦無多少傳承文物可觀。安卡拉與伊斯坦布爾博物館，則主要是考古。

考古是撥開一層層被掩蓋的沙土，去發現歷史。倒過來說，我們就可知此地文明是在一次次殺伐爭戰中被層層掩蓋或竟消滅了的。看起來，此地各文明之特性，乃竟是不寬容。兩大主要帝國，一奉基督教、一奉伊斯蘭教，而都是唯我獨一，不容商量的。因此我說此地文明殆以衝突為主，融合是其次的。

融合方面，難道就全無可述？

答：那又不然，此地既為歐亞交通之孔道，來往交流，勢不可少。且不說別的，人種就是個大熔爐。雅利安人與突厥人大量長期混血，中間還有若干少數民族及來往商旅，文明自不會那麼純一單調。

我在托普卡普王宮曾見其御膳房改裝的瓷器展廳，看見它所收藏的中國元明清時的瓷器，多達萬餘件。論數量，乃台灣「故宮」以外第一，不乏精品，看得人目眩神移。青瓷、白瓷也多。另外還有不少日本的「伊萬里燒」、維也納瓷器等。當年中國瓷器流通於西方，土耳其本身就是主要仲介者。可是它後來大量吸收中國製瓷技術，又旁採希臘、維也納各地之風格，在伊茲尼克（iznik）、阿凡諾斯（Avanos）等地發展了極好的瓷作，土耳其藍、蘇丹紅之色彩，運用極為成功。在古代大量用以裝飾其宮殿、教堂，現在則為地毯之外一大工藝生產。

地毯也一樣。地毯編織，是中亞民族的絕技，但土耳其吸收了中國絲綢紡織技巧，所編絲質地毯堪稱世界第一。此均文化融合之效。此類事例，不能殫述，只能請老兄你自己去玩時細細體會啦！

你的講法，怎麼好像跟我看過的旅遊報導不太一樣？

答：現今為了因應去土耳其旅遊的熱潮，各種 LP（**也就是旅遊指南，千萬不要誤以為是台灣政客的粗口**）不計其數。光是 Lonely Planet 授權的中文版，簡體字本就厚達六三七頁，且蠅頭細字，需另附放大鏡一副以供閱讀。可見旅客上路前絕不愁沒有材料可以參考。若不愛看書，網上材料也多得是，圖文並茂，足供采挹。

不過，旅遊指南大抵皆是為著哄人去那兒玩而編寫的，所以報導均有選擇性。例如它會告訴你某處如何好玩，風景如何秀麗，可是常忘了提醒你：也許需長途時，路上或許無聊得想自殺，或許已把你顛得骨架子都散了等等。

而土耳其的許多事，又不方便介紹，因為不乏禁忌。例如對它的國父凱末爾將軍之功過是非，它與庫德族的戰事，與亞美尼亞人的紛爭，與賽普勒斯的糾葛，旅客最好莫要詢問，更莫討論。因為二〇〇六年諾貝爾文學獎得主，土耳其作家帕穆克在德國演講時，提到亞美尼亞人曾遭殺害，都還被土耳其法院以破壞國家形象之罪名起訴，咱們外人又豈容你到土耳其境內來說三道四？旅遊指南為了你好，大抵不會提起這類事。你什麼也不知道，才好去盡情吃喝玩樂、採購血拼一番。基於這些原因，所以旅遊指南雖然詳盡，我的問答或許也還不乏參考價值呢！

土耳其咖啡

土耳其的日子，看來是悠閒的。

坐上船，沿著博斯普魯斯海峽走，波光粼粼，鷗鳥時時出沒於舟畔，心情自然甚為悠閒。

旅客的遊船上，同時也搭乘著本地人由歐洲赴亞洲，或由亞洲去歐洲辦事。但他們跟觀光客一樣，也東瞧西看，色色新奇。

船走得緩，抵一碼頭便要下客。碼頭邊，往往雜花生樹，樹蔭底下就有茶屋或咖啡廳。下了船的人，倒也不忙著趕路，一頭又鑽進那裡面去了。

由海峽往裡走，連接海峽與金角灣，也連接新市區和老城的，是加拉達橋。橋一端是加拉達塔，另一端是有漂亮噴水池的耶尼清真寺。交通要道，車水馬龍。然而橋上最忙的卻不是車輛與行人，乃是無數拎了魚簍來此垂釣的釣客。一個個趴在欄杆上，把絲綸垂下橋去，腳邊擺滿了盆啊罐的，待魚一上鉤就取下養在其中。

橋底下則是一家家吃烤魚的餐廳。無法或無暇自己釣魚的，例如觀光客，大抵就都麇集在這兒，一邊吃魚，一邊欣賞釣絲飄蕩在空中的樂趣。

偶爾釣著了魚，橋上的人扯動釣竿，銀絲離水，一尾柳葉銀鱗便拚命扭動於半空中，冉冉而上。但因橋下並看不見橋上人的雀躍，也聽不見他們的歡呼，因此這感覺仍是靜的，只是陽光下的一幅風景畫，有些「閑看兒童捉柳花」般的閒適趣味。

在伊斯坦布爾這新舊交融、歐亞交會的城市，你說它美嘛，好像有些地方也頗髒亂；你說它亂嘛，卻又彷彿秩序井然。貫穿亂與不亂的，似乎即是這一派悠閒的心情或氣氛。

本地人都不慌不忙，躁動的反而是觀光客，又要集合又要趕路，又要拍照又要聽講解，抽空還得採買，或偷眼覷人，尋找獵豔的目標，你說忙不忙？幸而觀光客雖多，浸潤在這閒散的城市氣氛裡，腳步不自覺地也就慢了些。況且走得倦了，能不坐下來喝杯咖啡嗎？一旦坐上咖啡座去，那可就是想焦躁也躁不起來了。

咖啡館、咖啡座遍地都是，情調各別，索價也頗不同。不過大抵都是複合式的店或鋪，除了咖啡，還兼售其他飲品及食物。飲料亦不見得以咖啡為主，茶或許更為普遍，時尚軟飲料，如可樂、汽水等亦漸流行。

但咖啡是土耳其的驕傲，且物尊其始，故幾乎所有這類店、鋪、攤、亭，打出來的招牌都仍是「咖啡」。彷彿我國古代餐館旅邸只把一幅大大的酒簾兒掛出來招攬顧客那樣，一個酒字，概括了休息、打尖、歇腿、進食，並悠閒地喝兩盅等所有的意思。在這兒，咖啡一詞所能給人的感覺，亦復如是。

土耳其不是咖啡的原產地，但它變成一種世俗飲料且傳播至歐洲，卻是土耳其人的貢獻。猶如鬱金香也是由此推廣到歐洲去的。

在此之前，種咖啡的是阿拉伯人，產業中心在摩卡（mocca）。煮出來的黑水，主要是讓伊斯蘭教徒喝了好集中精神，奉事安拉。十五世紀間普及於波斯、土耳其。一般的說法，旅遊書上抄來抄去，都說它傳至維也納，是一六八三年土耳其戰敗後倉皇撤走，留下了許多袋咖啡豆，維也納人烘焙研磨後煮成熱漿出售並開了一家叫「藍色瓶子」的小店，遂為歐洲咖啡館之濫觴。

其實早在一五八二年奧古斯堡一位醫生勞沃爾夫（Leonhard Rauwolf）就發表過文章讚美過這種飲料。因他前些年曾在東方旅行，故對此物能有所瞭解。一六六〇年左右，大宗咖啡也已由馬賽、威尼斯進口到歐洲了。故咖啡因土耳其戰敗而戲劇性地傳入歐洲云云，怕是經不起推敲的。

歐洲咖啡文化傳自土耳其的證例，卻也不難找。據我所知，一六五二年英國倫敦就有了咖啡館，是一位商人到土耳其伊士麥（Izmir）地方帶回一名希臘傭人後開設的。一六五〇年，馬賽商人狄拉羅克去君士坦丁堡玩，也帶回了許多咖啡，一六七一年就索性自己開店賣起這項飲品了。其後，巴黎也開始流行土耳其式煮咖啡之法，亦即先烘烤，再將豆子磨成細粉，然後用金屬勺子盛著煮，煮沸後略移開，再煮。因為路易十四於一六六九年接見土耳其公使時，公使就呈奉了咖啡，使得巴黎社交界一時為之風靡。

而更早的，是匈牙利。匈牙利於一五四一年跟土耳其交戰失敗，蘇萊曼二世佔領其地達一百四十五年。這期間，教堂固然都改成了清真寺，土耳其人的生活方式，例如洗澡和喝咖啡，自然也都普及於匈牙利境內。待一六八六年基督教神聖聯盟將土耳其勢力逐出時，匈牙利人喝咖啡的習慣，早已養成了。這可是在傳說咖啡輸入維也納之前一百多年吶！

不過，當時歐洲咖啡之盛行，雖受啟迪於土耳其，而似乎只學到了煮製的方法，沒學到文化。因為那時認為咖啡最主要的功能是提神。相較於舊的飲料，啤酒和葡萄酒，咖啡特顯其理性、智性色彩，天主教徒及清教徒都被鼓勵喝咖啡，以免酗酒，甚至宣稱咖啡有禁欲之效。以致一六七四年倫敦婦女還散發過一種反對咖啡的傳單，說男人若都喝咖啡禁欲了，女人可怎麼辦。到十九世紀，還有詩人米什萊（Jules Michelet）在歌頌：「那些小酒館從此退出舞台／骯髒的小酒館退出歷史舞台了／就在半世紀前／它們還讓年輕人整天流連於酒桶和娼妓間／……咖啡／這種不含酒精／令人清醒的強智飲料／給世界以純潔和健康……」聽此讚歌，即知學界除了熱衷探討新教倫理與資本主義之關係外，還頗有人研究咖啡與新教倫理之關係，實非無故。

土耳其咖啡不是這樣的。

一六六〇年左右，法國學者狄戴豐樂（**Jean de Thevenot**）即在其《東方遊記》中描述土耳其咖啡館文化說：在那些公共咖啡座上，沒有階層和信仰的差別，每個顧客都是一樣的。去咖啡館不比上酒館是不甚光彩的事。到那兒，只為了娛樂、放鬆。館外放著長凳和草席，客人可以自在地在那裡呼吸新鮮空氣，或觀察來往行人。老闆有時也會請歌手或奏笛子、拉小提琴的人來助興。

這一派民主情調，恰可與歐洲當時森嚴的貴族階級社會相對照；而自由、娛樂、放鬆休閒的咖啡文化，顯然也與歐洲之理性精神、禁欲訴求迥然異趣。

不是只有他獨具慧眼看出了土耳其與歐洲文化的差異。我認為這種差異甚為明顯，而且迄今並無太大變化。歐洲的形象，在我國人，特別是女士心目中，總以為是浪漫、優雅閒適的。殊不知支配近代歐洲的，乃是啟蒙運動以來之理性精神；而整個社會雖說民主、講人權，但政治權利與社會人格並非同一回事，階級氣息無處不在。土耳其則不然，故其咖啡文化也就兩樣。

一九一一年，法國畫家柯布希耶的另一本《東方遊記》對此也有類似的觀察。《在土耳其土地上》提到他抵一小城，每進入一座花園，主人都會拿出玫瑰花醬來招待。要走時，也會在客人身上灑玫瑰香水。在咖啡館，老闆本來蹲在一個沙發上，見到他們來，即趕忙起身，從火爐裡夾出燒得通紅的炭塊，為他們點煙。在糕餅鋪，不小心碰翻了兩個玻璃杯，掏錢賠償，老闆也連連擺手，執意不收。這些，都讓他覺得：「土耳其舊都仍然充滿華貴之氣，一些善良的土耳其老人，還恪守著純粹的東方傳統。在我們看來，他們是真正的聖賢。」

在這個大背景認識下，他形容咖啡館：地上放些長椅，形成一個小圈子，長椅上鋪著地毯。本地人都脫了鞋，登上長椅，蹲下來喝咖啡，「這種方式很瀟灑、乾淨，顯得他們過日子很規矩。這也免得我們像筋疲力竭的木匠，或因花天酒地淘虛了身子的年輕人那樣，得把手撐在桌子上。你們也知道，這裡人喝咖啡，用的是小杯；喝茶，則用梨形的玻璃杯。兩者都是一個銅板一杯，一般人也喝得起幾杯。」（《一家咖啡館》）

從他歐洲人的角度看，歐洲人在酒館、咖啡館裡太頹唐，沒規矩；土耳其人有規矩，可又瀟灑。而且咖啡館不講身分、排場與裝潢，具民主精神。土耳其當時已濡染了歐洲習氣，某些咖啡館「採用了歐洲方式，擺上維也納的桌子，先付費後消費」（《清真寺》），令其大為不滿。他希望這古老的東方傳統仍能保持，勿隨歐洲般庸俗化。所以對咖啡館中一老人深致其企盼：「懸鈴木下開著一家咖啡館，有個老頭一直在吹著風笛。一連幾個小時，吹著同一組旋律。此時此刻，他體現的，是這個民族深沉的執著。」（《亂糟糟的、回顧與遺憾》）

我在伊斯坦布爾等地也看到了他所說的一些景象：玫瑰香水、燒紅的火炭、鋪著毯子的長椅，一杯茶或咖啡一元，乃至三杯一元，瀟灑而又規矩，聚在一塊兒喝茶的老人家，以及兀自彈著馬德琴的朋友。覺得彷佛近一百年都沒什麼改變。

他描述的底下這一段，尤其傳神：「咖啡館裡有上百個土耳其人，他們都在聊天，聲音卻不嘈雜刺耳。水煙筒裡噗嚕噗嚕地傳出聲響，煙霧瀰漫，空氣都變成了藍色。」他講的這處咖啡館，是在墳地的。桌子間壘著三個墳堆，旁邊一株樹上掛著燈籠，通宵不熄，而客人則在其間喝著咖啡、抽著水煙。他覺得這是土耳其最有詩意、最動人、最有感染力的場景。

我在伊斯坦布爾也去過一區墳地，就在大市集旁的清真寺畔。長楊高樹，有花架搭出一個小院，墳側巷弄間有童子正燒著火炭。我由巷子踱進去，便見得這一處咖啡館裡聚集了上百人，都在聊天，卻一點兒也不嘈雜，反而頗為靜謐幽深，甚至還聽得到鳥鳴及羽翅撲撲掠過枝丫的聲音。人坐在鋪了毯子的長椅上，旁邊座上有茶有咖啡，可是空氣中瀰漫著水果的氣味。

原來大家都在抽水煙。煙筒如大爐台，侍者用火鉗鑷起小塊火炭，放在筒頂，熏著煙絲後，客人就一長皮管吸之。煙氣先下沉到水裡，噗嚕噗嚕地傳出聲響。然後客人盡力一吸，煙氣入喉，徐徐噴吐，煙霧縈繞。但因水煙多是蘋果、香蕉等滋味，尼古丁又經水袋過濾，煙霧略散之後，剩下的竟不是燒紙卷和尼古丁的煙氣，而是水果茶似的酸甜味兒。

環著咖啡座的花樹上也點著燈，旁邊還有十幾家工藝鋪子，展示且製作著玻璃、陶瓷、地毯、編織、鑲嵌等工藝品，但並不拉人買，因為他們自己也一人一管水煙，正抽著呢！

這裡，熱鬧而安詳、瀟灑又規矩。我不抽煙，但在此看人抽，喝喝茶、喝喝咖啡、看看花樹、看看墓碑、看看工藝品，靜坐以待夕。乃是在伊斯坦布爾最覺有意義、有情味、有身心清適之感的時光。離開伊斯坦布爾之前，還刻意覓到該處，又坐了一下午。

這才是我所謂的悠閒，此中有真意，非僅一般所稱之閒散而已。

而柯布希耶和我，相去百年，竟然品味到幾乎一樣的這等土耳其情韻，看來亦當歸功於他所說的土耳其人那種執著。

可是在柯布希耶那時，他已注意到土耳其正在歐化了，咖啡館未必仍能守其故轍，整個國家亦然。在〈兩處仙境，一個現實〉一文中，他形容在博斯普魯斯海峽上所見，宛若仙境；可是「周圍一片土耳其式的安靜」中，他卻發現了一個現實：「青年土耳其黨啊！這是多麼不幸的開端」，他感歎道。

青年土耳其黨就是一九〇九年領導革命，推翻蘇丹政權，建立現代土耳其的政黨。它雖於一九二六年解散，但其前後正是土耳其脫胎換骨的時刻，建立共和，頒佈憲法，採用以拉丁文為字母的新土耳其文，銳意革新。與日本明治維新或我國辛亥革命乃至五四新文化運動相似，均有古老東方帝國自我蛻變，改從歐西文明之意。

日本、中國、土耳其，在那時皆已感到非如此改革圖存不足以救亡，改革之典範則是歐洲。故日本有「脫亞入歐」之論，中國也有陳獨秀說要把中國建設成「今日莊嚴燦爛之歐洲」（**見《文學革命論》**）。中國五四前後有《新青年》，土耳其則有青年土耳其黨，而且脫亞入歐，奮鬥迄今，仍積極在調整其體制，準備加入歐盟。在這些國家，百年來，主要氣力幾乎就都花在如何歐化上。歐化或曰現代化或曰什麼，但總之，國家社會之主流思潮與動力即在於此。

柯布希耶卻顯然對此不甚欣賞，感覺新青年之崛起，恐怕是個不幸的開端；他認知到的純粹的東方傳統，遂將漸滅了。

其實何止柯布希耶，當時歐洲「一般學者頗厭棄西方物質文明，傾慕東方精神文明」（**王光祈《旅歐雜感》，收入《少年中國》二卷八期**），欲由東方傳統文化中尋找補救西方現代化弊病者，比比皆是。如一九〇七年至一九一七年英美詩人龐德、休姆等在倫敦與巴黎推展的意象主義運動，頗取法於中國、日本；艾略特之現代詩則頗汲挹印度文明，其意殆均與柯布希耶相仿。

當時此類思想之直接刺激，是一次世界大戰，但思想之潛流卻興起甚早。對工黨革命以來歐洲發展之整體不滿，蘊蓄已久。且不說馬克思之批判資本主義，其友人莫里斯（William Morris）就曾主張一種「手工藝社會主義」，拒絕蒸汽機、工業化，要在鷗鳥翔集的豌豆河上建一個用水力印花布的手工作坊，欲以此為基礎，重建一個新社會秩序。這樣的人，文化上大抵都是有鄉愁的，希望回到工業革命現代資本主義以前的美好社會。那樣的社會，當時歐洲已不可見，但一旦旅行至東方，便彷彿邂逅、晤面相親，不免他鄉遇著故知，大有同氣連枝之感。

孰料這被讚美著的東方，本身卻正躁動著，滿擬全扔了舊的去學習歐洲呢！

土耳其目前如雨後春筍般開設的，多是賣拿鐵、卡布奇諾、Espresso 乃至美式咖啡的店。裝潢新麗、窗明几淨，不抽水煙，也不讓人用精巧的小瓷杯喝紅茶了。咖啡磨得粉細，用銅勺慢慢熬煮，過於費工，現在也已改用濾紙或壓縮機。手指一按，咖啡嘩嘩嘩便盛滿一大碗，豈不正符合這速食時代之節奏？看來由土耳其學得咖啡烹製技術的歐洲，現在正把歐洲咖啡文化回銷並改造著土耳其。悠閒的伊斯坦布爾還能如此悠閒嗎？

似又不能無疑。

土耳其現代詩人 Orhan Veli Kanik（一九一四至一九五〇）有首《我聆聽伊斯坦布爾》，其中有兩節是這樣說的：

我聆聽伊斯坦布爾，閉上雙眼宿醉在昨日的玩樂
昏暗船屋和海邊的別墅靜止在南風的嗚嗚中
閉上雙眼，我聆聽伊斯坦布爾閉上雙眼，我聆聽伊斯坦布爾

一個妖豔的少女走在人行道上
咒罵，挑逗的歌謠我聽到有樣東西從手中落地
想必是一朵玫瑰花
我聆聽伊斯坦布爾，閉上雙眼

昨日玩樂，以致宿醉於海陬，可視為伊斯坦布爾舊日榮光之隱喻，風聲嗚嗚則代表時代已然產生變化。少女，不妨視為今日伊斯坦布爾之化身，她該何去何從呢？有人批判她，有人勾引她，而她手中那朵玫瑰，也就是那令柯布希耶讚歎足以顯示其華貴身世

的玫瑰花、玫瑰醬、玫瑰露，或許就會要遺失了！

詩人慣作憂世語，我們未必一定要聽他的。且閉上雙眼，飲一杯土耳其咖啡吧！

道士酒

四川青城山的道士們，會釀一種以獼猴桃為原料的酒。乳白色，故名洞天乳酒。爬山逛道觀的朋友，常要飲它一盅，配上用山上白果燉的土雞，令人齒頰留香，在這清幽絕塵的山上，越發流連不忍遽去了。

我讀過黃裳的遊記《過去的足跡》，知道早在一九五六年他遊青城山時，就住在山上跟道士們喝酒，吃臘肉、白果燉雞，可見那原是山上慣用的飲食。道士們與和尚不同，漢地僧人以茹素為常，道士之齋戒卻不一定忌葷腥。《天隱子‧齋戒》說：「食之有齋戒者，齋乃潔淨之務，戒乃節身之稱。……百味未成熟勿食，五味太多勿食，腐敗閉氣之物勿食，此皆宜戒也。」道教戒律，大要不過如此，故飲酒食肉，可以無礙。

但現今老臘肉、白果燉雞和洞天乳酒，被喚作青城三絕，除道觀外，各家店鋪也紛紛以此為招徠，情況卻與曩時不同。從前，不過是就地取材，隨意搭配著用餐的日常飲食；現在則是用來開拓財源的商品，成為道觀經濟之一環。青城山的道觀，不只賣這些，還開發茶葉、養生藥膳，結合其山林景區之收益，頗為可觀。

這只是大陸目前千千萬宮觀寺院中的一個例子，類似的，還不知道有多少。像茶，最早種茶來賣的，是湖南衡山，佛道教共同在廣濟寺附近開荒，闢了百畝茶場，後來還在南岳玄都觀成立了一個佛道生產合作社，道士們就是社員。現在各名山之宮觀寺廟，種果、植蔬、栽茶者，已不可勝數了。

古代宮廟經濟，主要是靠政府賞賜的土地和民眾之捐獻。如唐高祖敕建亳州老君廟，賜戶就有二十餘。到清末，北京白雲觀，也就是丘處機埋葬之地，占地仍達五千八百畝，規模可見一斑。這麼多田地，道士們都租給了佃戶去耕稼，因此光是地租就足敷日常之需了，何況還有香火和經懺、齋醮之收入，以及百姓額外之捐獻，財力雄厚，自然不在話下。

可是民國以後，屢經戰事，加上土地改革、文化大革命。宮廟沒被砸被毀，殆已萬幸，豈復能再保有其田地？就是剩下來的那一點地，也無佃戶再來為他們耕種，想靠農牧產品來維持宮觀之開銷，就只能自己去耕作或經營。所以像青城山道協辦了道家酒廠、茶廠；武當山辦了製藥廠；江蘇茅山道院辦了泥塑場這樣，都是時勢所迫，不得不然。有些地方還有製香廠，或生產宗教用品呢！

但寺院若在城市中，並無山林，這種模式就不適用了，只能設法發展寺觀商業。所謂寺觀商業，就是把宮觀寺院本身當成一處商場來經營。除了賣香燭、法事用品，流通經書，販賣工藝品，開設素食餐廳、小賣部、茶社等等之外，還可以祈福、還願、避煞、安太歲等諸名目，批發或零售各宗教事務。例如點平安燈，一盞多少錢之類。南京棲霞寺就出售新年鐘聲。

鐘聲怎麼出售呢？據說新年撞鐘是吉祥的，可以保平安、增智慧、迎富貴什麼，總之，和尚們告訴你說敲鐘非常好，要你一定得來敲，不敲就後悔。然後，每一響鐘聲零售，六六六至一〇〇八元不等，總共可撞百零八下。鐘聲又因其位序及含義不同而售價不一，如數字重疊的二二、六六等，要八八八元；逢八之數，要一〇〇八元。如此如此，就叫寺觀商業。

有些宮廟也闢有商場或寺街。如泰山的天街、武當山下的草店，都屬於寺街的形態，承德普寧寺的普寧街，更是新規劃出來的店鋪。宮廟出租場地以及售貨所得，獲利當不下於古代之田租。

這些都是經常性的營收，此外還有節慶廟會等非經常性收入。大陸之宮觀寺廟當然不比台灣，能在宮寺之外舉辦宗教活動，如神佛巡行、繞境、法會之類，一切活動均受限於宮院中。故傳統形態之廟會，久已盛況不復可見。但碰到特殊節日、神佛誕辰、廟內齋醮水陸等時刻，依然人潮蜂擁而至，攤鋪小販也麇集於斯。

近年某些傳統廟會甚至有復甦之跡象，如每年春節期間，白雲觀的廟會就是。要熱鬧到正月十九以後，因為這一天是丘處機生日，稱為燕九會。據說丘道長會化身為士紳、遊人、乞丐，重回觀中。有幸相逢者，便能消災解厄，逢凶化吉。北京之廟會如此，上海城隍廟也不遑多讓。

語云：「窮算命，富燒香」，人困頓時就老想卜問前程；發達了，就謝謝神佛保佑，並請它保佑我繼續發達下去。大陸人現在越來越富，宮觀寺廟的香火自然也就越來越旺。而寺廟本身又處此商品化大潮流中，傳統的寺院宮觀經濟，迅速轉型。不但自辦農商工廠，更逐漸將自身商品化，其情況大抵如是。

其間當然也有清濁之分。有些宮廟仍不失清逸之氣，雖販酒賣茶，仍是超世齋心的好道場；有些則惡俗難名，坐在山門口的胖彌勒，跟商家放在櫃檯上招財進寶的招財貓，沒啥不同，都腆著個肚皮，呵呵笑，瞧著來人的錢包。

道士和尚，誦經修行之外，尚要費許多心思，來創品牌、推產品、抓業績、稽收支、經營客戶關係、規劃景點營造、開發新客源……看來比古代之名僧高道也辛苦得多。

我從前老想著年歲稍大些以後，就要蓄起鬍子，挽個髻，戴上道冠，背一柄劍，做道士裝束，三山五嶽恣其遊歷。現在看看，出家或許會比在家更忙，更要煩心錢谷之事，所以還是算了吧。偶爾上山去喝茶、飲酒、吃白果燉雞就好啦！

南洋・山東・葡萄酒

咸豐七年（一八五七），一位廣東潮州大埔黃堂鄉人，叫張弼士，孑身到南洋去謀生，開設酒行賣酒。未久，與當地政府混得熟了，竟獲允承包稅收，包括酒稅、鴉片煙稅、典當捐等。繼而因荷蘭政府之助，又在巴達維亞附近郊區拓墾，開始投資種植稻米、椰子。不過十來年，業務便拓展到荷屬蘇門答臘、英屬馬來西亞，種樹膠、咖啡、中國茶。後更渡過麻六甲海峽，在檳榔嶼創置了產業，成立日里銀行。光緒十二年（一八八六），又建萬裕興公司於檳城，建造航行於亞齊與檳城間的輪船，自任船公司老闆。同時還在英屬文冬、巴生開辦東興公司，經營錫礦，並開闢商場。

在南洋事業如此成功之後，他又將投資之手伸回了故鄉，在廣東建了開建金礦公司、裕益砂磚公司、亞通織布廠等。在汕頭、大埔、廣州等地廣置不動產。到一八九七年，經由李鴻章之舉薦，參與了我國第一家華資銀行（中國通商銀行）之籌辦。後更受清政府封派為檳城代表，成為南洋華人商而優則仕的典型。

某年我在檳城，拜訪了尊孔學校。我說：「曾於老筆記中讀到清朝末年時，張弼士在此地建天后宮，向朝廷申請賞賜一些代表中華文化的東西，來慰撫僑民思鄉之情。慈禧太后宣賜的物事中，便有《古今圖書集成》一部。因貴校歷史最為悠久，不知是否存在貴校，或是否仍有遺跡可供查考？」該校校長說：「今日天色已晚，明早找人來打開圖書館藏書櫥看看吧！」

於是約了次日一同會勘。該校有老書櫥數架，灰積塵鎖。找管理人來開了看，果然，有一整部武英殿版銅活字康熙時編的《古今圖書集成》。此書在今，已是麟角鳳毛，美國國會圖書館藏得一部，列為重寶，珍什藏護，不遺餘力；在此，則竟閒置於灰垢中，觀之歎惋。此外尚有《皇清經解》一冊，想是昔年皇家賞賜時，與《古今圖書集成》一併送來，但現在其他各冊已不知流落何方了。

嗟歎之餘，我更在櫥櫃底層發現有好幾包東西。彷彿是書。但包裹已久，摞出來，灰撲得我一頭一臉。打開來一看，不禁大吃一驚。原來竟是清末民初的各式課本，如五四運動前中小學的官話教材、女校課本、各國政府概說等，甚至還有嚴復所寫的一種小學生書法範本字帖。此類清末新辦學堂時的第一批教木，恐怕在中國本土都所剩無幾，居然尚得見於此。所謂禮失求諸野，寧不謂然？

每次談及張弼士，我都會想起這段往事。萬里投荒，竟拓建成一個橫跨諸邦的大企業，並保存中華文化於異域，其人其事，殊堪敬佩。

每喝葡萄酒時，我除了會憶及唐人「葡萄美酒夜光杯」的詩句外，也同樣會想到張弼士。

為什麼呢？因為張弼士的事業並不僅在南方，山東煙台的著名葡萄酒廠——張裕葡萄酒，就是張氏創建的。

葡萄酒並不稀罕，許多地方都有，酒廠亦然。故張氏辦這個酒廠似乎也沒什麼特殊之處，何必緬念？

這又要話說從頭了。

「葡萄美酒夜光杯，欲飲琵琶馬上催。醉臥沙場君莫笑，古來征戰幾人回？」這首詩誰不琅琅上口？念久了，彷彿中國人喝葡萄酒是天經地義的事，忘了葡萄原先根本非中國本土物產，是張騫通西域才帶回傳播的，所謂「贏得葡萄入漢家」。

葡萄傳入後，葡萄酒的文化當然也隨之傳入。但葡萄雖人人愛吃，葡萄酒卻水土不服，未受國人青睞，一直無法在中土普及。那首歌詠葡萄美酒的詩，你若稍微留意，就會發現它名為《涼州詞》，乃王翰所作，有邊塞風格。因為唐代的涼州，大抵在今日河西走廊的武威一帶，仍是西域之風情，非中原品味也。

中原地區論酒，向來不以水果酒為上品，水果釀造者，一般僅視為甜品飲料。談起釀造技藝，係以米穀釀酒為主流，利用酒麴，控制發酵。葡萄傳入後，中土雖亦用之製釀，但往往採傳統米穀釀酒之法去釀造，結果當然不會理想。縱或不採米穀釀酒法製作葡萄酒，也摸不著西方造葡萄酒之精要。因此中國製的葡萄酒，不是太甜，就是太酸。

這固然是技術問題，但實際上更是文化問題。像金門酒廠，造高粱酒，技術超絕；造葡萄酒，便不入流品。非造葡萄酒難於造高粱酒，而是酒文化之內涵與傳統不同所致。

正如台灣街頭不乏麵攤小販，用作「切仔麵」的方式煮麵。把麵條置入漏斗式的斗勺中，放進滾水中泡煮，再倒入碗內，澆上湯水。結果湯是湯，麵是麵，麵且黏結一團，不甚可口。

為什麼會如此呢？這就是文化差異使然。閩南人的麵，其實是米粉、米線，故切仔麵也者，㓾茶之㓾也。用水沖燙，名之為㓾，乃閩南麵食之法。撮米粉米線，入水中燙之，盛出添湯，便即可食。但北方傳入之麵食，乃是麥麵所製，不是一燙就能熟的，所以只好放入熱水中去煮。而麵又比較重，置入斗勺中，煮煮就沉了下去，結成一團。

若北方人煮麵，則不如是。必先煮水，待水大滾後，將麵條或麵片拋入水中，煮到水沸麵飄，才撈起放入湯碗中。如此，滋味當然較佳。難道閩南人未曾見過北方人煮麵嗎？當然不是，只是其傳統讓他依著㓾麵的方式去煮麵罷了。以此例彼，您就可以揣知為何葡萄酒在中土老是製不好了。

張弼士的張裕酒廠卻是一個轉捩點。原因非常簡單，他長期在海外，與英國、荷蘭多有來往，明白其中訣竅。因此直接引入外國資本與技術，在煙台釀製葡萄酒。百年滄桑，如今仍在與英國、法國技術合作中。

也就是說，張弼士的傳奇、煙台張裕酒廠的故事，正是中西文化交流史的一個切面，足以讓我們想到許多東西。

啤酒花的歲月

青島啤酒在台灣銷售時的電視廣告，一派日本味。不但有日本和服女子，更有閩南語配腔，似乎想藉此營造一種台灣土俗的氣息，以利消費者之認同。

日本與青島當然深具淵源。一九一四年日軍第一次侵佔青島，一九二二年北洋政府收回主權，一九三八年又被日軍佔領。可是啤酒畢竟是德國文化，青島也畢竟受過太多德國人的影響，以日本形象或閩日趣味來詮釋它，不免有些失焦。

青島啤酒大概也是大陸最著名的廠牌。這個廠，始建於一九〇二年，是個香港的英德聯管公司。當時建在毛爾梯克兵營附近，遺址尚存，且已闢為青島啤酒博物館。為什麼要在兵營邊設酒廠呢？道理十分簡單：德占青島時兵士甚多，酒吧供需大增，故酒廠亦應運而生。

在當時，這家擁有全套德製機械設備的廠房，是全國最先進的啤酒企業。連德國本土也對該廠及產品評價甚高。一九〇四年九月二日的《德文新報》就說：「德國啤酒廠的啤酒，只應選用優質的麥里斯麥芽、波希米亞和巴伐利亞的啤酒花釀成，不許加稻類等其他任何配料（眾所周知，許多日本啤酒用稻類做配料）。在配料方面，德國啤酒廠嚴格遵守德國啤酒純度法。淡啤酒則以源於慕尼克的方式釀造。」這是它對自己的品質要求。一九〇六年，它的產品在慕尼克啤酒博覽會上獲得最高榮譽金獎，則顯示它的口味亦博得了德國本土的青睞。

當年提供設備的那家機械廠，後來發展成西門子公司。據說一九九七年這家公司從檔案上查到了這套啤酒生產設備，派人專程往青島查看，竟然一切如新，仍能運轉。鐫刻著一八九三年製造字樣的銅牌還擦得發光。而同樣一套這樣的機器，在南美洲，早已爛成廢鐵了。

這般百年老店，實在不多見。如今青島啤酒銷行全中國，也擠壓著台灣啤酒的空間，仍可見其競爭力。而且，中國人本來並不喝啤酒，這個廠事實上改造了中國人的飲酒習慣，影響非同小可。

酒，幾乎各民族都有，但製酒方法與飲酒習慣各各不同。德國人喝啤酒，法國則是葡萄酒，日本是清酒，俄羅斯是伏特加，各有偏嗜，亦各見其特色，形成之酒文化，也各殊其趣。

在我國，水果酒不入品裁，沒一款名酒是水果製的。原因是古人認為水果自然腐爛發酵變成酒，是連猴子都懂得的道理。山林間桃李熟透了掉下來，砸在岩石上，過幾天，岩石凹槽裡自然就會溢出酒香，引得附近動物都來咂吮。這就是酒的起源。可是中國人之所謂「造酒」，並不是指這種自然發酵法，而是天工加以人巧，才能稱為「造」。

因此我們用的主要是米穀雜糧。米穀在提供主食之外，取其剩餘，用以製酒，當然在許多民族間也是常見的。像台灣各原住民部落都有的小米酒，便是米穀製酒之例。但原住民部落作小米酒，仍採自然發酵法。只是米穀不比水果，發酵較慢，故有時就會要將小米放入口中咀嚼，利用口中的酶來刺激澱粉發酵。此法聽起來噁心，其實乃常事；且若說這酒是用處女含過的米釀成的，相信喝起來還特能引生遐想呢。

但我國古代製酒也不用這種辦法，而是先造酒麴，也就是通稱的酒藥。米穀淘洗並蒸過後，和入酒麴，封甕數日，便成了美酒。此法大約在夏商時期便已流行。因此古書上提到的造酒發明人，一說是儀狄，一說是杜康。可能兩者都是，只不過一是如各少數民族製小米酒之法，一是發明了酒藥，讓造酒工藝更為進步的人。

殷商人喜歡喝酒，現存酒器量大質精，足可令人歎為觀止。傳說為了喝酒，酒池肉林，輒為長夜之飲，更是亡國的主因。害得周公不得不寫《酒誥》一文，鄭重勸誡。他們飲酒風氣如此之盛，就肇因於製酒技術之發達。

殷商以後，兩千年間，中國人都喝這種酒，陶淵明、李白乃至武松，都是如此。傳去日本的清酒，去韓國的濁酒，亦皆屬此。我們江浙一帶有名的則是黃酒，如紹興花雕、女兒紅之類。葡萄酒雖老早已由西域傳入，但顯然不是主流。

金元之際，技術丕變，出現了蒸餾造酒法。這種方法，據劉廣定教授考證，源出阿拉伯，我則以為是中國北方道士煉丹時發明的。因此整個傳播路線是以中國北方為中心，向南擴散，形成以高粱為主原料的中國白酒；向北，形成俄羅斯以甜菜為主原料的伏特加；向西形成以大麥為主原料的威士忌，和以葡萄為主原料的白蘭地。

由於技術出於中國，所以白酒迅速成為中國酒的主流，迄今一千年，幾乎你叫得出名字的名酒，除了江浙黃酒以外，全是白酒。什麼燒刀子、二鍋頭、瀘州、茅台、五糧液、劍南春、西鳳、伊犁、景陽春、琅琊台、白雲邊等全是。有些傳統上原是做釀造酒的，如江蘇或西藏，現在也都發展為白酒蒸餾系列。

這些白酒，度數都在五十六上下，有些更高達六七十度，喝著才能感覺它的勁道。中國人喜歡這種感覺，所以越發把白酒造得多了。

啤酒在此格局中，異軍突起，你說不是異數嗎？崛起一百年，而銷行廣遠，幾乎與白酒並列為國人喝酒之兩大系列，中分天下，更是異數。或許，啤酒喝來「爽」，跟軟綿綿、裝模作樣、貌若紳士淑女的葡萄酒不一樣，是它與高粱異曲同工之處，故能驂騎並駕，馴服中國人的舌頭。但無論如何，總得感謝青島啤酒廠，為中國酒文化添了這一筆奇特的色調。

四川壓酒

在四川旅行，迄今始抵南京。入住南京師大，才開看電腦，看見明芳和怡靜都訂正了我的錯誤，說台灣研究梁實秋的博碩士論文已有了兩三篇。甚好。當時我說：「似乎也還沒有。」本就講得不確定，因為根本無處查考，如今她們考查翔實，正可補我缺漏。謝謝啦！

此次去四川，主要是曹順慶幾位博士要畢業口考。我在大陸並未口試過博碩士，也很喜歡有這種實際經驗，故特趕去。除考了三人外，另有兩篇博士後出站工作報告審查。

大陸與台灣都設有博士後研究，但制度不同。台灣乃由教授申請「國科會」計畫，聘博士後（**即已獲博士而尚未找著專任教職者**）執行計畫。大陸則是設若干博士後流動站，已獲博士而且已在大學執教者，可申請到這些流動站進修，一般二年，提交論文，類如博士那般，也要口試。此外還有一些要求，例如發表多少篇文章之類，看來比我們要規範些。這次兩本博士後論文都有三十萬字以上。

曹順慶主持的川大文學院，近些年人丁興旺。報考的人多，他收得吃力，而外界批評亦多。不少人認為他善門大開，學風未必甚正。但據我親身觀察，實又不然。

西南學術本不發達，學者若欲進修，大抵只能來川大拜門，這是他收得多的緣故。可是迄今他門下畢業四十二人，每年平均三人左右，亦並不浮濫。考試時，無論博士或博士後，雖多已身任教授、系主任、院長、學科帶頭人，卻看得出是誠惶誠恐小心戒懼的，令我甚至有些不忍，可見平時要求絕不輕忽。考官問得也有條理。其中川師大皮朝宗老先生並非博士生導師，但順慶每年都請他，四十二位畢業博士都經過他考，可謂創一紀錄。而皮先生也確實令人敬佩，對論文中引文，皆逐一核查；評審報告則洋洋灑灑。如此敬業，殊不可及，對養成樸素之學風，也甚有幫助。

考完，我在川大演講了一場，又殺去南充西華師大講了一場。南充乃司馬相如、陳壽家鄉。講畢再殺往閬中。在閬中住一晚，次日遊張飛廟、錦屏山純陽洞、伊斯蘭教西北聖地爸爸寺（屬葛德林耶派）及古街等。此乃昔日張飛鎮守之地，群山環繞，嘉陵江襟帶三面，古跡甚多，落下閎的觀星樓、陳堯諮兄弟的狀元坊、考棚，也都很可觀。古城彷彿麗江，據云也正在申報世界遺產。有許多特產，例如張飛牛肉、保寧醋、蒸饃、牛肉麵、臘兔子等。據說還有一項特產，我問了幾個人，大家都抿口笑，不肯告訴我。後來才知是「閬妹」。

閬妹如何，無緣消受，倒是另一項特產令人「傾倒」，那就是壓酒。李白詩：「風吹柳花滿店香，吳姬壓酒勸客嘗」，壓酒二字不好解，不過向來總是以壓為動詞，不料人間真有壓酒。

據云乃高粱酒蒸成後，再添紅糖、枸杞等藥材窖藏之，上封壓以豬板油，若干時日後油漬浸滴，藥力發揮，酒精度反而下降，僅十幾二十度，入口甘美。我在古街酒坊中嘗了，深以為奇。中餐吃全牛席，牛唇、牛鼻、牛尾、牛鞭、牛腎之外，當然就喝這酒。結果，哈，這甜酒把大家都放倒了，一人送去醫院打點滴，路上頻呼：「啊，我要死了」；其餘人眾則去一山莊睡覺。

我去南充，本來是要往遊劍閣，享受陸遊「此身合是詩人未，細雨騎驢入劍門」的感覺。到閬中，則發現杜甫之所以在閬中盤桓，作《閬山歌》、《閬水歌》等五六十首詩，確實有道理，所以多玩了點時間，劍門便去不成了。既不去劍門，乃欲轉往廣元。廣元為武則天家鄉，有石刻，亦可觀。但酒一喝，哪兒也甭去了。大夥睡至傍晚，才返南充。

返南充後，因順慶及西華師大佘校長都不舒服，所以各自休息了。我獨自跑到街上去蹓躂，竟又發現一狗肉館，要了一鍋。黑瓦陶鍋，吊在爐火上燒成，細皮精肉，配以紅椒、青蔥。食之，大有理致。再要了一味鯽魚湯，用白瓷方盒盛滿一器，乳色厚汁，與高爐黑鍋狗肉恰好相映成趣：方與圓、黑與白、陶與瓷、高與低、火動與水靜、畜肉與河鮮。廚師隨意搭配，竟爾如此。川北風情，豈不可觀？堪歎狗肉被濟公、魯智深吃壞，令人思及，便覺其粗鄙狂野，殊不知此道亦有雅人深致也。

出得店來，見一家豆腐湯館正在關門打烊，壁上龍飛鳳舞題一詩，第一句是：「傳得淮南術最佳」，正嗟賞間，門已閉，遂不知全詩為何。但僅此一句，已可見此小店之文化。壁上題詩，今已不多見；談豆腐而征典於淮南，亦見功力，我猜我們大學裡文學所的學生們就未必懂得這些典故。川東北，不簡單，令人傾倒者，豈僅壓酒哉？

雨雪霏霏

週四晚遽寒。週五上午，南師大通知今日不必演講，遂得了半天閑，把《楊仁山箋釋道書考》給寫完了。仁山論三教，頗見功力，不唯開章太炎《齊物論釋》之先聲，亦開熊十力《新唯識論》與支那內學院爭論之先，然此皆非今世所能知也。

下午公安廳幾位朋友約了去喝茶，正聊著，窗外便飄下雪來，越下越大。出門來，見雪甚驟，便與吳穎文坐一小店喝了骨頭湯才走回去。

想起《詩經》上說「雨雪霏霏」之景，舊皆不懂，以雨為動詞，或謂是雨與雪。今日之雪，則恰有似雪似雨之感。雪甚大，但水氣重，如淋大雨，卻又不甚濕，沾衣撲臉，略一抖，便去。歸來，欲作詩，想想又算了。

週六一大早，穎文兄等便來接，同去滁州。車走一小鎮，穿野谷僻地而往，遠山近樹，一片茫白，近者如煙，遠者如夢。根椏枝杈，霧凇冰線，難描難畫，不唯我沒見過，穎文等也說實在罕見。大概城裡氣溫高，便不易形成此景。野外風寒，且恰為峽谷風道，故雪意才能如此之濃。

到滁州，自然是為了去看醉翁亭。歐陽修《醉翁亭記》云：「環滁皆山也，其西南諸峰，林壑尤美，望之蔚然而深秀者，琅琊也。」琅琊山，現闢為國家森林公園。琅琊，本山東地名，東晉南渡以後，乃以此山名琅琊，故山中最古之遺跡，據說是東晉的玉皇殿。今尚存者，云係明代所建。另有碧霞元君祠及玄天上帝壇。玉皇殿，號稱無梁殿，乃磚造拱門券頂建築，不知是否明建；玄帝壇，僅唐宋二石爐為古物。但守壇者不俗，坐林間自吹長笛，聲音穿過霜林雪石，格外清雅。

最好的，仍然是醉翁亭。東坡所書《醉翁亭記》及《豐樂亭記》，新舊刻都好。此山多巨石，故石刻甚多，達三數百方，雖比不上泰山那種雄奇氣象，亦自難得。且因石多，山樹遂多盤虬怒立於石罅間，姿態絕佳。加上有雪，梅花格外精神。

坐醒園小茗後，遊琅琊古寺。寺有吳道子畫觀音一軀。吳帶當風，確係吳氏風格，然疑為明人所作。

寺本禪宗，清以後為律宗。律宗寺較少見，此與寶華山各擅勝場。而醉翁亭畔建律寺，亦甚有趣。太守職在守土安民，而日與賓客在此遊山酣醉，且堂皇著文宣告四方，人不以為罪，反而美其風雅。建這個亭子的，又偏是和尚，所謂：「作亭者誰？山之僧智仙也。」僧人建亭子讓太守與賓客來此飲酒，此所以為佳話。今天台灣的和尚，哈哈，差遠了！亭畔有律寺，以守戒著稱。但守戒自爾守戒，別人飲酒則致欣賞，才是律家風範。今天台灣的佛教道場，又差遠了！歐公乃我鄉人，佇今思之，真羨慕我老鄉好福氣，碰上一個好時代、曉事的和尚和這麼美的山林。

飲酒好色對

前遊醉翁亭，談到僧人建亭俾予太守與賓客縱酒，或疑其為一時偶然之事，不可據以為典要。

余曰：不然，僧家多能酒。古代書家，懷素之草書，即恃酒力。名僧大德，輒能啖肉飲酒，否則濟公無人拜矣。即不能飲，僧家亦輒善能助人飲，梁紹王《兩般秋雨庵隨筆》卷二《品酒》一篇，述平生飲酒最佳者為弢光寺致虛所釀。僧言：「老僧蓋少知釀法，而又喜談『米汁禪』，此蓋自奉而外，藏以待客者。」梁氏與之對酌畢，又乞一壺返，歎賞欲絕，以為九日口香，後二十年猶念念不忘，舉為平生所嘗第一好酒。

其酒想必甚好，僧亦韻人，「米汁禪」之名尤可喜。徐時作《閒居偶錄》謂康熙時人稱滄州有三絕：「酒味甚佳，河中鯉魚肥美無比，董尼姑善談兼有姿色，故有三絕之稱」（卷四），董尼姑想亦善飲，否則對談時便僅能嚼菜根，而無從品味三絕了。此類僧家典故至多，惜今人不學，聞僧飲或助人飲則大驚小怪。

友人笑道：這是老兄貪杯，故徵引一堆破戒衲子以為藉口罷了！

我亦笑，說：非也。酒國英雄甚多，我不敢逐鹿天下。從前南社詩人，周雲號稱酒癡，顧悼秋號稱神州酒帝，曾編《酒國點將錄》，朱劍芒又作《海上新酒國點將錄》，我無此氣魄，亦不敢論次英雄。且性無酒癮，其實也喝得少，只是見人與酒為仇，要戒之禁之，自不飲酒，便詆酒徒為劣薄小人，看得令人不爽，遂故意要來犯忌諱，相狎戲而已。

友人說：這就是你的不對了。酒人多豁朗，狎戲無妨；不飲酒者，多刻忮，褊狹謹願，是開得玩笑的嗎？你刺得人家痛了，人家少不得打你一棍子，你這不是活該？

我說：莊子曰「酒醉者神全」，掉下車來尚且不傷，挨一兩棍算得什麼事？老兄作此論，尚識酒趣也乎？

友人說：你不是儒家嗎？怎麼說起酒話來？

我道：我正是儒家，所以才如此說。孔老夫子乃是酒聖，所謂「唯酒無量」「不為酒困，何有於我哉」，非酒鬼劉伶輩所能望其項背，我學聖人，亦唯此庶幾！人或以為被不被酒困，是天生酒量使然，不知聖學功夫即在於此。

陽明論學，曾說：「聖賢教人知行，正是要復那本性，故《大學》指個真知行與人看，說如好好色」，見美色即好之，這是天生的良知；知即好之，便是知行合一，陽明屢以此說明其良知教，因為如此說最直截明白。同理，見美酒即知好之，也是天理良知。不致良知，反而去禁遏之，就昧天理、欺心了。可是，見美色美酒而好之以後，一心著在酒色上，那又不對了。因此陽明說：「飲酒便一心在飲酒上，好色便一心在好色上，卻是逐物，成甚居敬工夫？」心若逐物不返，就會為物所役，孔子說人被酒所困，就是這種情況。好美色美酒，而不為酒色所困，才是循天理之居敬工夫。孔子之所以為酒聖，其理在此。陽明學之精義亦在此。

近世新儒家好談陽明，說解萬端，卻不甚懂得好色飲酒之道，所以終不近陽明。古來又或疑陽明為禪學，其實好色飲酒即是儒佛之分際。儒以此見天理流行、良知朗現，佛教卻以此為戒律。幸而佛教入中土後，多有改革，曉事者亦不甚拘，故有上述僧家飲釀等韻事可說，此即可見儒佛之會通也。社會上看僧人，固亦敬其守律，實更愛其飲酒見性情，曾燦《石濂上人詩序》說：「觀其劇飲大呼，狂歌裂眥之日，淋漓下筆，旁若無人，此其志豈小哉？」（《六松堂文集》卷十二）即屬此類。

友人嗤之：你會強辯，此乃偏執狂之特長，我不跟你爭。喝酒嘛，也許你說得對，僧人也可藉此悟道，或以此會通儒佛，可是好色呢？好色也可如飲酒般被允許嗎？

為何不可呢？天主教禁色，新教改革就解了禁。佛教原以出家眾為僧團，日本佛教就多娶妻生子者。娶妻生子之後，仍是佛教，仍是和尚，其景況彷彿天主教之變革。娶妻的，是否就不如守戒的？誰也不敢如此說。正如神父未必就比牧師高明，吃肉的喇嘛也未必就劣於吃菜的漢僧。一來得不得道，實與忍受痛苦的程度無關，二來由色悟空也沒什麼不可以。賈寶玉不就是因情悟道嗎？世有酒僧，自然也有情僧。

友人哈哈大笑，說幸而你沒去做和尚，否則花和尚魯智深證道之後，又添一樁公案，佛門從此不清淨矣！且你扯了半天，辜負此大好春光。冰泮雪融，正是飲酒之時，吾兄口水太多、學問太大，非酒人正宗，何不徑去飲酒？

我說：我不中你圈套！日醉沉曲，豈不坐實了酒徒之名？何況我今日得要陪女兒做飯吃。說佛說儒，其實都是空言戲論，老妻小女准我喝才能喝得，談飲酒，不是跟畫餅充饑一樣嗎？今天女兒命我勿亂跑，得在家中吃，故不能陪你浪蕩了。

說得他悚然而驚，也匆匆告別返家。

酒鄉之歌

唐人王績曾作《醉鄉記》，描述醉鄉風光。但其所謂醉鄉只是酒醉後的去處，猶如夢鄉，並不能確指為某地。

真以地為酒鄉的，乃是漢代在河西走廊所設河西四郡中的酒泉。酒泉位在沙漠邊緣，附近又有祁連山出產的墨玉，可製名聞遐邇的夜光杯。故酒水之美，令人印象深刻，才能博得這酒泉之名。

不過，年代久遠，酒泉之名，漸被沙漠中的煙塵遮蔽了。漢代的兵戈戰事，造就了酒泉的設郡以及它的酒名。現代的酒鄉，卻恐怕不在酒泉而在金門。

酒泉之崛起，是因漢代與匈奴的戰鬥。河西四郡，為通往西域的孔道，也是東西絲路上的要塞。金門，這個海上的仙山，早年也是文采風流的海濱鄒魯。但國共內戰，台海對峙，卻令它成了控扼台灣海域及太平洋的咽喉之地，成為舉世聞名的戰地要塞。同時，也改變了它的文化。不但文采風流變成了硝煙遍地，酒也成了金門新的身分、新的標誌。

此今之酒泉也。金門造酒的歷史並不長。然而這五十年來，酒名甚熾，酒也已是金門最大的產業，謂為酒鄉，誰曰不宜？

五十年來，金門酒銷行各處。喝著酒的人，或遙想在島上當兵的日子，或緬念島上飽經戰火的親友，或以酒澆灌熱血，或以酒平撫愁緒。金門的酒，把大家牽合在一塊，共同關心金門，情感繫念金門。

金門的子弟，跟酒一樣，流散四方。或旅居台澎，或遠涉南洋，則也終究魂牽夢縈其故土。因此，金門成為一個特殊的地方，是這個時代的傳奇。

為了說金門的故事，我與楊樹清編了幾十冊的《金門學叢刊》，仍覺得講不清說不盡。今年春，賢志文教基金會又策劃了一次詩酒文化之旅，由李錫奇先生負責，邀了幾十位詩人、作家、藝術家去金門品酒、畫陶、歌詠、憑弔。我與樹清，亦參與盛會。憶及從前亦嘗有此類聚會，詩酒歌哭，雜以感慨。而今舊游如袁和平先生已歸道山，舊地金門也頗有滄桑。人事地貌既多變易，詩酒流連，復添新章。撫今追昔，實應再編一本文集來彰酒鄉之盛德，紀人情之纏綿。

正好金門酒廠也有意賡續前事，再辦一個金門詩酒節，所以樹清與我商量，並徵詢李錫奇先生意見，輯編了這冊《酒鄉之歌》文學精品集。為金門的高粱酒文化節，詩酒迎千禧活動添些顏色。

內中所收作家作品，尤其是金門以及金門在南洋的作家作品，都是談金門、論金門、懷念金門、歌詠金門的。但這不是對金門這一地的讚歌，而是對我們這個時代的感懷。因為金門即代表著我們這個時代。金門酒香流溢，這樣的歌聲，想必也將流傳於久遠。

酒禮新篇

酒，傳說為杜康或儀狄所造。但在西元前四千五百年前的大汶口文化遺址中，即有灰陶尊、白陶豆、黑陶杯等酒器，足證我國飲酒文化之早，遠在夏朝儀狄以前。《禮記》載堯時有酒尊稱為「泰」，亦可證堯時已流行飲酒。後世依託於神農氏的《神農本草》，敘酒之性味頗詳；依託於黃帝之《黃帝內經》，論酒之藥用功能極廣。其書雖未必即為神農黃帝時作，但飲酒成風當不晚於神農黃帝之世。

飲酒既久，酒種遂多，周時已有酎、醪、醇、醴、醑、醹等。但基本上是釀造酒，以穀稷及蔬果製酒。這跟西方盛行葡萄酒的情況是一樣的。直到金元之間，才因道士煉丹，無意中發現了蒸餾酒的製造法，而最重要的產品就是高粱酒。蒸餾出來的高粱酒，飲之確實令人飄飄然若登仙境，以致風靡宇內，成為中國酒的標誌之一。後來蒸餾製酒法，與中國的造紙、繅絲、印刷術一樣，傳遍世界。某些其他國家地區也能據此法製出很好的白酒來，但高粱酒仍推中國獨步。

在我國，高粱酒也是最普遍的酒種。某些酒僅限於局部地域，如江浙的紹興酒，並不行於北方。高粱則南有貴州茅台、西南有四川瀘州老窖、北有北京二鍋頭、西有新疆伊犁特曲，但凡名酒，幾乎都屬高粱系統或以高粱為主的。酒本與地氣、民情、飲食菜餚相結合，此一現象，並不偶然，其中當然是有許多道理可供探究的。

金門高粱酒廠，始建於一九五八年，距今歷史並不長，但酒名遠播，盛譽久昭。始行於軍旅中，後則廣受民間歡迎。然而，好酒只知拿來喝，不知酒本身就是一種文化，飲酒也須有文化，畢竟未能得酒中真趣。因此，酒廠去歲與賢志基金會合作，舉辦詩酒節，今年更擴大辦理高粱酒文化節，都是著眼於文化的提升。

此次文化節，我設計了一場開幕祭酒儀式及夜宴賓客時的迎酒神儀典。

古代其實並無獨立的祭酒典禮，因為酒本身就是禮器。禮字從示從曲豆，就是指人用酒醴敬神謂之禮。故什麼禮都須用酒，

《周禮》設酒正之官，並說：「凡祭祀，以法共五齊三酒，以實八尊。大祭三貳，中祭再貳，小祭壹貳，皆有酌數」，就是這個緣故。酒既以敬神，故亦不再祭酒（反而主祭者被稱為祭酒，如荀子在齊曾三為祭酒）。

但北魏賈思勰《齊民要術》中記載了造酒麴及製酒時禱祭的風俗及其祝辭，見其《造

神曲並酒篇》。這也是祭。祭天神五土，祈求禾黍豐收，製酒成功。另外，明朝公安派鉅子袁中郎也在《觴政》一書中，建議為酒建立祀典，其《祭篇》推孔子為酒聖，因為孔子喝酒，量豪而不及於亂。余仿孔廟配享之例，以嵇康、劉伶等為十哲，李白等酒徒則列於兩廡。

今即本此。先擊鼓淨場，再搏鐘，奏編鐘舞樂。這個曲子，名稱就叫「祭」。鐘樂聲中，主祭官、陪祭官就位，然後獻花、獻果、獻爵。然後讚頌酒德。酒德頌，以劉伶之作最為有名。但死便埋我，固為酒徒之豪情；任誕頹唐，恐非勵世勸化之語。故祭典所用，改採宋朱肱《北山酒經》裡一段話，說：「大哉，酒之於世也。禮天地，事鬼神，射鄉之飲，鹿鳴之歌，賓主百拜，左右秩秩，上至縉紳，下逮閭里，詩人墨客，漁夫樵婦，無一可以缺此。」頌畢，奉禾朮，獻高粱，並祝禱，希望高粱豐收，造酒成功。禮成，則奏「八音合鳴，楚調」。

宴賓客前，另舉行迎酒神活動。先頌詩迎賓，由女高音獨唱李白〈將進酒〉，黃輔棠鋼琴曲伴奏。賓客就列後，奏樂迎神、擊編鐘樂曲〈神人暢〉。再讚歌，歌〈詩經．周頌．豐年〉：「豐年多黍多稌，亦有高廩，萬億及秭，為酒為醴，烝畀祖妣，以洽百禮，降福孔皆。」歌畢，奉神及賓客入座，奏各種酒歌，如竽獨奏彝族〈酒歌〉，崔若芝箜篌獨奏〈陽關三疊〉，俞遜發笛子獨奏〈杯底不可飼金魚〉，女聲山歌演唱壯族〈喝酒笑哈哈〉，箜篌獨奏朝鮮族〈五穀舞曲〉，器樂合奏哈薩克族〈金色的麥子〉，朱昌耀二胡獨奏〈陽關三疊〉，以及編鐘樂舞〈大饗禮・楚宮宴樂〉。

古代飲酒之禮，一為朝廷燕享，《詩經》大雅、小雅中所述，多屬此類。二為鄉飲酒禮。這個禮的儀節，詳細記錄在《禮記・鄉飲酒禮》裡。在金門喝酒，本來也即是鄉飲酒，但此次高粱酒文化節，外賓甚多，詩人、墨客、藝匠、酒徒駢集於此，其意義已非鄉飲酒禮所能賅，故依舊禮而略變其制。

身處今日，借高粱之酒，為制禮作樂之事，其中當然不會沒有一些文化情懷的寄託在。但即使僅就酒言之，若能扭轉社會上粗俗牛飲濫醉狂歡式的喝酒風俗，建立一個足以與古代優雅、精緻、禮度妥宜的酒文化相輝映的典型，不也是一樁大功德嗎？

喝酒的女人

李清照的詞曾說：「新來瘦，非干病酒，不是悲秋。」古代女人會常喝酒、喝得酒精中毒嗎？若非當時人經常如此，那又何須作此辯解語？

古代女人確實是常飲酒的，而且不只是獨自在深閨中喝悶酒，更常邀集同伴飲酒或與男子同飲。

什麼？不是說古代女性極不自由，大門不出二門不邁，無正常社交活動嗎？喝酒，似乎更與古代女性貞靜嫻淑的教養不符，焉能時時縱飲？

這就是現今歷史教育、女性研究的缺陷所在了，提供給社會的，經常是畫歪了的臉譜、扭曲了的形象。以女性來說，古代女子社交乃是極尋常的事。

春秋時期，管仲因見男男女女常在道旁樹蔭下戲笑聊天，不勞動，終日不歸，故命人把樹葉拔光，見《管子・輕重篇》。此一男女交往傳統，至明清猶然，所以元朝《至正直記》載當時人家往往「出遊於外，與婦客宴集，習以成風」，明朝則《舊京遺事》記北京市民婦女有走親串門的風氣，《二刻拍案驚奇》卷三八更說：「北方風俗，女人出去只是自行。男人自有勾當，不大肯跟隨去的。」到了清朝，北京城的諺語還說「雞不啼、狗不咬，十八歲大姑娘滿街跑」哩。

我們現在老是以為古代女子深閉閨中，不許見到男人。臉面或者手足被男人見著了就得剁掉，或者嫁給他。看看以上這些文獻，豈不啞然失笑？

女人不只是一般社交而已。早在南北朝時期，婦女就盛行結社，拜把為姐妹，形成互助團體，「遇危則相扶，難則相救」，若吵鬧，則要「罰酒一席，眾人享用」。若要退社，還得決杖三棒，加酒筵一席。此即所謂女人社。直到明清，仍有此風，台灣民間也有。

另外則是男女同社，《醒世姻緣傳》云兩名道婆「引誘了一班沒家法、降漢子、草上跳的婆娘，也有一班佛口蛇心、假慈悲、殺人不眨眼的男子，結了社」，便屬於這一種。其淵源，本於漢代的社祭。漢代州閭舉行社日祭祀之後，婦女即與男子同席飲酒，遊戲作樂。

此外，女子喝酒，還包括重陽節登高、喝菊花酒之類活動。我們看《紅樓夢》裡描寫大觀園中眾姐妹結詩社、喝酒、行酒令的情況，大概就不難想像古代婦女的社交娛樂生活面貌了。

女性開酒館，則至遲在漢代已有了。卓文君當壚，就是賣酒的。劉邦當亭長時，也常去王媼、武負兩位老婦的酒店賖酒喝。

現在我們固然不必再鼓勵女人喝酒。但談歷史，尤其是講女性史，擺脫一種虛構的史觀，拋棄一些荒誕的成見，恐怕仍是必要的。

德亮找茶

日昨為吳德亮《普洱找茶》作一序。錢鍾書先生嘗言：年輕時自己寫書；待稍老大，思致已鈍，便為人作序；又再老些，寫不出什麼了，就替人題封面。我現在是第二期，大概漸漸要進入題字期了。序曰：

德亮有次招呼我去新店花園新城山頂上的茗廬喝茶，談起我在網站上記載去他工作室品茗的事，說不少人因而去電質問：「為何竟請龔某喝茶而不請我？」害他解釋了老半天。可見他的茶是如何地受歡迎，人皆以獲邀共飲為樂。

可是他談起此事，旨不在炫耀，而是小有抱怨。因為我在網上隨筆說：德亮請我喝茶，「德亮是茶人，茶頗不俗」。他當然很以茶人自喜，但似乎又覺得此一稱謂彷彿佚忘了他詩人、畫家的身分，不禁略有所憾。這是陸羽以降茶人之通病。陸鴻漸遍歷江湖，所撰《茶經》不唯後世奉為聖典，文采亦甚可觀。然而在當時卻也有人以「茶博士」鄙之，意思是文人竟去談些燒茅煮茗的事，不免失了分寸。此乃士大夫觀念及文士階層之矜持。後世茶人雖然都明白那是不對的觀念和不必要的矜持，但在內心深處，不免仍要覺得：茶乃清品，茶人須兼是文人才好。德亮雖不說破，依我看，其心理亦是如此的。

幸好也是如此，德亮說茶才與一般茶人不同。目前茶道大壞：茶農茶商談技術、論品種、定價格；市井飲茗，又以豪奢相鬥，喝茶竟如燒錢，一餅動輒萬金、數萬金乃至數十萬金；偶有文人從事此道，則多務虛之談，抄撮史料，講談佚事，豔說氣氛，對茶其實是不懂的。如此如此，茶價越炒越高，茶館越開越多，茶書也越講越玄乎。飲茶一事，附庸風雅的人多了，遂逐漸既非清品，又非雅道了。德亮說茶，卻不如此。

他是文人茶人相兼，陸羽型的。對於茶的種類、品項、製作技術、植栽方法，他與茶農茶商一樣精研。甚且因遊屐較廣，眼界較寬，所見遠勝於尋常茶商茶農。對茶商茶農之親身經歷聞見，他亦細心探訪，多方甄錄，故所知甚深，非只在書齋中喝茶的人所能望其項背。

過去他寫《台灣找茶》諸書時，此等功力，便頗驚人。這本《普洱找茶》更讓我見識了他茶知識之廣。舉凡普洱之品種、栽植、產地、產廠、製作工藝，靡不條分縷析。還有不少地方辨訛定謬，附有考辨。由於這些知識除了自資料上查考得來外，靠的是他長年與茶農茶商周旋，以及親身歷涉所獲，所以翔實珍貴，令我輩喝茶者知其然復知其所以然。對於茶農茶商如何經營普洱茶，也能有入乎其內的認識。特別是在他筆下，許多台商遠赴滇南，闢茶園、建茶廠、立品牌之故事，都顯得鮮活立體，令人感動，這是很不容易的。

這就是茶知識以外，屬於文人一面的茶性情以及文學功夫了。《普洱找茶》是本具實用功能的書，所以一切敘述都以帶領著讀者去找到好的普洱茶為目標，像裡面附錄的茶園茶廠茶店地址電話聯絡人名，就是為此而設計的。這樣一本書，其實很難追求文辭之美，敘述若能不蔓不枝，就已經很不錯了。德亮卻在這種情況下，仍能不時表現他的文學感性。

例如他寫赴瀾滄時碰上拉祜族的獵人，描述西盟佤族的飲酒、剽牛、瓦罐茶，講普洱哈尼族的土鍋茶、傣族的竹筒香茶，都讓人如臨其境。他描寫哈尼族採茶女上樹去採茶，宛如熱帶魚，傣族少女則像孔雀，都形容巧妙，令我頗為怨懟他到雲南找茶時沒拉我一道去。

普洱茶近年之流行，德亮功不可沒，之前即有《風起雲湧普洱茶》一書開風氣之先。但他對市面上炒作普洱之風是不滿的。他深知茶的好壞與來龍去脈，亦知茶價是怎麼炒作起來的。對於勤懇的茶人，他落筆間自存敬意；對於炒作及訛偽，他也不憚煩地批評。這是他可貴之處，也是別人都靠普洱茶發了財，而他仍在煮字療饑的緣故。我喜歡他的這種文人茶士的憨氣，故隨便亂寫幾筆，冒充是序。

密碼一九八九

咖啡在十五世紀成為阿拉伯世界流行之飲品時，其意義不知為何。當它流傳到歐洲後，除了作為東方情調之象徵外，恐怕不少人是拿它來治病的。勞沃爾夫（Leonhard Rauwolf）《東方之旅》便提到它可治胃疾，那時也有人用它來治嗜睡症。

十七世紀以後，咖啡開始有了不一樣的身分。

這種原先被稱為「伊斯蘭葡萄酒」的黑水，被發現跟葡萄酒頗不相同。那時歐洲人主要喝啤酒和葡萄酒，而且跟現在風氣不同，大約早餐即喝啤酒湯。把啤酒倒入湯盆中煮熱了，加一點黃油，倒進另一個打好雞蛋液的盆裡，放些鹽、麵包片等。其後一天的生活也幾乎均與酒脫不了干係。平時如此，節日更凶，以致教會佈道，屢以酗酒為戒。直到他們發現咖啡有讓人清醒之功能，情況才改觀。

教會，特別是基督新教，大力提倡喝咖啡的好處，把咖啡愛好者理智、具有職業道德的形象，跟酗酒者懶惰、嘔吐、麻痺無能的模樣做成鮮明的對比。使得咖啡普獲市民階層喜愛，終於取代了酒，成為日常飲料，酒只在宴會時品嘗。

因此，在歐洲，「咖啡與新教倫理」是個大題目，研究的人很多。新教倫理，又是個涉及資本主義現代社會興起，啟蒙運動後理性化發展等更大題目的東西，研究起來當然饒富興味。

相較之下，茶在中國也跟咖啡在歐洲一樣，可以用來和酒相對比。酒醉人，茶醒人，酒狂茶清，那是不消說的了。推廣茶藝及飲茶風氣的，也有一脈，出於僧寮禪苑，影響及於東瀛，號稱「茶禪一味」。這不是又和歐洲教會提倡喝咖啡相似嗎？

可是茶好像比咖啡還更複雜些。飲茶之道，不只禪人僧家一端，文人茶尤為大宗，與僧茶道藝相通而情味各別。禪茶取義寂靜，淡然不起塵俗；文士茶則不妨吟嘯，有友朋切磋談諧之樂，得從容閒雅之趣。

以歷史說，文人茶最早。但那時都是團茶，煮而食之，配以薑鹽。後世不採其法，唯師其意而已。禪茶則興於宋元，後來漸推綠茶為正宗，而飲茶之法實亦與明朝以後一般士庶頗不相同。

明初以後，中國人飲茶，乃以閩中「老人茶」之法，參差變化之，後漸遍及於全國。

包括現今由台灣回傳大陸的現代茶藝亦是如此。故老人茶雖興起稍晚，但不唯足以與文人茶、禪人茶鼎足而三，為我國茶道三大流派之一，抑且後來居上，影響士民眾庶最大。

相較於文人茶與禪人茶，老人茶不盡求雅，亦不必追求枯淡岑寂。有老友茗談之愉，得閒中靜攝之樂，故不刻意於雅，便已安雅；不著意於定，便已淡定。沖泡之法，又較文人茶、禪人茶輕鬆自然，飲之自在。因此它後來大為風行，實在是很有道理的。

文人茶的內涵是文人的文采風流，禪人茶則重禪趣禪味，老人茶的內涵又是什麼呢？那大約就是「記憶」吧！

取名老人茶，指的不僅是閩中老人聚飲的實況，更在表明喝茶的性質。老者閱盡滄桑，於漁樵閒話之際，泡上一壺鐵觀音，或講古論事，或讓記憶在心底靜靜發酵，以供反芻。品味的，與其說是茶的滋味，毋寧說更是人生。

這才是閩中茶道之神髓，而可惜閩人初不自知。故近年論茶，或附益文人雅趣之列，或以茶禪鳴高，或雜論民俗、搬排故事以論茶文化，而實皆治絲益棼，去之愈遠；張惶作致，品斯下矣！

今，謝文哲先生新製一種老茶，取名「密碼一九八九」，卻是妙得真詮，探驪得珠。取名之本義，也許緣於個人私密之經驗，也許有意紀念那個令人憮然乃至傷懷的年份，但把鐵觀音取名為此，無意中扣住了「記憶」這個主題，還原了老人茶的本質，在茶文

化上，實有撥雲霧而睹青天之感。

一九八九這一年，對謝先生來說，或許別有意義；對我來說，也格外不同。但我不敢放縱情感，盡情回憶，只能在品味這一泡名茶時細細含咀玩味這記憶的一些細節，並就記憶與老人茶的關係略作申論。

雖說這樣有點傷於怯弱，然而茶味沉厚的鐵觀音，不正是使人茗飲沉思，去靜靜體會歷史的嗎？老人茶的內涵，歷來亦乏知音，就此略作闡發，或亦不為無益。

輝煌的北京？

林語堂先生在《輝煌的北京》一書中談北京烤鴨時，只說便宜坊（醬肉鋪）的烤鴨，而未及今日名氣極大的全聚德，似乎甚怪。

全聚德的烤鴨，歷來著名，不是現在電視上播演「天下第一樓」才有名的。十多年前北京尚少計程車，我偶爾在街上喊到一輛，師傅就言明要讓他迂道至王府井全聚德分店打一包烤鴨，否則他寧可不載。某年廈門友人遠來北京會面，也特意赴和平門購一烤鴨回去饋贈戚友。當時烤鴨店，樓上樓下，情況迥異。樓下是一般平民大眾購食的，煙膩便宜；樓上則潔雅修淨許多，但價錢可就差得遠了。顯然，樓上多是達官闊人觀光客，慕名而來，就算被「宰」了也未必在乎。要說實惠，或許還在樓下。

不過，「盛名之下，其實難副」這個考語，在大多數地方都是適用的。對全聚德的烤鴨，我就不甚能領略其佳處。台灣或者香港，我都吃過不少好吃的烤鴨。明爐掛烤固然好，窯烤也有不錯的。大都會大酒樓裡，銀刀輕片，盛以雪樣瓷盤，誠足以賞心愉目，齒頰留芳。村舍野店，褐黃亮油的烤鴨，也一樣令人垂涎三尺。唯獨品嘗全聚德的烤鴨子，或許預期太過，或許凝神危坐，遂壞了興致，既無初相見的驚豔之感，亦少了老友重逢的欣慶之情，這是很可惜的。

有一年，領著袁保新一夥朋友去北大開會，暢春園酒店正改為全聚德分鋪，我們當然立刻去點了鴨子。但酒喝多了，舌頭大了起來。袁保新說：「聽說全聚德是橡皮鴨哩！」恰好經理入內，連陪笑臉道：「我替您細心整治整治，看看是否還是橡皮！」弄得我們忙起謝罪。老店畢竟仍是會做生意的。

可是，不管如何說，北京烤鴨，我終以為比不上香港、台灣。原因何在？

清朝嚴辰《憶京都詞》中有一首，題云：「憶京都，填鴨冠寰中」，詩說：「爛煮登盤肥且美，加之炮烙製尤工。此間亦有呼名鴨，骨瘦如柴空打殺。」北京之鴨，所以在清朝便享盛名，原因在於一個肥字。所謂肥且美。其他地方的鴨就骨瘦如柴，難以並論了。為何北京之鴨特別肥美呢？原來北京是填鴨。鴨如何填？台灣五六十年代家裡養過雞鴨的人都知道。填鴨填得腸滿肉肥又無運動，自然油滋脂嫩，烤起來風味絕佳。此技在當時，乃北京特有之術，他處少見，故北京烤鴨，獨擅令名。因為烤鴨固然也講究火候，或用什麼特殊燃料做炭火，以及浸汁塗醬之配方。但此類差異，其實不大，材料本身，也就是鴨子本身肥不肥美便成了關鍵。當時北京烤鴨有名，與填鴨技術大有關係。可如今，情況頗有不同。填鴨之術早已普及，且因畜養工業大有進步，填鴨既違物情，又不需要，現在更已不太有人使用了。鴨子長得好不好，不是靠填鴨而是看該地的農畜水準如何。北京烤鴨之不及香港、台灣者，正以此故，非炮烙之術落伍也。

某些東西，老牌的、原產地的，有時反而不如新進或他處，原因往往類似於此。大老遠跑去買一個什麼，或吃一個什麼，而常買來吃了以後，惆悵莫名，也即是因為如此。

在北京，有此感覺者，除了烤鴨，就是聽戲。

能代表北京的，毋庸說，是京戲。京戲，現在都說是徽班進京，前些年還大肆慶祝了徽班進京二百年。其實徽戲只是京戲的源頭之一，另外還有漢戲、秦腔、昆腔等源頭，後來匯合，才逐漸形成京戲，時間也要到道光二十年以後。京戲中的四聲、上口字、尖團字以及「十三轍韻」，就不是徽班原有的東西。分場形式以及武生武旦的出現，亦屬新創。光緒以後，戲班子進了宮廷，變動更大。在慈禧指揮下，大規模翻改昆曲為京戲，《昭代簫韶》就翻改了一百零五齣。其餘切末、服裝、伴奏、劇碼、表演方式，無不日有新猷。例如文小生戲漸多，武生漸有唱大軸的，旦角新增花衫及刀馬旦，漸廢蹻功……才逐漸形成後來的京戲，而至於影響全國。

故到北京，總不免想要去聽一兩齣正宗地道的京戲。

這種心情有個故事最能體現。一九四九年解放軍剛入北平時，入城的四十一師部隊就提出兩個要求，一參觀中南海，一看場京戲。去中南海不能答應，但准士兵去參觀了故宮。看戲嘛，當時北京唱京戲的園子只兩個，長安大戲院和吉祥戲院。四十一師從軍餉中提了一筆錢，讓全軍四萬多人每人看一次戲。排定了日子看，不能選戲選角，反正是看一回戲，開一次葷，大夥看了兩個多月才看完。

如今這個願望要實現可又比當年還難。如今在北京看表演，外國的、少數民族的、新潮的、流行的，都不少，就是京戲難找。長安大戲院倒還是有例行演出，但票價甚昂，擺明了是要宰觀光客。所排戲碼，也多以老外、華僑、觀光客口味為依歸。我去過幾次，便意興索然了。

後聞正乙祠附近有得看，去電訂票，又老不得其門而入；待專程跑去，覓入胡同中，才知早已關張。四處問人，乃又知湖廣會館也有例演，於是又按地圖訪去。不料場地甚佳，戲台也規矩，而演出更為離譜，不待中場，即號召觀眾上台與伶工合影。似是巴結不懂戲的，卻欺負認真看戲的，因此往後我也就懶得再去找戲聽了。

正經戲之外，北京另有一些雜戲曲藝之類表演。如老舍茶館大碗茶，八十年代後期便有此類演出，變戲法、相聲、嘴銜燈架唱大鼓等。印象最深的，是大狗熊師徒倆的雙簧，一老人與中年，縛上圈頭紅繩，撲上白粉，說說逗逗。據云老者係從前在北京天橋演藝的藝人，碩果僅存，故頗令人注目。

我去看了幾次，頗喜其諧趣，久而忽憫其老蒼。念彼每日來此，演同一套戲，拍頭、打臉、摳目、裝癡、賣傻，彌覺不忍。

又過了幾年，我在恭王府雪後閒逛，發現恭王府也有一花廳佈置成茶座了，有一對男女正在演出，演的，正是大狗熊那套玩意兒。是大狗熊的徒弟嗎？大狗熊怎麼了？這女孩，神情氣口都不能跟大狗熊比呀！我忽地想念起大狗熊來了。

大狗熊是天橋八大怪之一。天橋如今早已不復存在，只存在於說唱遊藝者的傳說中，大狗熊則是這個傳說僅存的見證。現在，這個見證不在了，天橋還在嗎？

或許，什麼天橋八大怪，或者京戲的風采舊姿，「天下第一樓」的烤鴨，都只是一些傳說罷了。大狗熊？據唐魯孫先生親身見聞所述，乃是大金牙、雲裡飛、田瘸子、大兵黃、萬人迷、花狗熊、管兒強、窮不怕。其中花狗熊乃是說書的，尤擅說《劉公案》，苦茶庵主周作人便最喜聽他說的《劉公案》。見唐先生《老古董》一書。唐先生昔年見聞若非有誤，則爾今之大狗熊實非曩昔之花狗熊也。狗熊本假，借狗熊以昭天橋之思，自然更是假了。傳說之光暈，不過是幻中出幻，我們又何必太過認真呢？

老店的歷史

今年秋間，我住在北大。由西門往外走，不多遠就會看見一棟白樓，霓虹燈閃著大字，「白宅老店」。

但這家店隱在海澱體育館後面，知道的人並不多，倒是不遠處另一「白家大宅門」總是門庭若市。宅前老站著兩排宮廷禁衛打扮的人，間亦有一兩行宮女，腳蹬花盆底，頭戴大拉翅，手抿絲絹，客人一到，就打千、萬福，暴喝或嬌呼：「您吉祥！」然後領著客官走入甬道。一路上遭逢此類人無數，甚或還有王爺或萬歲爺裝束者，也都來「您吉祥」。甬道盡頭，更有一組霓虹燈，大大打出「您吉祥」字樣。被吉祥的客人心花怒放，不免舉起相機喀嚓喀嚓一番。接著又有舉燈宮娥、嬪妃貴人肅客入座，傳膳傾酒。客人哈哈大笑，享受著做皇帝般的快樂，一時飄飄欲仙。直待酒足飯飽，宮女把帳單送來，這才驚覺大大不吉祥了。

此乃北京現今發展觀光旅遊及餐飲事業之新招，往昔只有「仿膳」一類地方擺弄此類排場，唬弄外國佬與鄉巴佬。如今利用舊王爺宅第裝修後，以此招徠的可就多了。白家大宅門這一處，用的乃是禮親王舊居。可是據說其地後來歸了同仁堂白家，而同仁堂的故事，近年經過電視劇《大宅門》渲染，名氣比禮親王還大，所以飯店就命名曰白家大宅門了。

這樣的飯莊，亭台樓閣、花木池沼都頗足觀，就是那股冒牌宮廷氣庸腐難耐。服裝、儀注、擺設、膳食也沒有幾樣是對的。可憐外國佬與鄉巴佬來此花了大錢，以為此即清代帝室之情調，實是冤哉枉也。

更冤的是同仁堂根本與此無關，也與白家無關。

同仁堂的創辦人樂尊育，是浙江紹興人，本姓岳，明末到北京，串鈴行醫為生，帶賣藥材。每次到京，都住在前門大柵欄（**北京話念大拾辣**）一家姓樂人家的客棧中，先後二十餘年，彼此情誼甚厚。某年樂家夫婦回山西省親，將店鋪委託岳某代為看顧。不料二人去後音訊杳然，岳某乃改姓樂，繼承了這個客棧，取名同仁堂。康熙己酉（**一六六九**）同仁堂始兼帶行醫，故亦以這年作為創立之年。

乾隆十八年，同仁堂失火，樂家人又相繼故去，僅餘一媳及幼孫。其親家張世基出資重修後，同仁堂就歸了張家。但張氏因在宮中御藥房當差，對同仁堂並不重視，其後代乃漸將股份陸續賣出。到道光十四年同仁堂再次失火，張氏只存一股半，樂姓則已買有一股。後來其他股份漸被樂姓買回，樂姓才又占大股。

同仁堂之興旺，當然是因它跟宮中藥房關係密切。但並非宮中用藥量大，油水多。恰好相反，跟皇家作生意是蝕本的。它積欠既多，你也不敢催討，故僅光緒一朝，就欠了藥賬二十萬兩。可是，連皇帝都用同仁堂的藥，這個廣告宣傳效果有多大？人人都認為同仁堂的藥好、料實在、有信譽，所以都向它進貨，生意自然就旺了。這個道理，就和現下許多酒水飲料以「人民大會堂特供」「釣魚台國賓館指定」做廣告是一樣的。

民國十年，同仁堂分家，大房另開宏仁堂，二房頤齡堂、三房宏濟堂、四房達仁堂，老五則於民國十七年在南京另辦同仁堂。一九四九年後，樂家還經營了同仁堂一陣，一九五六年才改為「公私合營」。

這段歷史，完全與電視劇《大宅門》演的不一樣，對不對？其實何止同仁堂如此，電視劇《天下第一樓》演全聚德，大談盧孟實故事，不也與全聚德毫無瓜葛嗎？

全聚德是楊壽山於同治三年創的。當時楊氏因家鄉遭災，無以謀生，到北京前門外大街擺攤賣雞鴨，攢了些錢，頂下一間雜貨鋪賣掛爐鴨。該店本名「德聚全」，楊氏把它倒過來，就成了「全聚德」。

北京的烤鴨有掛爐烤，也有燜爐烤或叉燒烤的。叉燒法最古老，因此凡烤鴨原本都稱「燒鴨」。燜爐烤也很流行，便宜坊、六合坊、禎源館都用此法。雲南宜良一帶的烤鴨，就是傳襲了北京的燜爐烤法。全聚德則是掛爐烤，配以炸鴨肝、鴨架湯和蒸蛋羹，沒別的菜。

全聚德的生意，在清末漸好。除烤鴨外，還漸有燴鴨胰、炸胗肝、白糟鴨片、爆鴨腸、拌鴨掌、燴鴨肝、燎鴨心等菜色。民國初年，開始在天津設分店，三十年代則發展出山東菜，成了地道的山東館，有清蒸爐鴨、核桃酪、大酥丸子等現在吃不著的名菜，每年在內部過節時才能嘗到。

全聚德的本鋪原在前門外肉市胡同。公私合營後，漸在市內各地設分鋪。目前號稱總店的和平門全聚德，其實是一九七九年才營運的，歷史甚晚。本來用荷葉餅捲鴨肉的吃法，也改為用橢圓麵餅了。

這樣的歷史，當然也與你在電視上看到的，或是你去全聚德吃烤鴨時，他們向你介紹的大相徑庭。

電視劇《天下第一樓》中還提到店中掌櫃的兒子想去瑞蚨祥綢布店學藝。這瑞蚨祥也是北京有數的名店，無論它在大柵欄的本鋪或王府井的分店，每天都有旅遊團去參觀、拍照、採購。而它與全聚德、同仁堂一樣，都是外地人來創業的。

瑞蚨祥本是山東濟南的店，於一八九五年在北京設了小門市。八國聯軍進北京之後，大柵欄一片廢墟，瑞蚨祥重新發展，才越做越大。光在大柵欄就開了五家店，除衣布外，兼營皮貨、茶葉、鐘錶、化妝品。與同仁堂樂家關係尤佳，但員工八成以上是山東人，進貨則主要由上海採購，茶葉以蘇杭為主，但均薰製成香片茶，以適應北京人口味。皮貨就去張家口。

現今到瑞蚨祥綢布莊，也不會有人瞭解它與山東本店的關係，和它經營皮貨與茶葉的歷史了。

所以說，發展觀光旅遊真是件奇妙的事。歷史、文物、古跡、老店、舊街、名人，一經炒作利用，就自然變質。本是借歷史以興感，漸成為人消費著歷史，最終則抹消了歷史。外地人到北京擺攤賣鴨，慘澹經營的歷史，太平板、不刺激，就添些店家鬥爭、內部爭權、男女錯綜愛戀的故事。樂家的事蹟，則冠到白家頭上。諸如此類，反正遊人食客是鬧不清楚的。久而久之，同仁堂、全聚德、瑞蚨祥這些店家自己也會如此說，或許還會站出來說我才搞錯了呢！

唉，所謂歷史，大概就是這麼回事，我又何苦太認真呢？

吃典

昨寫二紙，今天傳真去台灣，索價六十元人民幣。早知如此之貴，便少寫些罷。喜歡寫文章，果真不是好事，現在又多了一件例證。

另有友人看了我這些塗鴉，很不以為然，說：「你怎麼老在談吃？」我說：「如今休假退隱，飽食終日，無所用心，正符生活實情，當然只能寫吃啦。何況，吃也有典故。」他問：「什麼典故？」我道：「我剛從成都來，講個成都的故事給你聽……」

甲午開戰時，四川有位監生叫蕭開泰，專程趕到北京，上書總理衙門，提出「製造鑒鏡以焚毀敵艦」之建議：「太陽為天地真火，有火即有光，故按光學理推算，用厚一尺方八尺之鏡，引火發光，雖敵艦遠之十里外，不難使之立成灰燼。」這個奇思妙想，當然沒被朝廷採納，此君反而成了笑柄。

你也覺得好笑是不是？但我告訴你，從前羅馬進攻敘拉古時，鐵索橫江，鏈結戰艦六十艘，數學家阿基米德就是用此法破之的。他號召婦女回家取出鏡子，齊集岸邊，把太陽光反射到戰船上，居然讓船帆起火，產生了諸葛亮赤壁火燒曹操戰船的效果。蕭開泰的構想，不知是否來自阿基米德；但製凸透鏡聚光以燃物，乃是燧人氏以來的傳統，蕭君之議，大概還是本諸古人。

可是不管如何，他沒阿基米德那般幸運，徒然讓人恥笑了一頓。結果，據《清稗類鈔》說，蕭氏「鬱鬱歸蜀，困於成都市上設肆賣燒鴨，即用鑒鏡引火熏炙，以證其言之不妄。每值天晴，利市三倍，其味甚佳」。此乃太陽能烤鴨，今論中華烹飪史者，皆不知有此一偉大發明也。

阿基米德知陽燧聚火之理，功成名就，成了科學史上的名人，蕭君也懂得這個道理，但卻只能在街上賣烤鴨。這就是中西之不同了。我亦有治世藥時之方，而不見用於世，循蕭君之例，似乎也該去賣烤鴨才是。如今沒賣鴨，只不過吃點烤鴨什麼的，您老兄又何必見怪呢！

對方見我強詞奪理，當然只好一笑而罷。恰好賴永海來邀去雞鳴寺，遂同往。雞鳴寺方丈要辦尼眾佛學院，問計於吾等。我毫無興趣，所以都不答腔，只由賴永海去說。

用素齋在豁蒙樓上。斯樓大有來歷，梁啟超、黃侃等民清名士在此茶敘之掌故甚多。最近大陸還出了一本新月派的散文選，書名就是《豁蒙樓暮色》（**可惜這些掌故現在**

人已不太熟悉了，我們四月在南京移地教學，學生們去遊雞鳴寺時，我估計導遊就未必介紹了這座小樓）。樓上是南京觀覽玄武湖及老城牆最好的地方，故能吸引諸名士來此。如今樓上已不讓人隨便登臨，但置素齋於此而已。在這兒吃素，自亦不惡。與大陸各大叢林相仿，其素菜亦是唐代以來「素菜葷做」的辦法。所以第一道菜便是：雞鳴寺炒肉片。

且食羊

時序入冬，北京四處盡是吃涮羊肉或羊蠍子火鍋的店。銅爐銀碗，配以冰啤二鍋頭，吃得整座城都似乎瀰漫著羊羔味。

若論飲膳，古今多變。本來華北地區主要是吃狗的，所以《三字經》還提到：「馬牛羊，雞犬豕，此六畜，人所飼。」犬乃六畜之一，先秦兩漢，不僅有屠狗的行業和以之為事的閭巷豪俠，出土的畫像石上，凡庖廚圖，亦輒有宰狗為饌的場面，如山東諸城前涼台及河南南陽英莊出土者皆然。但南北朝隋唐期間卻發生了重大的變化：

一是牛馬漸漸不准吃了。唐律規定：「馬、牛，軍國所用，故與餘畜不同。」不准宰殺，殺者徒二年半，見《唐律疏議》卷十九「賊盜律」，也就是說私宰者以盜賊論。開元五年又有詔謂：「馬牛驢皆能任重致遠，濟人使用，先有處分，不令宰殺。……非祠祭所須，更不得進獻馬牛驢肉。」此後不斷重申此一禁令，於是遂成風俗，漢人基本上都不吃牛馬。元代以後，回民漸漸多了，才又開始吃牛。但迄今吃牛肉的風氣依然不盛。在北京，乃至整個北方，要找碗像樣的牛肉麵吃都很困難。令人望風懷想，憶念起台灣的牛肉麵，口水便幾乎要滴了下來。

牛馬之外，豬狗也漸少吃了，羊的地位卻陡然高升。

本來華北農耕區主要畜養物是豬，但自十六國後，食羊成風，豬便遠遠不及。北齊時甚至聘禮也改用羊而不用豬了，百姓家生兩男的，還要賞羊五口。唐代五品以上，每月供羊九口；三品每月十二口；二品以上羊二十口。皇帝呢？《冊府元龜》記載後唐明宗時的統計，是每年「御廚及內史食羊每日二百口，歲計七萬餘口」（卷四八四）。單是宮中用羊就如此之多，足以管窺一斑。目前北京地區這種吃羊肉之風，亦正是承襲自隋唐以來之習俗而然，並不如一般人所以為的是受了回民飲食習慣的影響。

如今吃羊，除了火鍋外，主要是炙烤。要烤得脆嫩、潤滑，滲含汁液，牙齒咬扯著還會滴油才好。不過，賣燒烤的，大抵非本地人，或非本地之法，不是新疆式的烤羊肉串，就是蒙古式的烤全羊。華北古代烤炙之術，如《齊民要術．炙法篇》所載者，盡失傳矣！

失傳或罕見的，還不止此。如古代一種灌湯，把羊肉切細，成了肉糜，調和碎蔥白、鹽、豉汁、生薑、椒末，裝進洗淨的羊腸裡去烤，再割下來吃，如今就吃不著了。

另有一種據說從外國傳來的「胡炮法」，把羊肉切成絲，調和豉、鹽、蔥白、薑、椒、香草等，裝入羊肚後，縫合，再放進灰坑中去煨燒。今在蒙古尚有近似之法，北京則亦吃不到了。

且現今吃羊都只是單吃，不善於搭配。只有少數火鍋店曉得用魚湯做鍋底，或放一尾鯽魚進去提味。燒煮炙烤，無不皆然。其實這是較原始的吃法，如今返璞歸真，固然甚好，但於烹飪之道，卻不免少了損益變化之趣。吃羊又罕知煮為羹臛之法。把羊肉或蹄腳、骨、內臟煮了，添加調料，加菜就是羹，不用菜就叫臛。此羹臛之美，亦非僅吃涮羊肉的人所能懂得。

當然也仍不乏傳習古法的。例如肉夾饃這種街攤小吃，看來簡單，卻也有其來歷。我在《齊民要術》中曾看到一種「胡飯法」，指一種外國傳入的吃飯法。但那個飯，其實就是餅，而且是捲餅。把醬瓜切了，和上生雜菜、烤的肥肉，用餅捲了，蘸上胡芹、酢等拌料一齊吃。這不就是捲餅夾肉或餅夾饃一類吃法嗎？它原來還是從外國傳來的，比漢堡可要早上一千餘年呢！

像漢堡這樣，本來已有類似之物，後來又另傳入且漸成新流行的，還有吃生魚。十餘年前，華北一帶仍是不吃生魚的，如今日韓生食在此間漸成時尚，雖冬冷，亦仍有不少人去吃生魚片。可是誰也不曉得原先北方人本來就是吃生魚的。二十四孝中有個「臥冰求鯉」的故事，即是因為王祥的繼母想吃生魚。

生魚的吃法，是拿來做膾，孔子說：「食不厭精，膾不厭細。」就指這種做法。講究刀工細緻、片肉薄細，再拌上薑、蒜、芥末、醬醋等。食材以鯽魚鯉魚為主，魴鯛鱸次之。此風宋元以後殆絕。如今在北方已吃不到這種鸞刀細切的生魚膾了，僅有日式生魚片，讓人聊以憶舊而已。

回頭再說那肉夾饃的饃，也就是餅的問題。我在北地吃餅，總覺得若有憾焉。每返台，則必再去找豆漿店吃燒餅油條，或去街頭尋覓蔥油餅攤、火燒攤解饞。感覺上，北方人做餅，技術頗不及台灣，更比不上古代。

本來中國人做餅乃是學自外國的，故慧琳《一切經音義》卷三七說：「胡食者，即燒餅、胡餅、搭納等是。」燒餅，是用羊肉、蔥白、豉汁和鹽等燒製的。胡餅則是現今我們早餐店最常見的燒餅，上面撒了胡麻籽，也就是芝麻，貼在爐壁上烘烤而成。只不過現在少人用爐子貼烤了，大抵均以電烤箱，只有路邊小攤偶爾可見爐烤。可是電爐烤的完全沒味道，爐烤又往往麵厚鹼重，不夠酥脆。遙想《唐語林》所記中唐豪家「起羊肉一斤，層布於巨胡麻餅，隔中以椒豉，潤以酥，入爐迫之，候肉半熟食之，呼為『古樓子』」的吃法，口水又幾乎要流下來了。友人見我如此情景，乃來勸我同去吃涮鍋，曰：「且食羊，且食羊，莫論古今，使人心發慌！」

杭城食事

這幾個月，奔波益甚於以往。十一月間杭州便去了三次。一是把書法展的材料帶赴杭州，二是書法展開幕，三是收拾善後並參與「相約西子湖論壇」。

第一次到杭州，住在浙大靈峰山莊，樓含松介紹我認識了老總樓可程。樓先生說他們這個旅館本是浙大專家招待所，故以浙大於抗戰時西遷江西、貴州、廣西為線索，做成主題餐廳。凡西遷沿途的飲食，他都親履其地，一一考察，做成食譜筆記，並採用當地食材，反覆試驗而得。例如江西泰和乃烏骨雞之原產地，烏雞非他處所能替代；貴州酸湯魚則是酸皆由番茄煮熬所致，不能放醋。這些食材和烹飪手法之特殊處，均不能輕忽，才能原味復現。該餐廳的酒，也是他從貴州訪來，酒性類如茅台，取名「東方劍橋」，專供浙大使用。

我說：「昔年我就讀淡江，淡江大學亦嘗欲成就為東方之哈佛。但無其時、地、機遇，我們有些學生就開玩笑，謔稱恐怕只能辦成東方的哈哈。故東方哈佛、東方劍橋等名目，作為大學之發展目標，大抵皆堪商榷，不過酒是好的，樓老總之用心於經營，精於飲膳調理，亦深可敬佩！」乃為浮數大白，相與縱論飲饌之道。

據樓先生說，他老家台州鄉下有種吃羊肉的辦法，能把羊肉熬成如稀飯一般。我甚以為奇，說我們台灣馬祖島上也有種做法，是用馬祖老酒。把羊宰割後，去頭去內臟，塞入馬祖老酒的酒甕裡，灌酒淹滿，然後封起來，堆上稻穀，悶燒它廿四小時。燒得那羊筋骨酥爛，酒氣透肉，當然異常好吃。可惜當年在馬祖雖聽聞有此一法，卻因行程不湊巧，無法吃到。

回台後，在嘉義辦南華大學，校區內常有一老者來牧羊，我向他請教，他也躍躍欲試，說手邊的羊盡可取用，只是沒那種大酒甕。於是大家設法去找。一天，我由大林高速公路下來，瞥見路旁一家店鋪，招牌上寫著賣陶甕。乃急喊司機停車，跑過去問。不想老闆頭也不抬，問：「買甕幹什麼？」我說：「煮東西呀！」老闆揮揮手道：「不賣，不賣！你別處買去！」我覺得很奇怪，抬頭又把招牌看了一眼。這才發現此店是做墓碑及骨灰壇生意的，他的陶甕只用來做撿骨用。害我的燜醉羊計畫竟以此笑話告終。

現在樓先生既有此餐廳，何不把這兩種吃羊肉的新奇辦法都複製起來？下次我們聚會，便專吃這兩種羊肉！

樓先生一聽，也興致勃勃起來，說好下回定要試試。

我萍飄浪走，每次聚談，說到下次該做的事或好玩的主意，其實均如畫餅描夢，真有下次相見之時嗎？下次相見又在什麼時候？說時意興風發，煞有介事，實則很難當真。

第二次抵杭，辦書法展。早上在唐雲藝術館開幕，冠蓋雲集。下午去浙大座談，談畢與樓含松、胡志毅、江弱水、于鍾華諸君仍回唐雲館。館長陳京懷說：「今天開幕很成功，來慶祝一下吧！龔先生既談文人書法，我們也就該來個文人雅集；外頭飯店又沒啥吃的，就在館裡吃湖蟹好了！」乃備了兩大甕紹興老酒，把菊花都搬上樓去，又蒸了兩大鐵盤螃蟹，大家據坐樓頭一張酸枝木大畫桌旁，傍著西湖月景，持螯劇談起來，又朗誦詩，又談掌故。桌無雜菜，唯花生、醃魚、熏雞各一小碟而已。時際深秋，湖蟹腴美，膏膩肉重，伴以薑醋，對此叢菊十數本，且在西湖水畔、夜涼無譁之時，清韻可謂獨絕矣！明人於西湖畔開菊花席，料亦不過如此，或竟遜於此呢！

因飲紹興老酒，談起上回在靈峰山莊說到的老酒事，又談到靈峰山莊的東方劍橋。我說：國人辦學，都想辦成劍橋、牛津，而皆不能企及，原因甚多，而不知其酒文化或許亦為其中之一端。當年我曾邀劍橋一院士來佛光講學，他就介紹劍橋各書院皆由其學術委員會主導，權力甚大，教授治校。但最受敬重、最為眾人所關心之一職，卻非學術委員會委員，而是品酒委員會委員。因學院例須舉行高桌晚宴（**如電影《哈利波特》中**

書院聚餐情景），宴又例須飲酒，故葡萄酒需要量甚大。學院每年總要推舉德劭且年輩高的教授來選定該年用哪個酒莊的什麼酒。各酒莊也會派人送酒來供品鑒。一旦被選定，皆視為榮寵，會在酒瓶上注明該酒曾作為某校某學院特供佳釀，以為招徠。每學院又都有大酒窖，藏有歷年需用的酒及各地酒莊送來的酒，沈沈夥頤，蔚為大觀。跟各書院的藏書一樣重要。此為劍橋、牛津精神世界之精髓所在，吾國辦學者哪得知？不知此而欲學之，又焉得似？

大家聽了都覺得好玩，說校方知不知，我們不管，品酒委員會我們且先行成立起來。老兄倡議，便當創會名譽會長；樓含松、胡志毅、江弱水執行會務；于鍾華任秘書長。至於陳館長，嘿，樓含松說該封為「罈主」。因為他抱著酒罈來，我們才有這場菊花蟹酒會呀！

酒後我先返北京，書法展閉幕亦不能到場，直到月底，杭州市府為了西湖申遺，舉辦「相約西子湖論壇」時才再抵臨西湖，住在玉皇山。于鍾華來通知我說夜裡準備去章太炎故居吃羊肉。太炎先生故居就在唐雲館旁邊，它們編制本來也就在一起，大概上回菊花蟹酒會太精彩了，因此這次諸君便安排了在太炎故居也辦一次。

誰知我完全想岔了，他們是約了出城去吃。而杭州日前交通紊亂，傍晚根本搭不上車。在旅館等了個把小時，實在無奈，只好到處拉夫，找得朋友開車來載。上了路，再用手機聯絡，與樓含松、胡志毅、江弱水、王音潔諸君相約碰頭。可是越開越荒僻，凍雲四合，夜幕深垂，走上城郊，不辨西東。手機喊來喊去，忽焉在前忽焉在後，直折騰到七八點才會合。原來是到倉前鎮太炎先生故里去吃羊肉。又冷又餓，令我坐在車中好生嘀咕，不知為何跑這大老遠。

漸近倉前，乃見鎮畔農莊野厝家家掛起紅燈籠，貼出大字報，都賣著羊肉。黑夜寒風中，食客之轎車吉普等，櫛比鱗次，排滿路肩。各家蒸、煮、燒、烤，羊氣騰熾，令人歎為觀止。原來竟是打著太炎故里做招牌，大辦羊鍋節哩！這已是第三屆。我孤陋寡聞，不知南方吃羊居然有此大陣仗，其陣仗或更勝於北京、蒙古，亦未可知。

我等找了一家，於瑟瑟寒風中竄入，羊湯大骨，猛吃了一通。據江弱水諸君言，滋味不如他們上次去的一戶農家。因那更土俗些，羊鍋遠大於此。我則以為不妨。上次詩酒菊蟹宴，業已盡雅；此番羊鍋土菜，飲於荒郊，亦已盡俗。何況諸君知我因烤羊而丟了佛光大學校長一職，認為我必甚愛吃羊，故特意做此安排，盛情尤其可感。世事貴其遇合，如此即已大佳，何必再做苛求？

飲畢返杭州，開始開會。蔡浪涯兄在上海，知我到了杭州，偕嫂夫人專程南來，定要請我一頓。我說：「請吃飯，自然甚好，但一般菜館倒也無味。老兄乃知味者，曾開過『蔡家小館』等中西餐廳，我們若胡亂果腹就辜負了這次聚會，不如我來聯繫樓可程先生，請他把上次說的羊肉做了，我們一道嘗嘗！」浪涯甚以為然，我便轉請樓先生張羅，並邀王翼奇、徐岱、樓含松、黃寶忠諸先生同來。當日戲談，不料竟能成真，頗覺興奮。

但甕焖醉羊並沒成功。畢竟紹興酒與馬祖老酒酒性不同，杭城覓無馬祖老酒，只能以紹興代替，故焖後酒氣太過，未甚可口，只好放棄。獨治一羊腿，鑾切細條，伴飾極盛。另外就是那糊爛如粥的羊肉了。

樓先生特意打了電話回老家，詢問其尊翁做這道菜的細節，再指揮廚師炮製。據云要用新鮮甘蔗頭下水一起煮。羊肉煮起，切細，再放紅糖，文火慢熬。近日市場所售之糖，多以化學工藝去色素，故不中用，仍應用鄉下老紅糖，東陽紅糖尤佳。熬時則須不斷以勺翻攪之，勿使羊肉沉底沾滯，如是漸至糜爛。以小碗盛出，乃如血糯甜粥也。不能多吃，人只一碗。以其善能補益，小兒多食則易流鼻血故。

吃畢，大家胡亂寫了些毛筆字，題詠而歸。胡志毅、江弱水因該晚另有詩歌朗誦會，未至，乃另約了一天聚會。

越明日，我去唐雲館打包，把展出的作品都收拾起來，郵遞到廈門，準備正月初在廈門張宏兄的宏寶齋展出。志毅來接我。暮色中開車去，開開開，竟開到了動物園。由動物園畔小路竄入。抵一精舍，原來是虎跑泉側一小樓，動物園養老虎處也即在旁。虎跑泉傍晚即關門，旅客不能進入，初不料夜間居然能來此賞泉。

我以為此番竟是要來吃老虎，不過沒有。此饌以雅致為主，虎跑夜色，足以賞心，並不在食材之稀罕。何況老虎我亦常吃，亦正不必多吃也！杭州食事，姑記其略如此，以補遊誌之闕。

廣結善緣

陳興武因作詩得獎，台北市政府邀他去台灣，他約了我商量，說好去三味書屋旁的馬連良故居吃狗肉。

他有次在三味書屋買書，老闆李先生向他抱怨現在人都不看書了，故隔壁狗肉店高朋滿座，書店則日益冷清。陳說不然，吃狗肉的人也多是愛看書的，舉他自己跟我為例。他是廣東大埔客家人，該處一年四季都吃狗，風俗跟台灣南部客家人只吃老鼠不同，說是「狗肉滾三滾，神仙坐不穩」。到北京，即常約我來嘗此異饌。此番還邀了劉衛民。我本擔心他不吃，不料他說早年在貴州生長，該處本來就以食狗為常，苗族、布依族人尤嗜之，他當然也喜歡此味，令人大感吾道不孤，談起苗疆食狗軼事，頗增見聞。

我說飲食，經常談到吃貓啊狗啊的，好像我專門吃這些一般人不常吃的東西。學生楊宗翰有篇文章說我：「學生們大概都會同意，龔鵬程是個嚴肅中帶點邪氣、酒量和學問一樣驚人、談學論道之餘不忘烹貓煮狗的老師。」其實飲饌我亦與尋常人無任何不同，只是偶食珍饈，才能拿來說事；否則青菜豆腐，有何可談？平日家常三餐，也沒啥可講，碰上較特殊的吃食，往往伴隨著故事，故也才有講述的價值。就像詩人只會寫他喝酒，不會寫他每天都喝白開水。

異饌，古稱八珍，如熊掌、駝峰之類。這些當然都很珍貴，不易吃到。但也有古不珍而後世愈來愈稀罕的，例如天鵝、大雁，現今就難得一嘗，鹿肉也在市場上沒處買。驢肉只北方幾省還吃，但也非一般館子裡常有的，往往只能在小店中覓得。吃法亦簡素，大抵只是醬了夾火燒吃，伴以驢雜湯，或雜切心、肝、鞭、肚作為涼菜而已，沒太多烹調手段。但即使只是如此，在南方便稱得上是珍饈了。

三十多年前，兩岸未通，台灣更沒驢肉可吃。當時我在金華街淡江大學城區部供職，偶在旁邊的永康街北平同慶樓門口看見它貼出一紙，寫道：「天上龍肉，地下驢肉」云云。心想龍肉大概是吃不到了，這驢肉卻不可不嘗嘗。乃切了幾斤，裹回去吃，覺與醬牛肉差不了太多，然而一種竟然吃到龍肉的奇異幸福感、神秘感登時瀰漫心頭。

此即偶嘗異饌時之心理也。一般罕見的吃食，其實未必好吃，可是因吃不到或不常吃，故吃起來格外興奮。

可惜同慶樓後來搬了，每過舊址，便會憶及當年常在那裡燕飲談諧的《傳記文學》

社長劉紹唐先生及其徒弟們，還有那醬驢肉。後來我在北大執教，學生們集會北京，為我做壽。我想仿劉老故事，便另掏腰包，買了驢肉火燒給他們吃。但有些人一聽是小毛驢便大驚，避之若浼。我這才體會到吃異饌時某些人是會有跟我不一樣的心情的。我是見獵心喜，好試新奇，某些人則寧願故步自封，不肯一嘗。道理跟做學問相似。

狗肉也跟驢肉一樣，古代是四民之常食，現今則少見，市場一般不供應，只在某些區域流行。台灣還有些人，自己不吃，也不准別人吃，竟攛弄得「立法院」通過了禁食貓狗之有關規定。我曾在報上反對如此「立法」，惹得那夥人差點想殺了我吃。

反吃狗之勢力既如此猖獗，我就偏要吃，文章中常談及烹貓屠狗之事，正與此逆反心理有關。但時勢如此，吃狗談何容易？要吃就得想辦法，嘯聚同道、探勘地點、審慎烹飪方式，俱須用心，才能成就一次味蕾的冒險，因此也分外刺激有趣。

有次王明蓀訪得南投縣名間鄉有一家，便約了我和許仟由嘉義去，雷家驥從台北趕回，他則從台中去，會饌於山中。該處狗肉很有特色，紅燒、湯燉、火鍋俱全，甚至還有狗扣肉。店家不俗，書法遒美，尤令我意外，觀小店內外楹聯，意境深遠，更使我相信此乃名士高人而隱於狗屠者。食畢，遂宿於友人房茂清之蘭圃中。我有詩哭另一友人周安托，其中曾記其事曰：「意氣由來壯萬夫，於今蕭索在泥塗。已聞鬼錄收朋輩，詎斷青春在酒壺？遠路客途霏雪細，黑山白水此心孤。彷彿記與呼屠狗，共賦看花擊劍圖。」末尾講的就是那次吃狗肉以後，本來想約周再去，酒酣之際，我還準備舞劍助興。不料安托遽逝，該處狗肉小鋪歷經「九二一」大地震，亦已不知去向，令人回首悵悵。

近年我人在大陸，吃狗肉自然不比在台灣那麼困難，但有時也會碰上點麻煩。例如奧運期間，為了怕嚇著老外，北京便曾禁售狗肉，各貴州館、東北館、朝鮮館只差門上招牌沒有拆除狗肉店字樣，唯有我這般熟客才能摸進屋去大快朵頤。

除此特殊時節外，有些場合也不適合。如某次台灣藝文人士到北京，主人宴請，上了道蒸小狗。座上恰有剛寫完佛光山星雲法師傳記的符芝瑛，見之驚怖難名，只好撤去。我若知席間也有人如此特別忌諱，大抵也會避開。像有一年去鞍山，陪靈鷲山心道法師去找璞玉，礦場主人設素齋為敬。大家行禮如儀，飯畢，送走法師們以後，才再結夥去吃狗肉。記得那天還吃了一頭狗頸子！

過去我住佛光山，也常如此，總要晚齋之後，才跑下山去。山下活魚廿四吃、岡山羊肉、薑母鴨，什麼都有，大啖一番再摸黑回山。有次傅偉動與我同宿山上，夜中下來吃了蟋蟀等，回去才發現朝山會館早已關了。我正擬翻牆而入，司機說：校長上牆，讓人見了恐怕不好，由他爬上去看看罷。結果他跳牆進去半晌沒動靜，過了好一陣才來開門，大家匆匆進寺去睡，隔天起來才發現他腳扭傷了。想吃，又得避開吃素或特別不敢吃珍禽異獸的朋友，辛苦可以想見一斑。

吃狗已難，貓肉現在更不易覓，大約僅海南、嶺南可得。較少單吃，大多做龍虎鬥或龍虎鳳，亦即貓跟蛇或貓蛇雞。外地人聞之色變，不敢向邇，唯老饕才知此乃天下至味。怎麼好吃法呢？有一年在廣東海陬，路過一攤，牆角放一鐵籠，關著一隻貓。我走過去，忽想起：貓為何關在籠裡養，莫不是要賣貓肉吧？乃回頭去問店家。店家說是的，乃相約了做龍虎鳳，我們一個時辰後去吃。吃時，蛇肉大家還附帶著吃一些，雞肉基本上就沒人動。因為跟貓肉相比，雞肉粗老，如食枯木，根本沒啥吃頭。

可是貓肉雖然如此腴美，知音卻似乎比狗肉更少，談起吃貓，總要嚇著人。一次在珠海，聯合國際學院辦研討會，邀了雷家驥等人來，我特訪得一處，治了一桌龍虎鳳相迎。可是除了家驥大快朵頤之外，餘人皆面色如土，不敢一試，令那貓蛇雞都死得冤枉。

不吃貓狗的，總是說吃貓狗是作孽，其實只是口味上固執之偏見罷了。找理由把自己的拘謹道德化，也不符合佛家教義。佛家說因緣，飲食皆須緣會，吃什麼、吃多少，皆非無故。張讀《宣室志》載唐李德裕被貶嶺南，行前問一僧：自己能否北返，和尚說沒問題：相國平生當食萬羊，今方食九千五百，剩下那五百隻，還等您回來吃呢！李大喜。不料振武節度使卻在這時派人來送禮，呈上一信，云贈五百隻羊。李大驚，問和尚：我不吃牠，就可以躲過去了吧？和尚道：恐怕不行，羊送到此處，便為相國所有啦。結果李果然先貶潮州，再貶崖州，最後死於海南島。

又，袁枚《子不語》記：江南六合有位張秀才，每年到南京赴考，都住報恩寺中。老僧悟西死後，張秀才也因屢次落榜而不想再去考了。可是悟西徒弟特意過江來訪他，說夢見其師催張相公趕快去應試。張大喜，認為既是老和尚托夢，此科一定得中。不料放榜後，依然名落孫山。張秀才當然對老和尚十分不滿，認為這樣戲弄他，非老友之道。當夜即夢到老和尚來解釋：「今年科場粥飯，冥司派老僧給散，一名不到，老僧無處開銷，相公命中尚應吃三場十一碗冷粥飯，故令愚徒相延，以免我遣，非敢誑也。」一粥一飯，尚須如此計較；一雞一鴨，一牛一羊，勢必更為謹嚴，躲不過的。

另外唐代還有不少故事說一些被宰食的牛羊到閻王那裡告狀，結果一查冥簿，才知牠們乃是命中註定活該被某人食用的。此類記載都表明了：一飲一啄，莫非因緣，吾人當惜此緣，亦當廣與眾生結緣才是。

十二生肖

今年新春，邀了一票朋友吃飯。因之前有弟子賴和平自四川送來了兩大麻袋柚子。轉送給友人一袋，爛了半袋，還剩數十顆。我也吃不完，便撿送每人兩顆，用麻袋背了去，仿若聖誕老公公一般。惜無聖誕老翁那種紅襖子可穿，否則亦是新正一景。

和平舊在川北辦教育，曾有一學生家長送一麻袋禮品來。收下後打開一看，駭了一跳，居然是兩隻已剝了皮的猴子，宛如兩個小孩兒，把他嚇壞了，忙叫對方取回。他將此事告訴我，我開玩笑說：「如還有，就轉來給我罷！」

和平回去，大概左想右想，參不透我到底什麼意思，只好覓些柚子寄來代替。反正柚子大如人頭，殺了剝皮食之，頗有吃猴頭之感，亦有俠客截人首煮食之快。一起吃飯的朋友既拿了柚子，又聽我說起這段緣由，都哈哈大笑。

但柚子畢竟只是替代品，如真有猴子吃，那又如何？

我想那該是情緒十分複雜的。許多人都豔說吃猴腦。說是在一張桌子中間挖個洞，下面拴隻猴子，腦袋正好就穿在洞裡，然後鋸開頭皮、卸下腦殼，用銀匙勺了腦漿來吃，滋味如何之美云云。其實說的人跟聽的人大抵都沒吃過，僅靠傳說一代傳一代，表達了對於吃腦漿的興味。

中國人常說吃腦補腦，故吃腦子是很普遍的事，豬腦、羊腦、雞腦、鴨腦、魚腦，都常見單吃或入菜調配著吃。可是也許猴腦不易得到，所以垂涎的人竟設想出這奇特的吃法，充滿了儀式性，隆重而殘忍。

為何想到吃熊就只想到熊掌，想到吃猴子就只想到猴腦呢？這刻板印象不知從何而來。若說吃腦補腦，則最接近人腦的，或許未必是猴而是羊，猶如羊奶近於人乳那樣。何以見得？

史稱波斯大魔王每天要吃兩個人腦。其實也不是他自己吃，而是他肩頭那兩條毒蛇要吃。結果英雄賄賂了廚師，每天只殺一人，另用一顆羊腦跟那一副人腦混了給蛇吃。這樣，居然騙過了酷愛吃人腦的那兩條蛇。一年下來，救得三百六十五人性命。英雄就以這三百多人為班底，起義成功，推翻政權，殺死大魔王。此羊腦之大有功於歷史也，猴腦倒還不曾聽說有如此偉大的功勳。

我跟波斯大魔王一樣，沒吃過猴腦，但我另有奇遇。

一九八六年，兩岸初通。家父耐不住數十年睽隔的思鄉之情，立刻返回江西吉安老家去探親。我在老家還有兩位尚未謀面的哥哥，聊起在台生活，父親當然會向他們略說我的情況。我們村裡流行一種「字門拳」，祖輩相傳，拳腳醫藥，不乏高手，大哥即其中之一。與鄰村械鬥時，曾持大關刀據守村口，劈倒來人，對方才黯然退去。他聽說我少年時也曾習武，不覺惺惺相惜起來。又知我因練武傷過腰，難以痊癒，竟大費周章，特地煉了一味藥，托父親帶回來給我吃。

那是用一整副猴骨，以石臼磨細，入藥熬煉而成。煉好後，用一口鐵罐子裝了，叫我每天睡前吃它幾湯瓢。我甚感其盛情，吃了一陣，覺得彷彿是在吃猴子的骨灰；而且畢竟是用石臼石磨磨的，尚不十分粉細，顆顆粒粒，如食猴舍利，未甚可口。

後來因為去台灣南部辦學校，長期離家，中斷了服用，故效果如何，尚不明顯。搬家以後，鐵骨灰壇不知去向，尤其感到遺憾，可惜了大哥一片好意跟那隻為我捐軀的猴兄。

有一次，跟四川大學曹順慶兄聊起這段故事，順慶說：「嘿，猴骨不算什麼，你腰骨不好，要不要試試虎骨？」

原來他老家在貴州貴陽，黔靈山上忽然竄出一頭猛虎。他大哥乃當地軍區的將領，遂組織了人去捕殺。獵殺以後，鄉人分而食之，剩下的骨頭當然就泡了酒。這是真虎骨所泡，不同於商場上的冒牌貨，因此從貴州取了來，轉贈給我。

我並不特別在意虎骨酒的藥效，只把它當美酒來品嘗。反正我身體本來甚虛，吃了未必大好，不吃這些，卻肯定更壞，吃著玩玩又沒什麼不好。

但虎骨酒真有效用嗎？我原也頗為懷疑。可有一次，在重慶野生動物園玩。園主好意，取出自藏虎骨酒，佐以虎肉等物，令我大嚼了一番。同行王君，少年健碩、血氣方剛，喝了竟血脈僨張，全身緋赤，連手都脹大起來，宛若虎掌。舉座大驚，協助他將息了好一陣才平復。可見其效用也不全是唬人的。

老虎我常吃，當然並不只喝過虎骨酒而已。友人陳漱石在馬來西亞，常替我物色珍饈，一同吃過熊啦果子狸啦等等。有次還打電話到台灣，說新得老虎肉一方，趕快來吃。因此我與動物園園長交流起吃老虎的心得，彼此甚有話講，令他大喜吾道不孤。

他對現行動物保育之方法與觀念頗不以為然。像他園子裡的老虎，每隻一天就要吃掉幾十斤淨肉，所以養老虎是成本很高的事。可是動物園只靠門票收入，豈能維持如此龐大的開銷？老虎繁殖起來，食指浩繁，真是應付維艱。但法令規定不能殺、不能賣，養老虎的錢從哪兒來？動物園當然不會宰殺老虎以牟利，可是老虎會老死、病死、鬥毆而死，這些虎皮虎骨虎肉，為何也不能賣呢？再說，規定不能賣，但市場有需求，結果就是養成了黑市交易的氾濫與暴利，然後還要再耗費大量人力物力及社會成本去查去禁，而又不可能禁絕。這豈非得不償失，進退失據乎？

保護動物人士也許會說：「你講得也對，但要保護，只能如此。沒有買賣，就沒有殺害！」

其實這是觀念的失誤，知其一不知其二。動物之所以瀕臨絕種，最主要是人類改變了地球生態，山林、沼澤、草萊、河川日汙日蹙，使動物無法存活。故許多動物（**尤其是大型哺乳類動物**）必須靠人養起來，因牠們已無野地可以存活。

而人之所以願意養牠們，愛心不足恃，還必須有利益。若無利可圖，自然就會發生近日動物園、馬戲團那些讓老虎活活餓死的慘劇。因此與其嚴禁買賣，不如規範令其可以正常買賣。買賣，除了藥用、裝飾用之外，食用自不可少。

或曰：食用好殘忍。

然而吃豬、吃羊、吃牛、吃雞鴨魚，不一樣是吃嗎？那些動物，本來也是野生的，經人用盡心力，花了幾十萬年馴化圈養，才成為現在這般。而正因為有人吃、有人養，所以沒有絕種的問題。《三字經》曰：「馬牛羊，雞犬豕。此六畜，人所飼。」人所食的，不會絕種；人不吃的虎豹豺狼，卻行將滅絕。其中緣故，正可深長思！

我曾擔任台灣南華動物保護協會會長，保護之一法即是鼓勵食用。不知者聞之愕然、憤然，唯好學深思者才知此乃大慈悲大保護之道也。

我當然也不光吃保育類動物，其他蛇鼠龜鱉蜥蜴等並不受保育團體青睞的，我亦以為多是美食。

蛇本是東南各省之常食。廣東人「秋風起，吃蛇羹」，蔚為傳統；福建古稱「閩」，分明也指家門裡就有一窩蛇。故菜場夜市裡殺蛇、剮蛇、取蛇膽、喝蛇血、賣蛇湯，乃是常事。我小時所見就是如此，現在則罕覯。

原因亦如我在前面所說，蛇的生存環境困難，故漸漸少了。人的口味也頗有了些變化：北方人雖也吃蝗蟲蠍子，卻似乎對蛇談之色變，要敬謝不敏；風氣所被，南方人吃蛇竟常被歧視為南蠻惡習，以致食者漸少。令我等愛蛇人士，須得到處去找，才能吃上。

友人黃莉娜，住在廈門鼓浪嶼，家中就養著蛇。每去拜訪，賞其家庖蛇湯、蛇肉，當然不在話下。特別的是：取已陰乾的蛇膽，剪半葉，泡烏龍或鐵觀音一盅，甘美異常。有次在河南旅行，不勝酒力，也靠這蛇膽茶解酒。

蛇膽也可生吃。一般都是剖開取出，就直接扔進口裡吞下去，以為有清肝明目之效。其實膽囊是一層很韌的皮膜，吞進去，不易消化，大抵皆隨糞便排出，毫無效果。得用針或牙籤戳破它，讓膽汁流出，和以烈酒，色呈碧綠，滋味既美，效用又好。這不苦嗎？當然苦，但苦中蘊著甘甜，還伴著酒香呢！我在黑龍江喝過熊膽酒，其狀亦略似此（因滋味好，我還特意帶一瓶，不遠萬里回台灣。結果在家門口碰碎了，膽汁把一箱衣物全染成了綠色）。

膽以外，血也是合著酒吃的。許多人另喜歡泡蛇鞭，云有奇效。

我有友人所贈蛇鞭酒一甕，用了兩百條蛇鞭。當時正辦著學校，與佛光山的僧人們同住在宜蘭的蘭陽別院中辦公，佛光大學校舍落成後準備搬上山去。我司機來幫忙，先就抱著這甕酒下樓去。不料在佛堂磕了一下，竟爾碎裂，酒流成一大灘，香氣四溢，害得法師們都猛吸其氣，說：「哦，好香，好香，什麼東西這麼香？」

一大甕蛇鞭酒就這麼糟蹋了，跟朋友談起，都惋惜不置。因此又有人送了幾百根蛇鞭來，新買一大酒缸，重新用金門高粱泡起。

來年開春，佛光大學同仁上學校後邊的小雪山吃野鱸鰻，因人多，怕酒不夠用，便把這缸酒也帶了。一喝，果然好，其他酒都不想了，專喝這酒。喝喝談談，夜已深，酒已闌，遂一起動身下山。

出門後，我秘書賴清柱對我說：「校長，我來開車！」快步走向車子，打開車門，坐進去。結果就這麼昏睡到第二天下午。其他人也差不多，個個出門迎風而倒。只我還算正常，與圖書館長杜潔祥被人送下山。到校後，我喊他起來。他蜷曲在後座，迷迷糊糊掙扎起，說：「我眼鏡呢？」結果在他自己吐的一攤嘔穢物中一陣摸索，才勉強找出，好不噁心。其餘人等，亦各自有這類糗況，委頓不堪。以致後來只要聽說是喝蛇鞭酒，誰都敬謝不敏，心下駭然。

蛇毒同樣也能吃。蛇奴取出蛇來，激之使怒，然後用一酒盞迎向蛇頭。蛇一口猛力咬住酒杯，毒液就由其毒牙中注射出來，流入杯中。流盡，蛇亦疲軟，乃取烈酒和蛇毒而飲之，味亦甚美。

如此，自然有些冒險。雖說蛇毒若不進血液中，當無大礙；可牙齦胃囊未必就無傷口，故其性質跟吃河豚差不多。蛇頭泡的酒，可能也因毒性未盡，感覺特能醉人。

閩廣吃蛇，除這些以外，以炒蛇段、燉蛇湯、爆蛇皮、片蛇肉打邊爐為多，有時則做龍虎鬥，或以貓蛇雞做龍虎鳳。殺蛇手段，為其他省份所不及。另外，海南島的漢人與黎民，也都很厲害。有些高手，真有手揮五弦、目送飛鴻之妙。吃蛇的樂趣，還兼在欣賞其藝業。有年，我在藏區，好不容易覓到一尾蛇，請店家做。教他把蛇頭拴住，吊起，用刀環割一圈，就可以把蛇皮撕下。不料這位藏民朋友一陣撕扯，竟生生把蛇扯成兩段，可見其地尚不嫻此道。

但無論如何，我以為此道仍以越南居冠，閩廣還是粗。

如北越一家。樓下是一屋子藥酒，連小熊、鯊魚都泡著酒，野性十足，赫然奇觀。吃蛇則請上樓去。樓上卻是另一番風光，細巧雅致，如入小姐繡閣。雕藻窗櫺，琴棋書畫。桌椅傢俱，猶是明清式樣。壁上掛板，又皆是紅木螺鈿，梅蘭竹菊。客人到此，自然靜氣。主人乃細為炮製，與共清話。蛇皮、蛇肉、蛇血等，一道一道上，讓人慢慢品嘗。凡十幾吃，連蛇骨也不放過，碾碎了，用小春捲皮裹著青菜吃。一趟下來，有如坐杏花春雨江南中之感，可惜江南已無此風致矣！

蛇可以吃得如此之雅，鼠也行嗎？我不知道！只記得小時父親在麵攤旁，逮住了一隻大胖老鼠，遂讓夥計送回家去。母親是客家人，風俗本是吃鼠的，見之大喜，煮成一鍋湯。我吃了，果然腴美。妹妹放學回來吃，問什麼肉如此好吃，母親怕嚇著她，便說是鴿子肉。後來才知道鴿子肉遠不及它腴嫩。

但家鼠常帶霍疫，一般並不吃，都是吃田鼠。田鼠竄伏於田野間，大如兔，小如貓，即《詩經》所謂「碩鼠」是也，鄉人常捕食以為樂。我在台灣嘉義辦南華大學時，四周都是甘蔗園。甘蔗採收時，一人駕著採收機，嘎嘎嘎一路開去；蔗林既禿，田鼠無所遁形，四處跳竄。其他人就拿著捕網，隨後追捕之，一傢伙可得十數隻，野兔也常同時落網。

那一帶，店裡平常也都賣鼠肉，或田鼠或山鼠。但做法粗夯，一般皆加薑、蒜、辣椒燜爆或三杯，以去腥臊。因為新鮮的不常有，凍肉只能如此處理。鼠腦、鼠肝、鼠膽等等，就更難吃著了。

社會上則常有反對吃蛇吃鼠的輿論，說蛇膽有寄生蟲。有年，更風傳有不肖商人用老鼠肉灌香腸，冒充豬肉以盈利。老饕聞之，皆大笑曰：「不吃鼠的人又來嚇人了！老鼠肉多貴呀，誰會當豬肉賣？倒過來還差不多！」

後來我在四川、海南、貴州等地，另吃過台灣未見的海狸鼠等。乃知鼠科為一大類，品種甚多，我不過鼎嘗一臠而已，殊未能盡知其美。

例如有一種竹鼠，貴州人稱為竹牛，竄伏於地下，喜吃竹根。你想竹子在地底下盤根錯節，何等堅硬？而牠齧食於其間，齒牙之利也就可想而知了。尋常鐵絲籠，根本關不住，一咬就斷，然後竄入地底，令你無可奈何。可是這東西的肉卻甚鮮美，亦無地行動物如蜈蚣等常有的土臭氣。

以上講了吃蛇、吃鼠、吃猴、吃虎的大略。十二生肖中，牛、兔、羊、雞、狗、豬，皆常吃常見，也就沒什麼可以特別說的。可以再談談的，唯龍馬而已。

馬，本來古代也常吃。但唐代以後，以馬為軍事戰略物資，不准宰殺，遂使此風近乎斷絕。替代之物，是驢肉。像河北河間、保定等處的驢肉火燒、驢雜湯，盛行於北方幾省；山東東阿的驢皮，更負盛名，以致驢皮之藥就名為「阿膠」，為婦女補身之聖品。騾子卻很奇怪，很少人吃，不像阿根廷。馬更罕得吃，要吃得上新疆或徑去歐洲。

新疆的哈薩克族，是騎馬的民族。本來人類歷史上馴馬的時間很長，但馬是極難馴化的，我國中原地區，直到春秋末期，也還只能讓馬拉車而人不能騎到馬上，歐洲到羅馬時期亦是如此。騎馬這劃時代的技術，是中亞民族的偉大發明。其後才由中亞東傳中土、西傳歐西，造成世界的大變動。我國史上，戰國之趙武靈王變法，胡服騎射，講的就是這件事。車戰時代，於焉進入馬戰時代。

馬戰至十九世紀末而衰，但迄今哈薩克騎兵仍是聲譽卓著的，這個民族也還不脫馬上民族的本色。我在新疆，想吃羊肉，通常上維吾爾人的館子；要吃馬肉，則要去找哈薩克人的店。

但馬肉料理未經開發，不過如吃驢肉一般，烹調手段甚為簡素。古人嘗說反話，云：「未食馬肝，未為不知味。」可見當時頗以馬肝為至味，沒嘗過，便不得號稱是美食家，猶如現今名媛以食法國鵝肝醬為時髦那樣。可是馬肉在現在就無這等聲望，做法也較粗糙，實在是可惜了。

過去，桂林米粉之正宗是用馬肉，如今雖滿街桂林米粉的店，馬肉米粉可難得一見。像日本這等海洋國家，吃魚的民族，都頗有生馬肉吃，我們這兒卻也少。即使在新疆，好像亦沒看到馬油之類產品。不像日本有許多馬油潤膚膏、馬油肥皂等等。其實馬油和蛇油一樣，都是最養皮膚的，跟馬肉美食同樣值得大力推廣。

馬在古代，與龍並稱，而且古人相信龍與馬是可相變化的，馬常就是龍，龍常就是馬。直到現在，我們還以「龍馬精神」來形容人。而龍馬精神講的實際上就只是馬，因龍不可見，我們只能由馬來想像。《西遊記》裡龍王三太子到了陸地上，也只能化身為馬，馱著唐僧去西天取經。

在吃方面，龍既吃不著，本亦當由馬來替代。不過，剛才已經講了，吃馬之風漸蹙，早已由吃驢替代了。因而龍既吃不上，只好以驢肉代。你看市肆賣驢肉的招牌上常寫著「天上龍肉，地下驢肉」，就是這個原因。

十二生肖，來源甚古。學術界對其起源，迄今猶自爭論不休，或以為源於印度、巴比倫，或認為出於本土。但無論如何，當時應該還是有龍的，否則其他都是實物，而獨列一虛構想像之物於其間，豈不甚怪？可如今龍既已絕，你龔鵬程又從何而得食之？難不成也以吃驢來冒充？

哈哈，不然！龍雖一名，指涉頗殊。佛經裡所謂八部天龍、五百龍王、五百龍女，龍都指大蛇。牠是佛陀的護法，故佛座下不是蓮花，就是蛇身盤起，托著佛，然後把大蛇頭高高揚起，宛如佛的背靠。這梵文的蛇，到了中土，翻譯的法師深知一般人看到蛇字會有不良的情緒，又為了增加其神聖感，便全譯成了龍。於是龍樹菩薩到龍宮取得《華嚴經》等故事，後來衍化出了柳毅傳書、孫悟空大鬧龍宮等傳奇。究其實，龍樹和尚不過是進了蛇窟罷了。這是蛇到中國而變成龍的。中國的龍，到了歐洲也有變形。

歐洲所稱的龍，乃是大蜥蜴。中古騎士文學，老是說騎士如何大戰噴火龍、救出公主的故事。那龍就是大蜥蜴，只是加上翅膀，又會噴火，以增加牠的戰鬥指數而已。這是歐洲文學與藝術的母題之一，比吸血鬼傳說、狼人變身故事更悠久、更吸引人。那些，還都是由異教的鄉野「小傳統」發展而來，不像殺龍騎士，出於貴族自身的文化身分想像，代表正義，又結合了愛情幻想，屬於歐洲的「大傳統」。所以十九世紀歐洲人侵略中國時，歐洲還流行一幅畫，畫著一位騎士，拿流星槌猛擊惡龍。那龍就象徵中國。歐洲人，欲以此把自己的侵略轉化成正義的行動呢！

在歐洲，吃蜥蜴，因而也不算是稀罕的事。我即曾寫過一篇文章介紹西班牙人如何吃。可是我自己吃蜥蜴卻不在歐洲，而在港台、大陸、越南。或燒烤，或用湯罐燜，或泡酒都好。那當然還不足以冒充說是吃了龍。吃蜥蜴而略可宣稱是吃了龍的，大約只能是變色龍之類。

變色龍可做三杯。即用一杯酒、一杯醬油、一杯麻油，加薑、蒜、辣椒炒煮而成，其味非雞鴨所能及。

若嫌變色龍還不足以代表龍，則豬婆龍可是不折不扣的龍了。傳說龍跟蛇交配出蛟、龍跟蛟交配便出豬婆龍。豬婆龍者，鱷魚也，尤以揚子鱷為著名。《聊齋志異》曾描述：

豬婆龍，產於江西。形似龍而短，能橫飛；常出沿江岸撲食鵝鴨。或獵得之，則貨其肉於陳、柯。此二姓皆友諒之裔，世食婆龍肉，他族不敢食也。一客自江右來，得一頭，縶舟中。一日，泊舟錢塘，縛稍懈，忽躍入江。俄頃，波濤大作，估舟傾沉。

看來豬婆龍畢竟是龍，故古人不免把牠神話了。等閒也不敢吃，所以說只有陳友諒後裔吃。

我喜吃鱷魚。過去只有野鱷可吃，現今則頗有餵養者，看來已不虞其絕種，而其鮮美膏腴亦無大異。尤其是牠的皮，膠質滋厚，彷彿熊掌。全身吃完後，頭顱還可留來熬湯。

本來，民俗上講十二生肖，是說人的生年屬什麼就肖什麼。可是我如此東吃西吃，十二生肖之性氣竟全吸收到身上了，對我也不知是幸抑或不幸。幸而能有此等口福，必是神佛庇佑，非人力所能為，我是很感恩的。可是龍、虎、豬、蛇具於一身，性情怪異，溢出常格，看來也非好事。如此飲食，亦常引起爭議，以致世或以我為惡人之代表。

然而，爭議最大的，其實並不是什麼珍禽異獸，而是豬、狗、羊這些常見之物。前面曾引《三字經》曰：「馬牛羊，雞犬豕。此六畜，人所飼。」但資本主義社會種種皆與古人教誨不同。社會上，人與人日行疏隔，只能靠貓狗等寵物來排遣寂寞，於是台灣竟規定吃貓狗「違法」，把貓狗定義為「寵物」。

其實歐洲的貓主要用來殺了取皮，何嘗即是寵物？因工業用皮革而殺掉的貓，千萬倍於國人所吃都不反對，偏來反對國人吃貓，正是資本主義社會偽善之一端。狗呢？為了拿來做寵物，而閹之，植入晶片之，比殺了牠更「慘無狗道」。沒資格像洋狗般做寵物的土狗，則稱為流浪狗，堂而皇之大規模捕了去「銷毀」，又有何愛心可言？我反對如此荒謬錯亂的「立法」，因而得罪了主流社會。

我所辦的佛光大學，本如西方教會所設世俗性學府，不是佛學院，也不培養僧材，一切科系設置、行政體系均與其他大學相同。其他各大學的學生跳舞、烤肉、聯歡，我們當然也無不同。

有一年我們得到「教育部」和「蒙藏委員會」的專案獎勵，舉辦「蒙古文化周」，除演講、展覽之外，還搭建蒙古包、烤全羊。師生大樂，社會上亦以為是多元文化教育之典範，報紙電視皆廣為報導。

誰知這卻激怒了一批信徒。他們對我在南華大學辦成年禮時，用阿里山鄒族原住民禮儀烤山豬早已不滿了。後來又因我反對吃貓狗的「立法」，而益為切齒。現在，更是逮著了機會，批評我殺生，揚言不再捐款給學校了。他們不喜歡多元文化，亦不知道蒙古人也是信佛教的，不吃肉也不是世界佛教徒的普遍倫理，佛光大學更不是佛寺。可是偏執的人是不可理喻的，而且他們比我還吃得寬，我不過吃十二生肖，他們卻準備把我烤來吃了。我懶得與此等俗物糾纏，索性辭了職，五湖四海，自覓吾食去也。

烤羊而去官，古人所無。吃羊而有此境界，豈不勝似吃虎？

以人為藥

一

以人為藥，自陶弘景以來，即載入《本草》。更早以前，則《太平經》中已經記錄了當時修道人士喝尿的風俗，可見由來已久。歷代流傳，迄今不絕，但爭論也很大。我在大陸人民網上見一文，名《從〈本草綱目〉一書看古人治學的態度》，就痛批李時珍說月經水可以治病，母親眼淚滴入小孩眼中會生翳霧諸說，謂其缺乏科學實證精神。現代醫學，大抵也都是這類觀點，不僅摒斥其說，亦基本上不采人體器官或爪甲液汁為藥。

然而，以人為藥，源流既久，至今亦仍盛行於民間，非可漠視；其與道教尤具淵源，似又不可不考。因就《經史證類備用本草》略為鉤稽其說，並粗考其事，以備餽聞。

採用《經史證類備用本草》，而不用上文所說的《本草綱目》，原因之一，是這本書徵引經史及宋代以前醫方中相關的數據最齊，且頗有考辨，可以看出各家對於以人為藥的不同觀點，與李時珍自成一家之言者不同，對我們反而較有用。二、此書乃擴充陶弘景《本草經集注》而來，引用經史文獻中，道書尤夥，如《三洞要錄》《神仙秘旨》《葉天師枕中記》《道書八帝聖化經》等，皆足以觀知其與道教之淵源。

此書約編成於一〇九一至一一〇〇年間，唐慎微撰，北宋政和年間曹孝忠校刻。金又刻，乃稱《重修政和經史證類備用本草》。該書卷十五人部，凡列藥物二十五種，其目如次：

髮髲：味苦、溫、小寒，無毒。主五癃關格不通，利小便水道，療小兒癇、大人痓，仍自還神化。合雞子黃煎之，消為水，療小兒驚熱下痢。

亂髮：微溫，主咳嗽，五淋，大小便不通，小兒驚癇，止血鼻衄，燒之吹內立已。

人乳汁：主補五臟，令人肥白悅澤。

頭垢：主淋閉不通。

人牙齒：平，除勞，治瘧蠱毒氣。入藥燒用。

耳塞：溫，治顛狂鬼神及嗜酒，又名腦膏、泥丸脂。

人屎：寒，主療時行大熱狂走，解諸毒，宜用絕乾者擣末，沸湯沃服之。東向圊廁溺坑中青泥，療喉痹、消癰腫，若已有膿即潰。

人溺：療寒熱頭疼，溫氣。童男者尤良。

溺白垽：療鼻衄、湯火灼瘡。

婦人月水：解毒箭並女勞複。

浣褌汁：解毒箭，並女勞復亦善。扶南國有奇術，能令刀斫不入。惟以月水塗刀便死。此是污穢，壞神氣也。人合藥，所以忌觸之。此既一種物，故從屎溺之例。

人精：和鷹屎，亦滅瘢。

懷妊婦人爪甲：取細末置目中，去翳障。

天靈蓋：味鹹，平，無毒，主傳屍疰，屍，鬼氣伏連，久瘴勞瘧，寒熱無時者。此死人頂骨十字解者，燒令黑，細研，白飲和服，亦合諸藥為散用之。方家婉其名爾。

人髭：唐李嘗疾。醫診之云：得鬚灰服之，方止。太宗遂自剪髭，燒灰賜服之，復令傳癰瘡，立癒。故白樂天云：剪鬚燒藥賜功臣。仁宗皇帝賜呂夷簡。古人有語，髭可治疾，今朕剪髭與之和藥，表朕意。

人血：主羸病人皮肉乾枯，身上麩片起。又狂犬咬，寒熱欲發者，並刺熱血飲之。

人肉：治瘵疾。

人胞：主血氣羸瘦，婦人勞損，面乾皮黑。腹內諸病漸瘦悴者，以五味和之，如餢飳法，與食之，勿令知。婦人胞衣變成水，味辛，無毒。主小兒丹毒、諸熱毒、發寒熱不歇、狂言妄語、頭上無辜髮立、虛痞等。此人產後時，衣埋地下，七八年化為水，清澄如真水。南方人以甘草、升麻和諸藥罐，盛埋之。三五年後撥去，取為藥，主天行熱病，立效。

婦人褌襠：主陰易病。當陰上割取，燒末服方寸匕。童女褌益佳。若女患陰易，即須男子褌也。陰易病者，人患時行，病起後合陰陽，便即相著，甚於本病。其候小便赤澀，寒熱甚者是。服此便通利。不爾灸陰二七壯。又婦人褌主胞衣不出，覆井口立下，取本婦人者即佳。

人膽：主鬼氣，屍疰，伏連。

男子陰毛：主蛇咬，口含二十條，咽其汁，蛇毒不入腹內。

死人枕及席：患疣，拭之二七遍，令爛，去疣。嘗有嫗人患滯冷，積年不瘥。徐嗣伯為診曰：此屍疰也，當以死人枕煮服之乃癒。張景年十五歲，患腹脹面黃，眾藥不解治。以問徐嗣伯，嗣伯曰：此石蛔蟲，極難療，當取死人枕煮服之。得大蛔蟲，頭堅如石者五六升，病即瘥。沈僧翼患眼痛，又多見鬼物，嗣伯曰：邪氣入肝，可覓死人枕煮服之，竟，可埋枕於故處。如其言，又癒。王晏問曰：三病不同，皆用死人枕而俱瘥，何也？答曰：屍疰者，鬼氣也，伏而未起，故令人沉滯，得死人枕治之，魂氣飛越，不復附體，故屍疰自瘥。石蚘者，醫療既僻，蚘蟲轉堅，世間藥不能遣，所以須鬼物馳之然後乃散。故令煮死人枕服。夫邪氣入肝，故使眼痛而見魍魎，須邪物以鉤之，故用死人枕之氣。因不去之，故令埋於塚間也。

夫衣帶：主難產。臨時取五寸，燒為末，酒下。褌帶最佳。

衣中故綿絮：主卒下血，及驚瘡出血不止。取一握，煮汁溫服之。新綿一兩，燒為黑末，酒下，主五野雞病。

新生小兒臍中屎：主惡瘡，食瘜肉，除面印字盡。候初生，取胎中屎也。初生臍，主瘧。燒為灰，飲下之。

二

以上所列廿五種，說明極不規範，有些長，有些短；有些有注明寒溫及有毒與否，有些則無；人髭一條，甚至根本沒藥效的說明，只講了太宗剪髭燒灰給李靖治腫瘡之故事。但宋仁宗也剪髭給呂夷簡治病，其病卻不知為何。

廿五種人藥中，也有不少並非人體之藥，而是人事藥，如衣中故綿絮、夫衣帶、死人枕、死人席、婦人褌襠、浣褌汁等。以此為標準，檢查其書，便會發現人部以外其他各卷也多有此類藥，例如卷四所收，皆土石類，卻也有以下這些藥：

寡婦床頭塵土：主人耳上月割瘡，和油塗之效也。

正月十五日燈盞：令人有子，夫婦共於富家局會所盜之，勿令人知之，安臥床下，當月有妊。

富家中庭土：七月丑日，取之泥灶，令人富，勿令人知。

卷三金石類藥中亦有下列各藥：

布針：主婦人橫產。燒令赤，納酒中七遍，服之。可取二七布針，一時火燒。粗者用縫布大針是也。

枷上鐵及釘：有犯罪者，忽遇恩得免枷了，取葉釘等，後遇有人官累，帶之除得災。

印紙：無毒，令主婦人斷產無子，剪有印處燒灰，水服之一錢匕，神效。

這些都是人事藥。人事藥其實類似感應巫術，東西本身皆非藥材，是靠它與人事間的關係構成感應狀況而產生療效的。但此類人事藥之療效，我甚以為疑。正月十五燈盞可令人有妊；小孩難產，用婦人褌蓋在井口催生；或把印書紙燒了吃，就會斷產無子。這類藥及和藥法，大概都不可究詰。存之以見當時之觀念則可，若真以為是藥學醫術，則不妥。換言之，此類資料，正是當日醫書采摭道書或援用道教觀念及術法之痕跡。後世道與醫分，醫亦與道漸分，只從醫學角度來看此等資料，自將斥為不經。

而人體藥的部分，乳汁、人胞大概是最常用且少疑義的了。人都喝人乳長大，《經史證類備用本草》說它可以「補五臟，令人肥白悅澤」，很少人會反對。不過，人乳到底性冷或性平，醫家猶有爭論，故該書注云：「臣禹錫等謹按：蜀本云人乳味甘，平，無毒。日華子云：人乳冷。」

人乳的功效，除可長人外，主要是治眼睛，治月經不通和治中風、解毒。《聖惠方》說人中風不語，舌根強硬，可用陳醬五合、人乳五合，研和後用生布絞汁後服。乳汁治眼疾及月經不通，則《衍義》解釋道：「人心生血，肝藏血。脾受血則能視。蓋水入於經，則其血乃成。又曰：上則為乳汁，下則為月水。故知乳汁則血也，用以點眼，豈有不相宜者？血為陰，故性冷。臟寒人，如乳餅酥酪一類，不可多食」，連乳汁性寒都一併解釋了。

但《本草備要》記人乳之功能，與《經史證類備用本草》並不一致，云其性甘鹹，寒滑，可治風火症。或謂治老人便秘最佳。李時珍則做調和折中之論，云：「人乳無定性。其人和平，飲食沖淡，其乳必平。其人躁暴，飲酒食辛，或有火病，其乳必熱。」看來食了有益或無益，仍待進一步研究。不過《本草備要》提到制人乳粉的辦法，卻是唐氏書所沒有的。

人胞則是俗稱的紫河車，小孩的胎衣。除上文所引各種藥效之外，注引《梅師方》云亦可暴乾為末，治草蠱、蛇蠱。《本草備要》對此藥之療效，推崇過於唐氏書，謂其甘鹹性溫，大補氣血，治一切虛勞損極，恍惚失志、癲癇。用法是洗乾淨後用酒蒸焙，乾後研末，或煮爛搗碎入藥，亦可調和煮食。

李時珍對於用胞衣入藥並不很贊成，他認為胞衣乃小兒身體的一部分，所以它的命運應與該小兒聯繫在一塊兒。引崔行功《小兒方》的記載，說小孩的胞衣若被狗吃了，小孩會癲狂；若螻蟻吃了，小孩會瘡癬。因此人其實不該吃這種東西：「雖曰以人補人，然食其同類，獨不犯崔氏之戒乎？以故本集如天靈蓋等，概不入錄。」

立場與李時珍相似者，為何鎮《本草綱目類纂必讀》，其序曰：「人為萬物之靈，古人惟采剩餘，他置勿用。茲亦凜遵遺意，只列河車、乳汁數種。」乳汁與胞衣，乃是勉強列入的，基本上並不贊成吃人。

連胞衣都如此勉強，唐氏書中所列人血、人肉、人膽、天靈蓋，爭議就更大了，除了何鎮的說法外，《神農本草經》注也說該經之用人髮，是用刑人或童男之髮，「不忍取人髮用之，故用剩餘也。方家至用天靈蓋，害及枯骨，卒不能治病，古人所無矣」。持此說者，是因《神農本草經》只列人髮一種，其餘諸人體藥均不用，故如斯云云。《本草備要》則收了人髮、人牙。人血、人肉、人膽、頭蓋骨等，也同樣未收。因此比較起來，唐氏書受方家影響比較大，其論頭蓋骨及人膽之作用，亦輒與鬼事有關。云天靈蓋可治鬼氣伏連，人膽亦然。此當為方士語，非盡為醫術也。

人體藥除上舉各項之外，就是所謂的剩餘了。如頭垢、耳屎、大小便、月水、精液等，皆人之排泄或分泌物，也就是剩餘。

頸垢耳屎，他書所未載。云耳屎可治顛狂鬼神，且名泥丸脂、腦膏，當亦是方家所慣用者。

人屎則《本草備要》僅列人中黃，並不直接以糞便入藥。人中黃有兩說，一是糞缸邊上的陳年積垢，煅性存用；一是用竹筒塞甘草末，塞緊後，於冬天放入糞缸中浸泡，春天取出洗曬，取甘草用。功能與人屎其實略同，都是解熱劑。該書另載糞清一目，功能亦同。法用棕皮綿紙，上鋪黃土，淋了糞以後，放入甕中，埋進土裡一年。據說清若泉水，全無穢氣，可治痘瘡痰火。

屎之功用如此，尿亦有大用。尿，一是用人中白。與人中黃相似，或云即尿桶上的陳年穢垢。據說以蒙館童子尿桶、山中老僧尿桶上刮下來的最好。原因不難瞭解。煅性後研用，可治肺瘀、勞熱消渴、痘瘡、牙疳、口瘡，降火散瘀。

另法是直接用尿。若是自己尿了自己喝，就名輪迴酒或還元湯。若用他人尿，則最好是用童子尿。其效解降火滋陰，潤肺散瘀，與人中白差不多，但似更有效。《本草備要》說：「治肺痿失音，吐衄損傷，胞胎不下。凡產後血暈，敗血入肺，陰虛久嗽，火蒸如燎者，惟此可以治之。」注又引晉褚澄《勞極論》云：「降火甚速，降血甚神。飲溲溺百無一死，服寒涼藥百無一生。」功效勝過其他的降火藥。因此注又說：「凡跌打損傷，血悶欲死者，擘開口以熱尿灌之，下嚥即醒。一切金瘡受杖，並宜用之，不傷臟腑。若用他藥，恐無瘀者，反致誤人矣。」

用童尿之法，是指十二歲以下男童。若不食葷、腥、酸、鹹者為尤佳。去頭尾，只用中間一段，熱飲。也可配薑汁、韭汁，以散痰。

若不直接用童尿，就可煉成秋石。其法是每月收集童尿注入缸中，每缸用石膏七錢，以桑條攪動，澄後倒掉液水。兩三次後，再加入秋露水攪澄。幾次以後，倒在重紙鋪灰上，曬乾，刮掉底下重濁者，獨取上邊清輕者，便稱為秋石。

據《保壽堂方》說，童男女之尿均可製為秋石，但須分開煉。煉成後，呈白色粉末狀，和勻了，加上乳汁，日曬夜露，乾了再加乳，四十九日後，收貯配藥。可是也有醫書主張直接食用，例如腫脹忌鹽的人，就可以秋石拌飲食。故其用不止於配藥。

秋石是著名的藥，《本草備要》說它滋腎水、潤三焦，養丹田、安五臟、退骨蒸，治虛勞咳嗽、白濁遺精，為滋陰降火之聖藥。不過，也有人認為尿一旦煅煉之後，真元已失，效用實不如童尿。所謂煅煉，是說一般煉秋石並不採用上面所說的方法，而是雜收人尿，以皂莢水澄之，日曬火煉。日曬是陰煉，火煅為陽煉。煉成的秋石，若服用得多了，虛陽妄作，反而會生燥渴之病。另外，《備用本草》載煉秋石之法又不同，乃是用鍋煮，乾後細研，再放入盒內，入炭爐中煅之。如此，秋石便成了大補之暖藥，謂可悅色、進食、益下元。它又鼓勵人服食，云：久服，臍下常如火暖，諸般冷疾皆癒。

人屎人尿，除此之外，尚有諸多功能。例如人頭痛、小兒不生牙齒、被蛇狗咬了，都可用尿來治療；尿且可明目益聲，潤肌膚，詳見《備用本草》。人屎又治小兒陰瘡、產後陰下脫等，亦詳該書。總之，乃聖藥也。

人的排泄物，除了屎尿以外，尚有男精女血，這也是大有作用的。精液可以和鷹屎白作藥用，減瘢去痕。此法也可以像煉小便為秋石一樣，把精液用青竹筒裝了，在火上煅治為汁。若不煉或和鷹屎為藥，也可直接塗，治金瘡血不止。

女人月水則較男人精液更神奇，凡虎狼瘡傷、骨刺被毒、箭鏃在身，以經血塗或燒末服用，都可痊癒。《備用本草》注引《博物志》云：「交州夷人，以焦銅為鏃，毒藥塗於鏃鋒上，中人即沸爛，須臾骨壞。以月水、屎汁解之。」

女人的洗內褲水（**其實是沾了經血的作用**）、懷孕女人的指甲，也有類似的功能，後者可治翳障、催生、治婦人淋。

另一類，非排泄物，乃分泌物，如耳屎、頸垢等均是。頸垢可治噎，療勞復，治中蠱毒、蕈毒、馬肝或鳥獸自死之肝中毒、蜈蚣毒、竹木刺傷。唐氏書引《服氣精義方》云淮南王劉安，燒己髮合頸垢等分合服，如大豆，三丸，名曰「還精」，令頭不白。耳垢，則可治癲狂及嗜酒。

還有一種髮髲。它到底是什麼，諸家說法不一，陶弘景云不知它為何物，疑是老人斑髮，又或謂為童子髮。唐本注云為髮根。髮根非毛囊即頭皮屑，焉得有如許多髮根可用，實在不易明白，但總之也是剩餘之一種。

所謂剩餘，都是人體不需要或排泄於體外的東西。牙齒、頭髮之類，固非身體所不需，但它會脫落，故亦等於剩餘放棄之物。頭髮可治咳嗽、大小便不通、小兒驚癇、止血。亦可合藥煎膏，涼血去瘀長肉。牙齒則唐氏云其性平，除勞治瘧，亦可治蠱毒、箭毒。《本草備要》卻說它鹹溫有毒。李時珍更認為某些病伏毒在心，若誤服此藥，反而鬱悶聲啞，難以救治。可見牙齒的藥用功能尚有疑義。

《備用本草》中另有與此相關而不見於其他醫典的，是新生小兒臍中屎，謂其主治惡瘡、瘜肉，可除去臉上的金印字，燒臍為灰飲之。此外就是男子的陰毛，此亦毛髮一類。主蛇咬。云口食二十條陰毛，咽其汁，就可令蛇毒不入腹內。

三

依上所述，以人為藥，略分三類：一為人肉、人血、人胞、人膽、天靈蓋等，屬於人身體上的某一部分；二為剩餘物，如毛髮、牙、乳、頭垢、耳塞、屎、尿、精、月水、指甲等；三為人事藥，指浣褌汁、死人枕、夫衣帶、衣中故綿絮、婦人褌襠等。

這三類，許多是有長期醫療實踐，證明是有療效的，例如喝童尿可活血，治傷甚驗，精液去斑除瘢，亦具功效。但大部分仍多爭議，如人乳雖然小孩都吃，可是作為藥用，其性到底是平是冷，迄無定論。秋石則或為降火藥，或為暖藥。牙齒或云性平，或云其鹹溫有毒。至於人肉、人血、人胞、人膽、人的頭蓋骨，是否宜於入藥，更多爭端。這些爭端，一部分是倫理及心理的原因，一部分也是醫學效用上的原因。

就算醫學上確具治療效果，倫理或心理上的爭議仍在。像童尿、人屎這些排泄物，吃起來不噁心嗎？何以用藥竟會採及剩餘？按理說，剩餘物、排泄物，當然都是已經沒用的東西，為人體所不能吸收，故排泄了出來，為什麼反而可以用作藥物使用呢？

這些疑問，未必不能解釋。因為以鄙穢物為藥，而且是聖藥、好東西，在中醫體系中是普遍現象，並非對人體特別採此觀點。

例如麝，是一種鹿類動物。在牠的臍下接近陰部處，有種分泌物，小如金橘，大若雞卵，剝之有兩層，膜中藏有液體。新鮮時稠厚如膏，乾了就像大小不等的顆粒，氣味馥烈。自古以來，稱為麝香，是著名的興奮劑香料。據說驚悸將死者，用麝香和醋灌救，都能聞泌通竅。故不僅可供化妝打扮之用，亦可作藥用。

另有一種龍涎香，是鯨魚腸及膀胱所分泌的凝結物。功用與麝香相同，也是著名的香料、興奮劑及回蘇藥。

龍涎香與麝香，均生於隱鄙之處，原本是臭不可攖之物，但在中醫體系中卻都是奇珍，奉為聖品。

另有一種聖品叫作牛黃。牛黃傳說可分四種，角中黃、心黃、肝黃、生黃。都是牛有病所生長出來的。據稱凡牛有黃者，入夜身上有光，時時吼鳴。在牠吼鳴時以大盆水置其前，讓牠吐出者，是生黃。死後刺得者是肝黃或角中黃。牛黃也有香氣，但主要不是用為香料，而是用來解毒、清熱。牛黃解毒散，即為著名之中藥。

情況與牛黃類似者，為馬寶、狗寶。馬寶又名赭丹，乃病馬腹中所結，小者如豆，大者如雞蛋，甚或大如西瓜，主治癲癇、驚悸、毒瘡。黃協塤《鋤經精舍零墨》云：「馬黑者，生馬胷間，一名赭丹，又名鮓答。凡番兵事急，持之念咒，輒能致風雨，突圍而出」，則竟有巫術般的效果了。狗寶，生癩狗腹中，可治癰疽瘡瘍。

這些東西都是動物身上的瘡疣病痛，類乎結石。牛馬身上長得這種東西，大抵命都活不長了。情況正如蚌裡面生的珍珠。蚌因病而有珠，病癒甚，珠愈大愈美，所以珍珠有點像蚌的淚珠，是在痛苦中孕育出來的。牛黃、馬寶等物，也是牛馬身上熱毒所招。

人取珍珠以為美飾，割牛黃、馬寶以治毒化癇。所取者，在牛馬蚌介來說，乃其贅物、穢物、瘡疥之疾。然人取之則名之為「寶」。斯則與麝香、龍涎香為陰部分泌物相似，以臭為香，以疥為寶，蓋已久矣。

為何要如此以臭為美，以疥為寶？

我們不妨說人類文明之創造性即在此。蕭艾即是芳草，穢物即是靈物，端看怎麼個用法。能用之，牛溲馬浡，皆有其大用妙用；不善用之，黃寶結在身上，徒然痛苦憔悴以至死，毫無用處。

何況，香穢一也，疾疹即是物寶，更有點道家哲學意蘊存乎其間。

因為這些穢物，不但有藥效，更具有避邪等神聖功能。頭垢可以去「百邪鬼魅」，耳垢可治「顛狂鬼神」，人尿可治「鬼氣疰疾」。

其中尤以女人的月經水最神奇。平時大家認為女性「不潔」的主要原因，即因女人會有月事。月事來了，稱為不乾淨。若有婚喪嫁娶、神祀賽會、開光啟航等禮儀，也都不准有月事的女人參加，以免犯忌諱。但此所謂犯忌諱，既是由於它的污穢，也是因為它的神奇。什麼神、什麼鬼，一旦碰到了月經水，就都會破功，所以才須避忌。《政和備用本草》中說：「扶南國舊有奇術，能令刀斫不入。惟以月水塗刀便死，此是污穢壞神氣也。」清《螢窗異草》載，康熙間一位吳縣婦女為了保護貞操，用月水抵禦鬼神的侵犯：婦猶懼神來，以清水漬其穢汙，如紅泉赤浪，貯於溺器，以備不虞，而神道絕跡。這類故事，在筆記及小說中是極常見的。

污穢即是神聖，這個邏輯也表現在語言上。例如：人尿又名還元湯、輪迴酒，稀釋過的大便又叫黃龍湯，月經水又稱為天癸，鼯鼠糞便又稱五靈脂，蚜蟲的大便則稱為甘露（**唐代文宗時引發的「甘露之變」，即指此物。文宗曾親自採嘗**）。穢物而有嘉名，既是忌諱，又是敬重。

此不只是高下相形、美惡相生，且是一物同時既神聖又污穢，同出而異名，與我國文字的特色恰好相符。這項特色，叫作正反合義。也就是一個字同時兼有完全相反的兩個意思。

例如輕薄短小的薄，誰不曉得是稀少單薄的意思。可是「國慶佳節，薄海騰歡」的薄，卻是普遍、龐大之義。與薄字相關的一些字，如溥或大氣磅礴之礡，亦都有大義。所以，薄既是少又是多，既是大又是小。

又像離，分離之離，當然是指分開、離別。但它同時也指會合，故《楚辭・離騷》，應劭、班固、顏師古都說（離騷）即「遭憂」之意，騷為牢騷，離即遭逢。天文學上說的「月離於畢」（《尚書・洪范》），也不能理解為月離了畢星，而是月附麗靠近於畢宿。

止，也是如此。它是停止之止。然其字象形，指腳趾之趾。從止之字，輒有行走之意。《論語・先進篇》：「以道事君，不行則止」，也不是說以道事君，君若不聽就算了，苟且從事即可；而是說國君若不願行道，我們就走人不幹了。止，就是走的意思。這就像武字。武乃是一個人荷著戈去打仗，故字從止從戈。可是《左傳》裡又說「止戈為武」，能不打仗、止戰才真稱得上是武。可見止既是走又是停。

這樣的例子，舉來簡直無窮無盡。如《論語》裡說：「余有亂臣十人」，亂臣其實是治臣，亂就是治，故《廣雅》說：「料、亂、紕、督、篤、雉、敕、伸、撩、統，理也。」不但亂就是治理，紕漏之紕、撩亂之撩也都有治理、條理之意。又如讓當然有謙退之意，不過它同時也指批評、詰難。像劉歆寫過一篇罵人的文章就叫《讓太常博士書》。那可不是遜讓，而是責難太常博士哩。矜，則既是憐憫、矜惜他人，又是自我尊大、驕矜之矜。戾，既是乖戾、暴戾，又是美好，《詩經・小雅・采菽》說：「優哉遊哉，亦是戾矣。」而那乖戾的乖字，不也既乖巧柔順又逆忤乖張嗎？

乖就是不乖，治就是亂，廢就是大，歸就是去，危就是正，厭就是滿意，嗇就是貪，戲就是怒，窕就是大……凡此等等，都是隨手可得的例子。

這是非常特殊的語文現象，非常容易讓初學中文的老外一個頭兩個大。可是，在我們社會中，除了少數正反合義字須用破音改讀或加形符（如厭與饜）來區別之外，一般人通常並不會覺得有什麼辨識的困難。沒有人會在看見「超薄型」衛生棉廣告時，以為那是超大型；也絕不會把薄海騰歡誤以為是大家都不快樂。為什麼呢？

因為這很符合我們中國人對這個社會、對生活、對人生的理解。在中國人看來，福兮禍所伏，禍兮福所倚，有無相生、高下相形，一件事也總有正反兩面。所以治就是亂，亂就是治，難說得很。

由於世事禍福相倚、有無相生，所以繁華退散的花落之際，才是成就之時。落既是消降，也是完成。我們說「大廈落成」就同時指工程結束與樓宇建成。人在花落時節，總不免感傷，以為那代表了生命中的消亡與殞滅；卻不能不瞭解到花落蓮成，繁華落盡見真淳，才是人生真正有所成就的境界。

更進一步說，爭什麼大小，比什麼繁盛與散落？大即是小，落即是成。眇目之眇、藐視之藐，不都是小的意思嗎？但它又皆是極大，《楚辭》「神高馳之邈邈」，《詩經》「藐藐昊天」。眇即是渺，《楚辭》「路眇眇之默默」，《管子》「眇眇乎如窮無極」。此正如薄同時是極小也是極大。莊子《逍遙遊》講的那條鯤：「北冥有魚，其名為鯤，鯤之大，不知其幾千里也」，也是如此。古人老早指出，鯤本指小魚卵。魚卵是極小的，但極小也就是極大。知小大一如，乃知逍遙。

此非玄談，世事本來如此。據《廣雅．釋詁》說，同儕即為敵仇，辛勞就是惰怠，妄誕就是誠懇可信，虔敬即是殺戮，從容即是慫恿。一切均是非相形，同時具有正反兩面的。

造字命義時，意義世界即本於我們對現實生活世界的真實體會而來，故若仔細思量這些字，或許能幫我們悟道。而整個中醫體系，亦與文字一樣，體現著我們的感情觀念，神聖與污穢，乃同一體事，也是正反合義的。

四

以穢物為藥用妙品，不但符合中國人的人生體會，尤其是符合道家哲理；整個用藥治病的描述，包括對疾病的理解，對療效之說明或治藥之方法，也都帶有濃厚的道家道教色彩。

前文說過，《備用本草》中徵引道書甚多。但徵引此類道書時常常不是現代醫學式的談藥效藥用，旨在治病，而是服食或保養性質。例如亂髮條，引《服氣精義方》：「劉君安曰：欲髮不脫，梳頭滿千遍」，此即非治疾，乃是養生之法。同理，頭垢，亦引《服氣精義方》云：「燒己髮合頭垢合服，名還精，令頭不白。」這也是服食之法，又謂秋石「久服去百病，強骨髓補精血，開心益志」，亦屬服食。

另有一部分，是厭勝。如云：「生人髮掛果樹上，烏鳥不敢來食其實。又人逃走，取其髮於緯車上卻轉之，則迷亂不知所適。」「狂見鬼者，絞人屎汁，飲數盒。」「治鬼舐頭，燒貓兒屎，以臘月豬脂和傅；金瘡未癒而交接，血出不止，取與交婦人衣帶，寸燒研末，水服；屍疰者，鬼氣也，伏而未起，故令人沈滯，得死人枕治之，魂氣飛越，不復附體」等，都是厭勝之術。所以女患陰易，便須男子褌，男患陰易，則用女褌；婦女難產，又要用夫之褌帶燒來下酒。

治藥之法，則重陰陽相發。如天靈蓋，取得後，要用塘灰火掩一夜，待穢氣出盡，再用童子尿在瓷鍋中煮一伏時滿，漉出：屋下掘一坑，深尺許，仍將它放入其中一伏時，這樣，天靈蓋才能「魂歸神妙，陽人使陰，陰人使陽」。秋石則因要讓它具有火性，所以要刮在新瓦上，用火逼乾，入麝香，用酒下。或用鍋煮，入炭爐中煆，「其藥末常近火收，或時復養火三五日，功效大也」。

重服養之法，講厭勝之術，煉藥之時強調陰陽水火，都具有道教色彩，非尋常所謂醫藥之事也。所用藥及所欲療之疾，多涉鬼物，亦非一般醫術範圍，尤其特別的是神化之說。

在解釋髮髲之作用時，《神農本草經》謂其「療小兒癇、大人痓，仍自還神化」，陶弘景對此已不能瞭解，說：「神化之事，未見別方」，《備用本草》有「臣禹錫等謹按蜀本云：《本經》云仍自還神化。李云：神化之事，未見別方。按《異苑》云：人髮變為鱔魚，神化之異，應此者也。」《本草備要》則考證道：「髮入土，千年不朽，以火煆之，凝為血質。煎煉至枯，復有液出。誤吞入腹，化為症蟲。煆煉服食，使髮不白。故《本經》有自還神化之稱，陳藏器曰：生人髮掛果樹上，烏鳥不敢來食其實；又人逃走，取其髮於緯車上卻轉之，則迷亂不知所適。此皆神化。」這樣的說解，看來仍是莫名其妙，或指人髮變化，或指人髮很神奇，千年不朽，火煆凝血，煎煉出液。或謂具厭勝作用，十分神秘。但不管如何，這種神化之說在醫學上並無意義，只具有宗教性的人髮崇拜性質。

對人血、人肉、人胞、天靈蓋之藥用功能描述，大約也都具有身體崇拜性質。我們別忘了，像人血這類物事，許多民族都認為它具有靈性、神性，古人殺俘祭旗，歃血為盟，其作用便與殺牛羊，以其血釁鐘相似。要以血來令對象產生靈性。鍛劍時，滴血入爐，亦是此意。

可見視血為具靈性之物固同，吃不吃血卻可能完全相反。古代中國人是吃血的，習俗上說吃腦補腦、吃血補血，就是此意。日常生活中，豬血、雞血、鴨血，食用甚為普遍，灌腸時也有做血腸來吃的辦法。人血以其難得，雖不常用，但入藥食用，邏輯上並無特殊之處。

不過道教祭祀，本分二路，一種是依循傳統的，也就是古代宗廟血食的傳統，祀人鬼及山川諸神，均須殺牲為祭。鬼神是要血食的，所以祭品叫作犧牲。另一種卻是反傳統的，例如早期天師道、上清道就主張不殺牲為祭。《正一指教齋儀》有九戒十二法，其一即為：「不得食含血有生氣之物。」其後發展成茹素、不殺生的路數。

在醫典中呈現出來的，主要是前一路。但對於用人身藥，歷來都有爭論，反對者其實也就代表著道教中後一路的觀點，故《備用本草》在「天靈蓋」一條下有按語云：「《神農本經》人部，唯髮髲一物外，餘皆出後世醫家或禁術之流，奇怪之論，殊非仁人之用心。世稱孫思邈有大功於世，以殺命治命，尚有陰責，況於是也。近數見醫家用以治傳屍病，未有一效者。……殘忍傷神，又不急於取效，苟有可易，仁者宜盡心焉。……設云非此不可，是不得已，則宜以年深塵泥所漬朽者為良，以其絕屍氣也。」此雖僅論天靈蓋，但所指包括所有人體藥。訴求的，固然是道德，卻明顯批評著「禁術者流」，亦即其他利用人體骨肉胞血之神靈性質以進行禁咒的道派。

反對殺命治命且不太用人體藥者，還反對飲小便、煉秋石，謂其為小道旁門。他們與強調小便、經水如何如何神妙的人，看起來確實頗不相同。但是，不主張用天靈蓋、人血、人便、人尿的道派，也不能說他們就不重視或不採用身體藥，只不過他們食用的身體藥是另外一批罷了。

前文已提過，在《備用本草》中已記載了不少服食煉養的資料。把這些人體藥拿來服食煉養和只以它們做醫病之藥，可以是兩回事，但道教往往將之並為一談。因為治病與保養乃一體的兩面。在道教「貴生」思想底下，兩者本應合論。故醫方藥典固以治病為主，依然不廢服食養生。而服食者，一方面服食草木之藥，一方面也把人身之藥這個觀念竭力發揮著。

陶弘景《養性延命錄》開宗明義《教誡第一》就把老子「穀神不死，是謂玄牝，玄牝之門，是謂天地根」，解釋為：「天食人以五氣，地食人以五味，入為形骸骨肉血脈，故鼻為玄，口為牝。」因此，養性延命之道，便是服氣與服食。可是兩者之中，吃氣又更優於吃穀吃肉，所以說：「不食者，不死而神。傳曰：雜食者百病妖邪所重。所食愈少，心愈開，年愈益。」但人怎能真不吃呢？他遂提倡吃自己的唾液：「飲食自然。自然者，則是華池。華池者，口中唾也。呼吸如法咽之，則不饑也。」此是以津液為食。《雜誡忌禳害祈善篇第三》云：「玉泉者令人延年，除百病。玉泉者口中唾也」，則是以津液為藥。

這個觀念爾後大為流行，強名所注《真氣還元銘》曰：「靈芝在身，不在名山。靈芝，草也，在身，在人身中也，指元氣是也。」亦即運用身體本身的元氣或津液或什麼做藥服食修煉便可，不必再去餌草木金石之藥啦。

內丹一路，所發展的就是這種思維，陳虛白《規中指南》說得明白：「夫採藥者，採身中之藥物也。身中之藥者，采之之法，謂之收拾身心，斂藏神氣。心不動，則神氣完，乃安爐立鼎，烹煉神丹。」

藥乃身中藥，鼎爐則是身體軀殼，李清庵《三天易髓》所謂：「外象為鼎爐，中間是藥材，誠能收拾得，即刻結靈胎」，即此之謂。丹家對於這身中之藥究竟指什麼，見解很不一致，因此派別法門甚雜，但其基本理論，便是採身中藥。整個修煉的過程，也是模仿採藥烹煉。如何安爐，如何入藥，如何起火，如何攢簇火候，如何溫養，這些製藥的譬喻，充斥於各類丹經中。

服氣或內丹這一類道士，都不主張餌草木金石之藥。他們所說的人身中之藥，早期說唾液，還勉強可說是有物質性的實物，與人血、人屎、人溺相去不遠，性質相同，可是後來就愈來愈虛化，講精氣神或身中之水火鉛汞。但不論如何，此亦人身藥這個觀念之發展與運用。形態上似乎與講人身藥，吃小便、煉人中黃人中白者相反，而實是秘響潛通，條理一貫的。

五

舍普《非正規科學》一書曾記載他去採訪伯努瓦，討論人種醫學和醫學人類學的問題，伯努瓦談到許多病都與文化有關，病人按其文化教給他的編碼來描述疾病的意義，因此他說每個社會都有一種英語稱作 culture-bound syndromes（與文化有關的綜合症的疾病）。這種病，只能放在特定社會裡考察。（二〇〇〇，新華書店，萬佚等譯，第六章。）這個道理，非常易懂，比如中國人講腎虧、肝火上升，推崇割股療親，就屬於此類。藥的情況也一樣。把什麼當藥，把什麼不當藥，也是與文化有關的。在我們的藥書中，把人歸入一類，跟草木金石蟲魚鳥獸相同，是從《神農本草經》已然的，歷代相沿弗替。現代醫學中才漸不講這一套，但在民間及方術界使用卻仍然非常頻繁，可說是中醫體系中文化特徵非常明顯的一環。

這個特徵，又與道家道教關係密切。道教養生，從餌草木金石之藥，並把人體藥當成本草的一部分開始，逐漸放棄一切草木金石之藥，不假外求，認為只要煉身中藥便可成仙不死，實是人身為藥這個觀念充極盡致的發展。人身藥在藥的性質和作用上，高踞鼇頭，非其他任何藥所能比擬，所以又稱「大藥」或「至藥」。

醫方藥典中，雖然對人身藥推崇不如此之高，只列為其中一部而已，但紫河車、還元湯、破棺湯、泥丸脂之類稱呼，仍說明它們地位非凡。某些惡疾，非它們不能治，在解毒、治鬼方面尤具奇效，平日服食，亦具補益之功。

許多道教人士也發展這類藥，倚為術法，此即《備用本草》所指禁術之流。其流源遠流長，起碼《太平經》中就提過當時修道人「或飲小便，或倒懸」。其後煉小便為秋石，或煉女人月水為紅鉛者，踵事增華，門派繁多，亦學道人所不甚諱言者。

我認為談飲食史、中醫史及道教史者，均不能忽略這個問題，但舊作《道教的身體觀》（一九九八年，《龔鵬程學思年報》，南華管理學院），尚未論及於此，故為之補論如上，供學界教界先進參考焉。

附說以人為藥

回北京兩天，便又飛成都，來川大開道教養生學的會。

舒大剛先生來機場接了我，另約曾棗莊先生，同來商量《儒藏》推廣的事，晚上則與曹順慶等碰頭，第二天早上才趕去青城山。目前大陸編《儒藏》者三家：北大已出版精華版樣書一冊，人大則仍在準備中，唯獨四川大學動作最快，已整理出史部五十冊，選善本掃描，再施點校，也可省卻校勘之誤。川大這個團隊，原以古籍整理見長，過去做《全宋文》，很有成績。但我覺得他們長處在於篤實，缺點也是篤實，默默做苦工，不善宣傳，故外界不甚知之。居今濁世，好人常是要吃虧的。

在青城山，我這次講的是中醫及道教中「以人為藥」的傳統，後來有不少人又提供我許多偏方及證例，比方說手割傷了，滴眼淚就可以痊癒。不過王慶余先生說眼淚是難得的，悲傷的眼淚才有癒合傷口的效果，聽來頗具哲理。王先生乃傳奇人士，少從歡喜道人李傑習醫習武，曾見大俠杜心武。上年我來青城山開會，論道家武術，他引為知音，與我縱談杜心武、徐矮子、萬籟聲諸人佚事。他這一派，名為經筋門，與自然門同源，醫道則以傷科著稱。曾數被羅致於中南海，近年則來往美國、歐洲講學。文史亦佳，現為四川文史館館員，因與我兄龔群相熟，故亦與我格外親近。

據他說，幼年曾被蛇咬，有乞兒以耳垢和唾液塗傷處治療之。又云尿除活血化瘀之外，也可敷面，為美容嫩膚之聖品。友人林安梧，昔年曾行尿療法，晨起飲自己的小便一杯，可惜他不知此秘方也。又骨癌劇痛，可取人屍水和藥塗之，勝於嗎啡。凡此等等，所談皆涉掌故。

會中又逢李顯光，乃李子弋先生公子，在大陸求道修道旅行，所以約了逃半天會上青城山，由上清宮走下來，到天師洞用餐。青城山道士們擅長釀酒，製作一種以獼猴桃為原料的洞天乳酒，配上青城山老臘肉、白果燉雞，乃青城之三絕。坐天師洞品茶、喝酒、吃雞，亦是三絕，無限清幽。只是我年紀老大，骨腿不俐落了，在山上蹦蹦跳跳下來，膝腿疼痠，走起路來有些齜牙咧嘴啦！

十四日去成都附近的洛帶客家村落參觀。這是由廣東、江西遷來的客家村子，有湖廣、江西、廣東諸會館，建築頗見特色。四川客家，是台灣客家研究中較不重視的部分，今來考察，頗有斬獲。惜因辦慶典，人擠人，想吃一碗「傷心涼粉」都要排上半個時辰，故不能肆情盤桓。

乃又往黃龍溪古鎮。這個鎮就樸素多了，鎮上有古寺數處，河畔茶座、酒樓亦皆幽靜可喜。下次若來，可在鎮上住一宿，在船上吃酒菜。

晚上去公共管理學院講儒家經濟管理學。十五日又去文學院講國學運動。吳銘能來訪，他自北大畢業後，返台供職一直不順利，在元智、中研院等處待了幾年，今毅然返大陸，就聘川大歷史系。夜中來談，自多感觸。台灣之人才，流散四方，幸耶不幸耶？非我所能知也！

論《食穢文化》

一、邇來身體研究漸成顯學，其中兩大主流，一是討論身體經驗、身體知識與社會生活和文化形態的關係，如費爾《身體史話》、特納《身體與社會》、席琳《身體與社會理論》、勒伯《身體意象》等等；二是談兩性的身體，如戈德斯坦《男性身體》、《女性身體》、拉克爾《身體與性屬》、布朗《愛的身體》、施密茨《身體與感情》、蘇萊曼《西方文化中的女性身體》之類。

研究身體中之排泄物者並不多見。有之，則以血液、乳液、精液、月經為多，對屎尿的討論較少。文化研究中，研究一個民族或文化體系中如何對待屎尿者亦不甚多。以是觀之，陳器文先生《食穢文化》一文在選題及論析方向上均為有價值之作，足以引領後昆。

二、本文主要是由道教中人士食屎尿涕垢等穢物之事例展開討論。謂此事乃「道書不載，經典不存，只能成為神仙故事外一章」，「畢竟有些匪夷所思，可助談興」。因為一般都只曉得道教是服食金丹等不死藥而非食穢的。

但此乃根本性誤解。道教在飲食方面，有兩大系統，一為日常飲食修行只如常人，一為神聖飲食。後者又分服食、服氣二大類。服食者則又可以分成兩種，一是吃瓊漿、玉液、芝草、仙藥等美好之物，另一種就是食穢了。

早在《太平經》中就提到當時修道人有出家、行乞、自食糞便的風氣。後世道教修煉法門中，持此術法者頗不罕見，尹真人弟子所撰《性命圭旨．元集邪正說》談到當時之仙道法門之中就「有煉小便為秋石者」、「有食己精為還元者」、「有忍寒食穢者」、「有採女經為紅鉛者」等等。在講爐火燒煉一脈術法中，亦不乏用穢物合成者，如《真元妙道要略》載「有燒金鑠草及糞灰，取霜號為鉛汞者」、「有以鹽、硇砂啖十六歲童男童女，取大小便，燒淋取霜為鉛汞者」之類。直至今日，民間醫學仍有尿療法之說，衍其緒餘。談道教，不能不有此基本知識。

三、本文中某些食穢事例並非食穢。如唐傳奇《懶殘》故事中，懶殘用牛糞烤芋頭吃，作者視為食穢，其實非是。牛馬糞乾燥後用為燃料，是農村中極普遍之事。本非「異常」之舉；懶殘所食亦非牛糞，而是芋頭，故談不上是食穢。

此外，如篇首引褒人龍漦事，不僅與食穢無關，也與吃無關。第三節謂道人食穢或受佛教「不淨觀」之影響，實則佛教不淨觀無論觀自身不淨或觀他身不淨，均為觀身，並未言及觀美食佳餚即見其為屎尿，更未談及飲食修煉之事。且不淨觀者，見美色即觀其為革囊臭穢也，乃是教人避穢，非欲人食穢。凡此，均不宜闌入並敘。

四、本文多引用人類學及宗教學理論解釋食穢文化，頗見巧思。但宗教不同、文化不同，理論就未必可以套用。

例如第二節引用奧托（Rudolf Otto）「罪不只是道德上的犯規，而是一種絕對的褻瀆感。一方面有作為受造物的自我存在的無情貶抑，他方面則是對神秘者的最高頌揚」之說來解釋天師道的悔罪儀式。即忽略了天師道是自力宗教，人既非受造者，與「神」的關係也與基督宗教中人與上帝的關係完全不同，故彼此對罪的觀念並不一樣，天師道之悔罪儀式更絕無「一種絕對的褻瀆感」。

五、本文對食穢文化之處理，除從道家、佛家、基督教理論中擇用若干理論進行解釋外，頗仰賴塗爾幹和弗萊的理論。但不知為何不參考李維史陀（Claude Lévi-Strauss，一九〇八－二〇〇九）和瑪麗道格拉斯（Douglas Mary）?尤其是後者的《純淨與危險》（Purity and Danger），主要就是分析污穢與禁忌，特別是飲食禁忌。在她《解讀一餐》（Implicit Meanings）一文中，並申論了希伯來文化對可食、不乾淨、禁食物與儀式之關係。我覺得她的研究或許會比弗萊對作者更有用些。

鹽文化

廿八日陳曉林邀宴，在「蒙古人」烤全羊，寧宗一先生也由天津來會，見之甚喜。先生曾為我序《說劍》，惜此書被蘭州大學拖積至今，尚未處理。已去電劉志偉兄請取回，我另行付梓便是。其他與會者尚有陳墨、劉國輝、卜鍵、鍾潔雄等。在屋子裡擺蒙古包，局促可知；待蒙古族人來敬酒、獻哈達、唱歌跳舞時，當然就更擠了。因此吃起來倒叫人懷念那年在學校裡烤羊，多愜意呀！

廿九日去參加國際儒學聯合會辦的「世界儒學高峰會」。本會只邀了二十來人，台灣只有我與林安梧，但北美的成中英、杜維明其實也出身台灣。既是高峰會，論來頗不寂寞。郭齊勇由武漢來，告訴我他們辦的國學班已有學生升入研究所了，平實低調，希望能辦出些成績，邀我得暇便去支持，我自然也是樂意的。

晚間李顯光約了我與朱越利先生見面。朱先生除在統戰部供職外，也兼川大宗教所教授，帶博士生。他除道教外，也研究藏傳佛教，能兼此二者的，世上不會太多，故聊來也盡興。飯罷便徑登火車，一臥而抵揚州。

至則旅遊學院派人來接去冶春茶社吃早茶。吃畢大隊人馬去汪氏小苑，我則獨返揚州大學。扔下行李後，便蹓去瘦西湖逛了一大圈。湖水無恙，菊花數百品，尤為清妙，只是畫舫遊船愈發可笑了。

揚州之畫舫，本來只是駁鹽船改裝的，所以形式各樣，如今千篇一律。從前有酒船，可在船上治庖飲酒，今亦無之。故甚單調。為免單調，現在增加了一種唱揚劇的船，可在舟中聽曲。

但伶人可怕！打扮作清朝皇帝嬪妃太監狀，傅粉勒紅，如在舞台。而人又都太老，居然白晝現形，除可怕二字外，無法形容。人客未來，則或摳衣、或擤涕、或抽煙、或梳帽辮。那辮子是黏在帽子上的，摘了帽來整理辮子，露出一個大禿頭，更為可笑。

下午去鹽城，抵東台，經泰州、興化等地。一路車行，無數人文掌故就掠過心頭，感慨萬端。至，打一電話給台灣李紀祥，他老家便是鹽城。告訴他我正在鹽城呢，他大驚，相與大笑。

我到揚州及鹽城，是應黃俶成之邀來參加鹽文化研討會的。鹽城東台一帶，古係鹽場，故以鹽為名。出的鹽，送到揚州轉運，所以鹽田、鹽場、鹽工在此地，鹽商在揚州。明清時，鹽之稅利，幾同田賦，故此一帶皆殷饒，如今就差了。江蘇省，富在蘇南，蘇北近始急起直追，東台又為蘇北縣級市中最佳者，但已不業鹽而改為養蠶了。蠶絲出產，本以浙江嘉興等地為盛，今則俱衰，而以東台居冠，時移世異，有如是者。

早起去黃逸峰故居看鹽文化展覽，除圖片外，沒什麼東西。圖片中有以揚州汪氏小苑的廳堂為景，而用電腦配上「新安會館」的字樣蒙混。繼而去王艮墓，王東崖墓在其旁。另建一屋，題東淘精舍，然非舊制矣。王艮乃陽明門下傑出者，鹽民出身，往訪陽明，具古衣冠，執笏立中門求見，乃豪傑之士也。但與會者多不知其人其事，一老者問我：「那艮上面少了一點吧？」令我不知如何回答。現在東台市政府把王艮當鹽文化之一部分來推重，我亦以為小視了泰州學派。王艮固然是鹽民出身，但泰州王學與鹽文化有何關係？

下午去瓊港看漁民採捕，又去東海森林公園，園乃古鹽場鹹鹵之地，現在卻已全用來種樹了。萬木參天，廣達三十平方公里，在林中左穿右斜，歷時甚久始出。我因感冒，疑是禽流感，故一路昏睡，只覺顛得厲害，如騎烈馬。另一輛車上一位老者就慘了，他帶一拐杖，杖子跳起來把他頭臉都打破了，血流如注。

十一月一日早上仍開會，我略說了鹽文化發展之道。大意謂鹽在古代為重要民生物資，今已不然，鹽業在整體農工產業中重要性已降低（古代鹽業占中國銷售收入和稅收比重百分之六十至八十，現在鹽業收入不到百分之一，利稅也只有百分之〇・一），且飲食習慣改變，保鮮之方法也極進步，所以用鹽日少。目前食用鹽不到百分之廿五，故一方面應開發化工鹽、養殖、鹽生物工程、生活用鹽等等；一方面應放棄歷來專賣管制之辦法，進行鹽業體制改革；三則須改進技術，提高生產。目前大陸每年仍須仰賴大量進口鹽，而外國鹽既好又便宜（海鹽出廠價就要每噸三百五十至四百元，市場價那更不止，外國進口鹽卻只要三百廿八元左右，純度又更高）。但不論如何，鹽業從現實上看，確實是沒落且無競爭力的，能發展的，只有鹽文化。

發展鹽文化，又不比茶文化，茶與人們之生活情趣有關，鹽則除用以調味之外，現在的研究僅限於鹽政之政治面、鹽稅之經濟面、鹽商之社會面，與一般老百姓關係甚少。且茶可常飲，鹽不可多吃。若想發展鹽文化，就須著重於鹽之生活面。目前食用鹽之比重本已降低，生活用鹽之用量漸增，在生活上，浴鹽、軟化鹽之推廣，鹽生化產品之開發，才能讓人體會到鹽與日常生活之關係。

茶文化又因與文人、藝術、禪結合，故有精神性之內涵，鹽則沒有。故茶多歌詠，鹽少論述，歷來鹽文化研究，偏於生產面（鹽場及製鹽、採鹵、曬煮等工序）、管銷面（鹽政、鹽制、鹽運等）而缺乏民眾用鹽、食鹽史之討論，更不重它與文學藝術之關係，現在要談人物、事蹟，只能談些鹽官、鹽商，否則就東拉西扯，幾乎只要吃過鹽的人，都被撏扯進來，產鹽區的史事也都可算入。如此空泛，正因缺乏具體之精神內涵，故只好東拉西扯而說之。

下午返揚州，祁龍威先生壽辰，揚州大學諸君為之祝嘏。我如寥天一鶴，翩然蒞止，祁先生也很高興。飲了酒，揣了一包鹽，即告辭，搭火車返北京啦！

鹽的城池

在童話的國度裡，有糖果堆成的小屋與城堡，有蜜汁流淌的河川。在現實的世界中，不容易找著這樣的處所。勉強說，大約只有鹽吧。

用鹽可以堆成塔。揚州瘦西湖裡的白塔，形狀模仿著北京北海的白塔，據說就是當年鹽商在一夜之間用鹽堆成，來蒙混乾隆皇帝的，欺負乾隆是個大近視。待他走後，再修了個真的，立在湖畔。這樣的傳奇，聽起來也像童話故事。

但世上沒有糖城蜜城，卻還真有一地，就喚作鹽城。

這江蘇鹽城，還出過不少人物，前「行政院長」郝柏村便是此地人氏，旅台鄉親不少。晚明泰州學派宗匠王艮，也是鹽城的鹽民出身。當時振聾發聵，影響深遠。史謂其派中多赤手可搏龍蛇者，蓋豪傑之士也。

不過，現在談王艮，已少人知曉了。我去吊其墓，見某旅行團中一學者指著墓碑上的艮字，說：「那上面少了一點吧！」令我想起大陸科學院何祚麻院士有次去江西演講，主辦方接待大員恭迎他曰：「何榨麻院士，您好！」他說：「我不叫何榨麻，叫何祚麻」，對方正色糾正道：「你念錯了，是何榨麻」，於是他只好一路都叫何榨麻。世情如此，艮良又何辨乎？於是轉去看鹽田。

鹽城的鹽田，主要在東台。其製鹽之法，與台灣布袋、七股、北門、台南諸鹽場不同。台灣是引海水曝曬，此地則須煎煮。故積淤海水之外，須設灶戶，正是所謂的「煮海為鹽」。政府的管理，重點也就不是看住曬鹽場，而是稽管灶戶。雍正六年，江南總督范時繹言：「兩淮灶戶燒鹽，應令商人舉幹練者數人，並設灶長巡役，查核鹽數，輸入商垣，以杜私賣」，所指即此。

煮鹽曬鹽，都是辛苦的活兒，獲利也小，因此鹽區都是窮苦人。鹼鹵之地，也種不成什麼莊稼。但「鹽在場灶，每斤僅值錢一二文」，轉運到安徽後就會漲到銀四兩，運到湖北後更可漲到十五兩，可謂暴利。因此鹽廠鹽工雖窮，鹽商卻是巨富。兩淮的鹽業，鹽城一帶，多的是鹽工；鹽商則都在轉運中心揚州，擁美妓、聽歌吹、吃獅子頭，繁華富盛，甲於天下。

可是這一切，都灰飛煙滅了。揚州的鹽商，現在早已不知去向。鹽城東台的鹽田鹽場呢？我到海邊去尋訪，但見萬木參天，桑林蔽野。原來此地久已不再煮鹽了，鹽田多改來植樹。舊日的鹽城，現在已經變成蠶絲的主要生產地，逐漸取代了浙江老蠶區的地位。昔時海鹽鹵煮之處，現今遍栽桑麻，真個是滄海桑田，令人觀之，悵然有麻姑臨海之歎。

古今盛衰之變，在於鹽的重要性降低了。古人少油水，主要靠鹽調味，不像今人越吃越清淡。加上沒有冰箱，食物要靠醃、醬保鮮，食用鹽之需要遠大於今。政府看準了鹽的民生必需物質地位，自漢以來，就實施專賣制度。商人則囤積居奇，轉運生利，鹽政當然就越來越重要。偏偏中國地方那麼大，並不是許多地方都有鹽，不傍海、不能煮海為鹽之處，只能設法開發湖鹽（例如山西解池，就是關公的老家），或井鹽（例如四川自貢），否則只能以大價錢向產鹽區買鹽。鹽價之得以炒作，即肇因於此一生產關係。供與需，是不對等的。政府與商家控制著供給面，他可以不供給你；可是你需要，不能不吃，那就只好出高價了。

政府或自賣，或特許某些商人賣而抽重稅，商人再把稅轉嫁到消費者身上。於是政府獲取了幾乎等於田賦的稅收，老百姓既交了田賦，又要承擔鹽稅，其苦可知。

暴利及不合理的生產關係，自然就會激發反應，上有政策必下有對策。對策是什麼？就是私賣。錢給政府賺，何不我賺？官鹽如此之貴，何不逕買私鹽？這就是私鹽屢禁不絕的原因了。

古代販私鹽的鹽梟，最著名的就是黃巢。近代鹽場之行幫，如川南榮富鹽場之山匠幫、機車幫、車水幫、山筧幫、燒鹽幫、牛運幫、捆鹽幫等，仍然與秘密社會關係密切，不能說這與私鹽轉販之傳統無其淵源。據《明實錄》載，成化年間，長江中下游這一段，已經是「軍民大戶常造千料遮洋大船，或賣於鹽徒，或自行裝載，率領人眾，擺列軍器，張掛黃旗，密通店主牙行，窩藏發賣，甚至劫掠官兵船隻，殺傷人命」。至清，依然是「淮南北，鹽梟充斥」。此類鹽梟，即平常官方口中說的江洋大盜。

江洋大盜，其實是政府鹽專賣制度逼出來的，若說此輩犯了罪，政府便是共犯。鹽梟在此共犯結構中，鋌而走險，其行為當然未必符合正義，殺人越貨，殆為常事。雖然這其中亦不能說對文化沒有貢獻（例如黃巢殺人八百萬，是因行軍時不備糧草，殺人以為糧，吃剩的就醃起來帶在路上吃。所以唐朝軍隊打敗黃巢兵時，黃巢兵棄輜重而走，唐兵視之，輜重中竟有幾十車鹽屍。這便是現今火腿的起源），但一不義激發了另一不義，並不能以反專制或農民起義來美化它。政府之專賣制度，更是罪惡淵藪。我看到大陸某些研究鹽政、鹽法的朋友，仍在強調官賣、專賣的制度，甚至歌頌官賣制度曾對中國之大一統做出偉大貢獻，看得我幾乎要暈倒了。

實則如今既已無鹽梟、無江洋大盜，鹽之專賣也無必要。原因就是食鹽根本已無關輕重。且不說美國、日本都已取消了鹽的專賣制度，大陸食用鹽的比例也大幅降低，僅占四分之一，餘以工業用鹽為主。因此整個鹽業已走向鹽化工業、水產養殖、生物科技等，培養螺旋藻或製胡蘿蔔素之類，情況就跟現在台鹽公司做化妝品賣一樣。鹽稅更是微不足道，和明清時期政府靠鹽稅支撐財政的情況相比，豈不也令人有滄海桑田之慨嗎？

台灣在日據時代，米糖經濟為其殖民統治之支柱。故光復以後，台糖產業仍遍台灣，幾可說是台灣最大的地主。如今則台糖什麼都賣，大約就是不賣糖了。糖業的興衰，正與兩淮鹽業相仿。不再產鹽的鹽城，正為轉型所苦，台灣的鹽場、糖廠，似亦宜為其轉型略作籌計才好。

禁食不禁食

耶穌之前的傳道人，施洗者約翰，據《馬太福音》說，他「穿著駱駝毛的衣服，腰間繫著皮帶，吃的全是蝗蟲和野蜜」。可見他並不禁食，尤其不禁食葷，連蝗蟲都吃。

耶穌則有時會禁食，例如他被聖靈帶去曠野，受魔鬼試探時，就曾禁食四十晝夜。但施洗者約翰已不甚禁食，耶穌似乎比施洗者約翰更不鼓勵禁食，也不常禁食。因此，「有一次，施洗者約翰的門徒來問耶穌：我們和法利賽人常常禁食，你的門徒卻不禁食，為什麼？」耶穌雖然回答說日子到時他們也禁食，可是這便足以證明耶穌門人並不常禁食，也不以此為號召，故為同時代之修行者所質疑。

耶穌也不特別禁食某些食物。《提摩太前書》批評假教士說：「他們的良心像給熱鐵烙死了。他們禁止嫁娶，他們禁吃某些食物。可是上帝造這些食物，是要給信而明白真理的人在感謝後吃的。上帝所造的一切都是好的，都應該用感謝的心領受，不可拒絕。

因為上帝的話和人的祈禱，已使這些食物成為聖潔了。」

耶穌不僅不鼓勵禁食，且什麼都吃，他似乎還是個喜歡吃的人。他講道時，常喜歡用飲食來作譬喻。例如《馬太福音》中就有喜宴的比喻，把天國喻為國王為兒子預備的喜筵，派人去通知客人云：「我的筵席都擺好了，公牛和肥畜都宰了，一切具備，請你們來赴宴吧。」耶穌又批評偽善的教師，只懂得向上帝獻祭薄荷、茴香，而不遵教訓；盲目的嚮導，則猶如只從飲料中濾出蚊子，卻吃掉了駱駝。在耶穌最後的晚餐時，他更把餅分給門徒說：「你們拿來吃，這是我的身體」，端起杯說：「大家都喝吧，這是我的血。」後來他被釘在十字架上，士兵們戲弄他，拿摻了苦膽（《馬可福音》說是調了沒藥）的酒給他喝，耶穌嘗了嘗，就不肯喝了。當時他已非常渴，《約翰福音》記這一段時，就曾說了一句：耶穌講：「我渴！」可見那苦酒顯然是因不好喝而令他不想喝的。臨終時，有人用一塊海綿浸了酸酒想餵他喝，耶穌則來不及喝就斷氣了（《約翰福音》則說耶穌嘗過後，說：「成了！」才垂下頭斷了氣）。

這些吃公牛、肥畜、駱駝、血、酒的譬況與敘述，均具有重大意義。愛筵、聖餐、聖體，遂成為後世基督教之重要儀式。而這麼多的飲食譬況和敘述，也可以說明耶穌原即是位喜歡吃的人，其教法並不禁食。

在耶穌的說教中，當然有一部分我們可以發現是屬於古代的傳統。例如古埃及信仰「奧西里斯」與「依西斯」。這兩個詞，本指公牛與母牛，又指星宿，代表光明、生殖。黑暗之神毒蛇賽特卻謀殺了奧西里斯，把屍身分成十四塊。依西斯尋得屍體，對之噓氣，奧西里斯乃復活，成為宗教史上第一個復活的神人（Deus-homo）。然後復仇，上天，做了永生之主，掌握眾亡人之生命。埃及最重要的典籍《亡靈書》即為奧西里斯之神學。依這個觀念，其信徒進行祭祀時，祭司會用麥和水製成屍體模型，讓信眾分食。意味食了神之血肉，乃可獲得神靈的生命力，與神合一。這個禮儀，傳入中東，各民族取予運用者甚多。認為基督教講耶穌復活，分食聖體、聖血之禮儀，即淵源於此（**詳見池鳳桐《基督信仰探源》，一九八九，天主教主徒會恒毅月刊社，第四章第四節第二項之（二），頁一五九四至一五九八**）。

但這些教法與禮儀，已與猶太教有了很大的分歧。猶太教也視血為生命力，可是卻因此而禁止飲食動物的血，不吃帶血的食物。《肋：十七》說：「以色列家，及僑居在他們之間的外地人，有人吃了什麼血，我必怒目而視，與吃這血的人作對，由人間將他剷除。因為肉軀的生命是在血，我為你們指定了血，在祭壇上可為你們贖罪。因為血具有生命，故能贖罪。為此，我吩咐以色列的子民說：你們都不可吃血。……誰若獵了可食的野獸或飛禽，該放盡牠的血，用泥土蓋上。因為一切肉軀的生命都係於血。」

（**基督教早期布教時，被羅馬人指責它以神秘儀式飲食人血，基督徒也攻擊猶太人有**

吃人的習慣。詳見威廉・阿倫斯《人食人的傳說》（一九九三，上海文藝出版社，孫雲利譯）。」

耶穌顯然在此頗與猶太教不同。猶太教禁食自死物及鬥毆而死的動物，耶穌也不信守這類禁忌。

耶穌這種態度，想必是令他在當時傳教蹇困的原因之一。最終被時人釘死於十字架，足以顯示他之教法頗逆時俗。

古閃米特人、巴比倫人、亞述人、猶太人，都有禁食某些食物的風俗，特別是豬。希臘學者希羅多德寫的《歷史》一書，便提到古埃及人認為豬不潔，若在路上遇到豬，一定要穿衣服跳進河裡去洗一洗。一個放豬人，也絕對娶不到老婆，除非去同是放豬人裡找〔馬文・哈溷斯（Marvin Harris）《好吃：食物與文化之謎》第四章《討厭的豬》，提到有些研究者認為埃及北部信仰塞特神（Seth）的食豬肉者，被南部信奉奧西里斯神（Osiris）的不食豬肉者征服了，才形成了這種現象（二〇〇一，山東畫報出版社，葉舒憲、盧曉輝譯）〕。《舊約》也表示了同樣的態度，謂豬不潔，肉不可吃。猶太教徒即奉此戒。《舊約》第三部分《利未記》就說：

「在地上一切走獸中可吃的是：凡蹄分兩半、倒嚼的走獸，都可以吃。……豬蹄雖分半，卻不反芻，就於你們不潔淨。……肉，你們不可吃；死了，你們不可摸。都於你們不潔淨。」

猶太教除了豬以外，還禁食貓、馬、犬科動物、齧齒類動物和爬蟲，也禁食駱駝、兔子、獾。《舊約‧利未記》對鳥也有許多禁食，不准吃鷹、貓頭鷹、獵鷹、禿鷹、雕、兀鷹、烏鴉、鴕鳥、海鷗、鸛、蒼鷺、塘鵝、鸕鷀、蝙蝠等。

耶穌顯然反對此種風俗與戒律，認為什麼都可以吃，只要通過祈禱和感恩，任何食物都可潔淨。後世基督徒常喝葡萄酒，不再忌諱吃豬肉豬排，吃飯前習慣先祈禱「感謝主」，均源於耶穌此一教示。

但當時這種教法頗違時俗，故恐怕常遭批評。《路加福音》載耶穌向群眾抱怨：「施洗者約翰來了，不吃不喝，你們說：『他有鬼附身！』人子來了，他也吃也喝，你們卻說：『他是酒肉之徒。』」可見他不甚禁食之舉，已令人疑其非修道者之所應為。不避忌豬肉等傳統所認為的不潔之物，雖無文獻可資考證，但想來應同樣會受到指摘。

猶太教與基督教，信仰著同一位上帝，但數千年來，兩教涇渭殊流，難以合會。當然這是因教義分歧，猶太教不信耶穌使然。但兩教在許多生活禮儀上也一直有著難以調和的差異，由上舉事例中，不難略窺一二。

從這個例子中，我們也可發現：宗教的分立，誠然本於教義，可是不同的教義就會發展出了不同的禮儀、禁忌與生活方式。宗教傳佈四方，別人或許還不見得能真正瞭解各教教義的差異何在，但各教不同的禮儀、禁忌與生活方式，卻立刻就能讓人體會到那是不同的宗教，足以辨異、區分。

亦正因為如此，故不同宗教接觸時，首先也就在不同的禮儀、禁忌、生活方式上起衝突。佛教傳進我國後，那些異於中國人的教義與觀念，如因果、因緣、業、輪迴、空、地獄、淨土等，並未引起太大的爭議，倒是出家、剃髮、袒臂、趺坐、過午不食等，在魏晉時期出現了「禮儀」之爭，便是這個緣故。

研究中國佛教史的學者，往往會注意佛入中土後引起的「沙門不敬王者論」、「夷夏論」、「老子化胡說」等較涉及觀念、意識形態的爭論，也較重視「格義」時期溝通中印觀念的努力，卻把禮儀之爭視為粗跡，漫然視之。殊不知，宗教接觸時，教義非能驟曉，奧旨難以遽辨，民氓眾庶，也無能力無興趣去辨析那些。信徒之所以為信徒，非宗教研究學者，即在於他們必須在行為上體現出那個宗教所奉持的禮儀與生活方式。因此，禮儀之爭，對宗教人士來說，乃是更為切要的爭論，直接關係著他們要過一種「什麼樣的宗教生活」（**另參石毛直道《食事の文明論》，二〇〇〇，日本中央公論新社，第四章《食事と宗教》**）。

飲食，為人生活日用之事，不可或缺；宗教戒律，又直接對治著人類的飲食、男女欲望。故此問題也最直接、最核心。

我國早期儒家亦如基督教一般不禁食，且習慣殺牲為祭，又祭必血食，還必須以酒奉神，以示虔敬。戰國時期，漸有修道人不食人間煙火，「吸風飲露」（《莊子．逍遙遊》）之說法，禁食，遂成為某些修道人的傳統。太平道崛起以後，反對禁食，但主張禁酒。佛教傳入中國以後，早期亦並不禁食，梁武帝頒佈《斷酒肉文》以降，禁酒肉始漸成漢傳佛教之特色。藏傳則仍維持食肉之習慣，但其俗不吃魚。日本佛教情況又不相同，或飲酒食肉。由佛教衍生的一些民間宗教，如我國的一貫道、齋教、摩尼教等，則有時禁酒肉比佛教更為積極。

因此，禁不禁食、禁哪些，直接關係著各教的生活方式與倫理態度。禁食者可能會批評不禁食者非真正的修道人，無法斷除飲食的欲求。可是真要斷，又談何容易？人非飛仙，大抵無能吸風飲露、「歸來煮白石」，或辟穀以去饑。大抵還是得吃。故大部分禁食者也都只能斷幾天，或斷某幾種食物；只在某些時候不吃，只揀某幾種東西不吃。

可是，為什麼吃這個而不吃那個？旁的教，自然會有不同的看法。自己這個教，則為了說明吃某物而不吃另一物的正當性，則當然也須有一套說辭，以自我辯護。同時也會攻擊其他教的做法，謂其不善。

西方在希臘時期，畢達哥拉斯創立的教派，已曾鼓勵不婚、禁食。不吃肉、不飲酒，只吃蔬菜、喝清水，尊重一切有生命之物，絕不殺生。但在植物中，又規定絕不准吃豆子（原因不詳。亞里斯多德認為可能是因豆子象徵男性的睪丸。某些基督教神學研究者認為是豆類腐爛時，氣味像男人精液，發芽時又像女人生殖器）。到耶穌傳教時期，修道人禁食則似乎已是非常普遍之事。耶穌之不禁食，正是在這種環境中才會飽受批評。

從宗教形態上分，基督教是「不禁食的宗教」，猶太教是「禁食的宗教」，佛教也是。禁飲酒、食肉，以「不殺生」為重要倫理要求。一般漢地佛教徒，可能不甚瞭解三法印、四聖諦、十二因緣、性空、唯識之教理及教史，也未必曾深入經藏，但只要能夠持戒茹素，他便自認為是一名佛教徒了。一旦某人自稱為佛教徒，甚或身為出家眾，而竟開葷殺生，則必然遭到倫理上的批評。猶如耶穌被群眾批評說他是「酒肉之徒」，非真正的清修持戒之士。

殺生不殺生

中國古代本來並沒有殺不殺生的困惑，雜食維生，基本上什麼都吃。肉更是美食，因為物質條件困難，平時未必吃得上。

故即使是齋戒時，也並不禁酒肉，如《周禮・天官・膳夫》說：「王日一舉，鼎十有二。……王齋日三舉，大喪則不舉。」舉，注解說：「殺牲盛饌曰舉，以朝食也。」云天子早餐時十二道菜，齋時三倍，殺牲盛饌更為隆重。只有大喪才不殺牲吃。《禮記・喪大記》云：「期終喪不食肉、不飲酒」，即是此義。但喪服期間若有病，須補充營養，依然可以食肉，所以《檀弓》說：「喪有疾，食肉飲酒。」

據此可知古代齋戒非但不吃素，反而殺牲更多。依趙翼《廿二史札記》所考，齋戒素食，始於王莽。《漢書・王莽傳》：「每逢水旱，莽輒素食。太后詔曰：今秋幸熟，公宜以時食肉。」趙翼謂：「肉與素食對言，漢時已如此。齋戒之忌酒肉，其即起於漢時歟？」

至唐，才受佛教影響，以正、五、九為三長月，武德年間下詔禁屠，一般也以此為齋戒月。白居易《閏九月詩》：「自從九月持齋戒，不醉重陽十五年。」是此後皆以茹素為齋戒也。

從漢傳佛教觀點看，殺生是不義的。

儒家則不像佛教那樣屬於禁欲的宗教，不說不殺，最多只說不必殺時可不殺。《禮記‧王制》載：「諸侯無故不殺牛，大夫無故不殺羊，士無故不殺犬豕，庶人無故不食珍，庶羞不逾牲」，即教人不以口腹之欲而妄殺之意。漢傳伊斯蘭教也是這個觀點，明末清初馬注（一六四〇至一七二〇）《清真指南》便明確地指出儒回間的淵源，云：「妄殺之條，經律切禁。如非為父母、師長、節日、婚喪、醫治、賓客之用，凡以資口腹之肥甘，莫不節儉。或一割兩命，絕其乳哺，實所以傷好生之仁。……若夫販殺為業，無非下愚。……儒門養親以肉食，其於賓客婚喪、養老贍疾之用，與吾教大相表裡。」（卷四，「戒持」）

反對吃素的肉食者或雜食者則通常會說：「天輪日月、大地山河，盡人衣食之倉庫；水陸飛行之物、花果草木之精，皆人身體之滋養。」天生萬物，本來就是給人吃給人用的。吃草木蟲魚，並沒什麼不同，也沒有義不義的問題。

此說所體現的，即是一種人文主義（humanism）或人格主義（personalism）的倫理態度。此種主張，認為人的利益才是道德上應該考慮的，我們對動物的義務，只是對人類的間接義務。

人文主義或人格主義的倫理觀，主張者甚多，康得即為其中之一。其他如基督教的人文主義者也會說：人以外的被造物並不具有價值，因為倫理道德的來源和根據，完全在人；只有具道德意識的人類主體（**the moral human subject**）才是倫理的依歸。非人格者，如動物、植物、空氣、岩石等，都不具道德身分、價值、地位，除非它們與人具有消長關係。任何對待動植物或無機物的方式，在道德上均無對錯可說。判斷其是否為道德的依據，在於這些行為對人有無好處。反之，胚胎、新生兒、白癡，卻都是道德上關心的對象，因為他們是人而非物。

邇來許多論者批評此說太過以人為自我中心，去利用自然或剝削自然，形成了對生態之破壞。但許多生態論者，也以此為立論點去支持保護生態的運動，認為人類未來的利益與生態保護有關：沒有海洋森林，人類生活就會受影響；沒有蒼鷹老虎，人的心智也會遭到損失。可見人文主義或人格主義的倫理觀也不見得就會對生態造成破壞。

值得留意之處，反倒是此說削弱了有神論倫理的立場。依基督教神學，上帝才是道德上關心的對象，所有的道德問題，只在於我們是否遵守上帝的命令，行它所喜愛的事，愛它所愛的對象，盡力去榮耀上帝，盡心盡意去愛主。人文主義者，在宰牲問題上，淡化了這個態度，根本未提上帝在宰牲一事上的關鍵地位。

人文主義或人格主義的倫理觀，當然並不被佛教徒所認可，倫理學上一些其他流派也反對其說。例如與素食主義較有關係的生物感覺論，即主張道德關係的對象須延伸到所有包括意識上有感覺能力的動物上去。動物被殺時多半會顯示恐懼、發出哀鳴，君子聞其聲不忍食其肉，故吾人應免除其不安，尊重其感覺，憐恤其生命。

此說不僅要講「民胞物與」，且力倡「萬物與我為一」，意量似乎較人格主義高遠。但是：

（1）動物之感覺，究竟到何程度，難以明言。

（2）不同的動物，感覺能力有高有低，對待時是否須分等級？若分等級，與禁食某些動物、可食某些動物之說，並無實質差異。

（3）動物固然有生命感覺，植物可能也有，含羞草、豬籠草之反應不見得低於某些動物。倘或一體尊重，則成為「生命主義」倫理，尊重一切生命。可是，假若如此，就連吃素也傷害了生命，人只好餓死，或去辟穀求仙。若只尊重動物之生命感覺而不尊重植物，又非心之所安。

（4）動物具有痛苦等心理徵象，固然不難證實，但是否具有尊嚴感或心理意識，則難以確定。若無心理意識或尊嚴感，何能作為道德上關心的對象？

（5）從信仰角度說，基督教雖然認為萬物皆由上帝所造，但其他受造物與人有本質上的不同，唯人具有上帝之肖像。故動物雖某些感覺似人，仍與人截然不同。生物感覺主義的倫理，卻將人動物化，也將動物人化了。佛教雖不主張神造萬物，人具上帝之肖像，但六道輪迴，畢竟人道依然高於禽獸畜生道。道德上關心的對象等級是否必須延伸到人類或人格之外的動物，仍是可以有爭論的。

可見生物感覺論並不真能駁倒人格或人文主義倫理的殺牲論者。但若主張素食可強身、有益健康，則又與殺牲者同一立場，一樣回歸了人文主義的倫理觀。

反對素食者的論點中，還有個不易反駁的地方，那就是他們的自然觀。人生來就是雜食葷素的。從神學上說，若該吃素，吃素才道德，神造人時就不會讓人雜食葷素。撇開神學不說，葷素兼食也是順乎自然的，素食反都是刻意為之。

順乎自然的倫理態度，在生態學上又可分成兩派。一稱為自然律的倫理，提醒人們注意自然界中既存的秩序及造物主創造的目的，希望人不要操縱自然、干預自然，應順從自然的狀態。自然狀態是什麼呢？如人吃動植物、羊吃草、虎豹捕獵，不能說羊的道德就高於人與虎豹；或要求改造老虎，令老虎吃齋。這種道德要求，反而因它違反了自然，截鶴脛而續鴨頸，必將造成更大的災難，其本身才是不道德的。

另一派稱為整體性倫理（holistic ethics）。認為整個自然界是個整體，它有自然的平衡狀態，以保持該生態體系（ecosystemic）之穩定與和諧。人不能破壞它，強揚某而抑某，截鶴脛而續鴨頸。行為是否為道德，則依對此體系造成之影響而斷。因此，虎狼捕獵、撕裂牛羊時，看起來是殘忍的；但從整個生態體系來說，動植物天敵的存在，乃是食物鏈不可或缺的因素。物正以其殺殺，方能成就大自然之生生不息。

本此觀點，他們認為素食者或部分佛教徒的放生禁殺只是小慈悲或假慈悲，以人為的方式破壞了自然整體的平衡關係。

中國佛教本來因襲於印度，並不強調吃素。梁武帝以後，才漸漸強化了這個態度，至晚明而達高潮。

當時佛教，影響民間最大的，乃是淨土思想。淨土本以稱名念佛為主要修行方式，但當時幾位大師力倡禁殺放生，遂使禁殺放生成為佛教徒主要的行為表現及修行方法。這其中，以蓮池大師云棲袾宏（一五三二至一六一二）最為重要。

袾宏被尊為蓮宗八祖，他宏闡淨土，是毫無疑問的。但因立志挽振禪林頹風，他特別強調戒律。文集《雲棲法匯》第一篇就是《戒疏發隱》。其所說戒，一、不敬師友戒；二、飲酒戒；三、食肉戒。謂：

食肉斷大慈心。大士懷慈為本，一切悉斷。聲聞漸教，初開三種淨肉等，後亦皆斷。……一切眾生肉不得食。夫食肉者，斷大慈悲。佛性種子，一切眾生見而捨去。……驚其殺心而遠離也。……不淨氣分所生長故，眾生聞氣，悉生恐怖。……以慈心故，行放生業。……殺生者，非獨殺己父母，亦復殺己自身。所以者何？以眾生同稟四大為身，殺他即是殺己故。……生生當行放救，此放生即是常住不易之法（卷四）。

這是原則性戒殺。但可以有例外，《戒疏事義》細分為九種情況：「一、不為己殺；二、不見殺；三、不聞殺；四、不疑為己殺；五、自死；六、鳥殘；七、生幹；八、不期遇；九、前已殺」，這九種是可以吃肉的狀況。另明訂十種肉不能吃：「人、蛇、象、馬、驢、狗、獅子、狐、豬、獼猴，十不可食。」

除了理論上強調戒殺放生之外，他又設計了放生儀式。《放生儀》自云：「依四明禮法師舊文，稍為參酌，使簡便易行。」影響至為深遠。及今佛教舉行放生儀式，大體仍依其法。此外，他專為放生寫了一篇《放生文》。又在《竹窗隨筆》中不斷闡述「祀神不殺牲」、「戒殺」之義，云：「天地生物以供人食，如種種穀、種種果、種種蔬菜、種種水陸珍味……可謂千足萬足，何苦復將同有血氣、同有知覺、覺痛、覺癢、覺生、覺死之物而殺食之，豈理也哉？尋常說『只要心好不在齋素』，嗟呼！戮其身而啖其肉，天下之言凶心、慘心、毒心、噁心孰甚焉？好心當在何處？」（《戒殺》）「世人皆知殺人為罪矣，而於牛羊犬豕等，日就庖廚，則恬然不知怪，寓思薄乎云爾。……噫！據含靈皆有佛性，則蟻與人一也，何厚薄之足云？……凡有命者不得故殺。」（《殺罪》）《竹窗隨筆》中又有〈齋月戒殺〉、〈戒殺延壽〉、〈醫戒殺生〉等文，反覆宣揚。其餘各處，不勝枚舉。

以袾宏之位望，其說在當時影響之大，不言可喻。晚明修淨業者，除念佛之外，實以放生戒殺為主要修持法門。袾宏之戒殺論，也是當時佛教戒殺論的代表。當然，這些論點，許多並非他之創見，而是集漢傳佛教戒殺理論之大成。

可是，這些論點，也並不能說已完美無瑕，因為：假如「一切眾生肉不得食」是個原則，就無所謂「十不可食」、「九不殺」。訂出九種情況不視為殺生、十種肉不得食，毫無必要，反而自陷於矛盾。

其次，若「天地生物以供人食」，為何僅植物可食而動物就不可食？以此為說，豈不自亂陣腳？

第三，殺人之罪與殺螻蟻、殺牛羊，罪真的一樣嗎？均為殺、均有殺，但因所殺之對象不同，故罪有厚薄。袾宏大師欲以「含靈皆有佛性」打破世人厚薄之見，可謂文不對題。

何況，「含靈皆有佛性」，乃是一切有情均有佛性之說。可是，此說在佛教內部即可能會有爭論，天台宗荊溪湛然即主張「無情有性」，華嚴宗也有「草木國土悉有佛性」之說。若牛羊犬豕等動物是因有佛性故不得殺，植物也不見得就無佛性。袾宏以此立論，說理未必圓融。

第五，袾宏又說：「今牛羊等，因昔造殺，報在畜生。彼旃陀羅即前所殺，轉為能殺。因緣會遇，始暢本懷。定業使然，無能救者。俟其業盡，然後報息；雖天中天、聖中聖，亦末如之何也矣」《竹窗隨筆‧如來不救殺業》。以業報說解釋牛羊犬豕鵝鴨魚鱉為何被殺，以及人為何會殺生。立說亦不可謂不善巧。但他沒有料到這本來是要講如來不救殺業，犯殺者會墮入禽獸道被殺，冤冤相報，不斷流轉。可是事實上已替殺生者找到了一個解釋：今生殺牛羊等物，乃是牠前生造業，故今生來給我殺；我不殺之，也不可得。必俟其業盡，而後報息。這豈不是反而替殺生者開脫了嗎？

正因袾宏所代表的佛教戒殺理論並不周密，反對者才大有反唇之餘地。對於袾宏所提倡的放生儀式，他們也覺得不滿，主張「不捉亦不放」。認為放生可能反而促使人們去抓、可能破壞生態。正是呼應了自然倫理的生態學主張。

聖俗穢淨

結構主義宗師李維史陀（Lévi-Strauss）《神話學》第一部即論「生食」與「熟食」。認為生與熟這種二元對立關係，可以用來解釋人際社會關係，例如我們通常會把別人跟我的關係分成熟人與生人。熟人，不僅是認識，同時也代表親近、無害、對我友好有益、情感覺念較為接近等等含意。生人，則是異類，須帶點提防、有些敵意在。因此，生熟就區分出了「我們」與「別人」。

可惜李維史陀在討論生與熟時，未想到禁食與不禁食的問題。禁不禁食也同樣足以區分、辨別出不同的群體來。一道吃素的人是一群，同去吃肉的人是另一群；禁食的猶太教是一群，不禁食的基督教是另一群……

為什麼這一群人不吃肉而另一群人卻非吃肉不可呢？李維史陀也只從現象上分析了生與熟這樣的二元對立結構，卻未說明致其如此之理由。對於宗教人士來說，則認為此乃道德問題。

可是食物研究的物質學派，以為此非道德問題，而是地理物產決定的。沙漠、草原、冰川、高原地區，農業不發達，食物便不可能以蔬菜為主。莫說蒙古、新疆、西藏、青海如此，台灣山地各族原住民也少種植蔬菜來吃，其食物只以捕獵、畜牧、漁撈為主。非其有殺心也，其勢如是也，其農藝之技不發達亦使之然也。

熱帶林地，群居性昆蟲類多；叢林或大陸，大型脊椎動物種多；平原則穀物家畜多。該地居民之飲食習慣即與其地物相配合，以最適採集者為主要食物。此稱為「最適採集理論」。依此派學者看，漢地佛教之所以可以茹素、持殺戒，即因有吃素之條件，且江南地區居民本來也就不習慣以牛羊肉等為主食。故同屬佛教徒，西藏、蒙古便無法不吃肉。同理，形成於中東地區的猶太教不吃豬肉，也與其地理、物產狀況有關（**因為豬原本就非草原沙漠上的動物，是農業地帶的牲畜**）。

再者，在畜牧業不發達時期，捕獵之食物數量不足以供應全部人口食用，便只有少數人，例如神、巫、貴族、老者等可以吃到肉，故古稱官員為「肉食者」，老人則「七十者可以衣帛食肉」，一般人平時可是吃不上肉的，唯有祭神時才能分食祭肉。此時自然僅能以蔬穀為主食，以食肉為美事。這也是生產條件使然。反之，像現代社會，人們平時不難吃到大魚大肉，蔬谷反而成了「生機飲食」、「健康食品」。以致吃素有時比吃葷更耗錢。也是生產條件使然。

這個現象，也會形成農業民族跟畜牧民族的衝突。牧畜民族以肉為主食，農耕民族以穀蔬為主食。飲食習性，緣於其地物產之異。故在朝鮮半島，新羅法興王十六年（**西元五二九年**）受佛教影響，百濟禁止殺生，狩獵及漁具均遭焚燒；僧人圓光法師則提倡世俗人亦須守殺生戒，每月八、十四、十五、二三、二九、三十等六齋日，春秋動物繁殖期，均禁殺。但高麗末，遊牧人口增加，牛馬增殖繁多，肉食思想便再度復興。豬牛肉漸成為朝鮮人主要餐食；韓國烤肉迄今仍為韓國菜之主要標誌，蔬菜只醃泡作為副食。同理，藏傳佛教與漢傳佛教飲食上的差異，某種程度上亦可視為畜牧文明與農耕文明的衝突（**另詳見大塚滋《食の文化史》，二〇〇一，中央公論新社。該書討論了菜食民族、魚與日本人、野菜與歐美人、米食史、牛乳文明、醬油文化等，並解釋了肉食跟殘酷與否的問題**）。

然而，「最適採食理論」恐怕也無法完善解釋禁食之問題。各民族採食最適採食之物，固然是一般現象，但在一民族內部仍可能有某些不同階層間吃食之差異，不同歷史時期禁食之對象也會有所不同。在一個地區中雖盛產某物，而某些人就是不肯吃它的情況更是屢見不鮮。如西藏並非不產魚，但藏人就硬是不吃；印度並非不產牛，但印度教徒偏不吃牛。因此，禁食的問題，不是文化唯物主義的方式就能理解的。這其中涉及飲食者的主體意識，是觀念上的問題。

就像中國人宰牲時常會取用其血。古代盟會，必須歃血；現今飲食，也常用豬血、雞血、鴨血。歃血，是因對血有神聖性崇拜之觀念。吃雞鴨等血，則是認為吃血可補血。而猶太教禁食血，同樣也是秉於以血為生命力之觀念。我國道教，早期則同樣不血食、不見血穢。佛教也有血之崇拜，但只有密教才有血供之類術法。如《文殊師利耶曼德迦咒法》教人於黑月十四日取屍陀林木燃火，取赤芥子和血及毒藥等，咒燒成灰，將灰撒在人身上，人即陽痿，婦女也不能與丈夫行房。顯教無此類術法，但像《梵網經》卷下云：「剝皮為紙，刺血為墨，以髓為水，折骨為筆，書寫佛戒」，或《大智度論》卷十六云：「若實愛法，當以汝皮為紙，以身骨為筆，以血書之」，這種以血書經的做法，仍與血的信仰有關。

各民族各宗教，基於其觀念，會對某些動植物作出「可食／不可食」的規定，印度教不吃牛，藏傳佛教不吃魚，真正的原因在此。

而此一情況也遍佈在各個宗教中。像日本各神社，雖同是神社，以其奉祀之性質不同，其與所禁食肉品之關係即不一樣，如下表：

史料名	神社名	年代	內容	出典
八幡宮社制	八幡社	鎌倉末~室町初（十四世紀初－十四世紀末）	鹿・豬一〇〇日合火三十日、猿九十日 狸・兔・鳥十一日、魚三日	續群書類從三下
稻荷社家物忌令之事	稻荷社	同上	鹿七十五日、豬卅三日 鹿——乾肉七十日・生肉三十日	同上
拾芥抄	春日社	康永三年（一三四四）	合火食間七日・食後三日 同座食間五十日 鹿・豬五十日合火三十日又合火廿一日 四足獸七日、羚五日	故實叢書
御靈社服忌令	御靈社	寬永十年（一四〇三）	鳥三日、魚——	大日本史料七・六
新羅社服忌令	新羅社	寬永卅二年（一四二五）	四足獸卅三日、大鳥七日、小鳥三日	續群書類從三下
伊勢大神宮參詣精進條	大神宮	永享十二年（一四四〇）	鹿・豬一〇〇日合火十一日	同上
日光山物忌令	日光權現	嘉吉二年（一四四二）	鹿廿一日、豬・兔・鳥七日	同上
大神宮	大神宮	寬仁二年（一四六八）	鹿一〇〇日合火廿一日又合火七日	同上
神祇道服忌令秘抄	吉田神道	長享二年（一四八八）	鹿・豬・猿・狐・黑犬七十日 合火五十日又合火三十日同室五日 兔・狸・狼・羚五日	同上
永正記	大神宮	永正十年（五一三）	鹿一〇〇日合火廿一日又合火七日	群書類從廿九

某些東西在某些時日不准吃，是因為那些日子是神聖之日。故有禁忌，以祓除不潔不祥。因此，這可食與不可食之分判，乃是基於各民族各宗教聖俗觀念而規定出來的。

宗教徒會把人分成奉教的清淨士和未奉教的俗人，食物也相應地分成清淨物和不潔物。俗人吃這些不潔、污穢之食，奉教清淨之人則吃清淨的東西。此稱為「神聖飲食觀」。

以中國的情況來看，一般人什麼都吃，雞鴨魚肉、菜蔬果肴。可是秦漢間修道人已覺其俗。修道人的吃法不同，他們只吃神聖食物。其間又分兩系，一是「服食」系統，要吃人間吃不到的龍肝鳳膽、瓊漿玉液、白玉金砂、靈丹秘藥；二是「服氣」系統，不吃，餐風飲露，吐納呼吸，漸至辟穀斷食。須持此飲食法者，才自覺能與常人俗人區分開來，否則即與尋常俗人無異矣。耶穌不禁食，被當時人疑其非修道人所應為，也即是這個道理。

佛教早期即有禁飲酒、禁葷辛的神聖飲食觀。葷辛指香氣濃馥辛烈之草，如蔥蒜之類。對肉類則無特別規定，並不禁止。傳入中土後，特別是頒佈《斷酒肉文》的梁武帝原本是位道教徒，道教的服食觀念及尊生貴生的主張，可能因此被帶進了佛教，遂擴大了禁葷之範圍，把「腥」也包括到葷中。甚至逐漸禁腥甚於禁葷。後世佛教徒凡說禁葷，其實講的都是禁腥戒殺。認為俗人吃魚肉，佛教徒則須以不吃葷為修行。只不過，佛教不吃的範圍僅限於肉類，不像道教服氣者，連穀米也不吃。

換言之，各教基於「聖／俗」之區分，大抵均會以飲食態度作為分別聖徒與俗人的重要方法。認為聖徒所食，應與世俗人不同。而如何才能不同呢？世俗之食乃不淨食，唯聖徒所食方為清淨食，戒不淨者而食淨者，聖徒與俗人就可以不同了。

這裡又可分成「從所食物上戒不淨」及「從食的方法上戒不淨」兩路。從食物上戒不淨，是把食物分成淨者與不淨者，不吃不淨者，只吃清淨食。如佛教說凡肉均不淨，皆不可食（佛教中，唯「三淨肉」可以通融，因為它已是「淨肉」），即屬此類。從吃的方法上戒不淨，則如基督教徒在吃東西時感謝主恩後，「因為上帝的話和人的祈禱，已使這些食物成為聖潔了」。可見，各教都有聖俗觀，都主張神聖飲食法，都以飲食來區分聖徒與俗人，都從食物或飲食之手段上去戒不淨。只不過，區分之架構與原理雖然相同，其聖與俗之認定標準卻極為不同，故彼此敵視、分歧、難以通融。服食的，批評服氣的迂；服氣的，批評服食的誕。吃肉的，訕笑吃草的；吃草的，指責吃肉的。吃牛羊的，說吃豬的髒；以「豕」為「家」的，說吃牛羊的膻。一方說你什麼都吃，偏不吃牛，甚為可笑；一方說你竟連豕犬如此噁心污穢之物都吃，實在可怕……凡此等等，吵個不休。大家都認為對方飲食不如法、墮俗不淨、不能入道。

這該如何是好？

我是主張尊重差異，而不必強求其同的。茹素戒殺者，以止殺為修行，以慈悲為守戒。宰牲事主者，以奉主順命為齋戒；其殺牲，亦其戒行也。我以不殺為戒行，彼以殺牲為道德，兩者迥異，但都是在持戒，都是在追求德行的超越，都是在期待往入淨域。不能說你那樣不對，非得放棄你的世界觀、修行觀及對上帝的信仰，改依我的方式不可。

因為相信此道更能達成德行之超越，比彼道更有益於世，正是相信的問題。信仰固然可以說出種種理由，其實也可以說沒什麼道理，因為那是價值的選擇。各宗教開列各種法門，提供各種人生價值的依歸，各自傳教，由人自擇其信者而信之，擇其心安者而行之。只要不以邪術惑世，不以暴力脅人入教，自應尊重其教義與教法，各安其異、各行其是可也。

但若已擇信了某教，就必須守那個教的戒，不能藉口其他宗教之理由來為自己的破戒不守戒做塗飾。因為信仰既是自己的價值抉擇，守戒之道德意義，其實就是對自己承諾的尊重與信守。

在廿一世紀之初，我希望推廣這種觀念，以為宗教交流、交往、交談之助。

儒家的飲饌政治學

一、儒家所說的王道王制

據班固說，儒者出於司徒之官。司徒做些什麼呢？依《禮記・王制》所載，乃是修六禮，明七教、齊八政、一道德、養耆老、恤孤獨等事。六禮，謂冠、昏、喪、祭、鄉、相見。七教，指父子、兄弟、夫婦、君臣、長幼、朋友、賓客。八政，是飲食、衣服、事為、異別、度、量、數、制。

在這些工作中，八政以飲食居首。在其他禮教中，飲食也占了極重要的地位。例如鄉，又稱鄉飲酒禮。婚、喪、冠、祭諸禮中也少不了要飲宴食饗一番。至於養耆老、恤孤獨，依《王制》說，主要亦都從飲食上考量：「凡養老，有虞氏以燕禮，夏後氏以饗禮，殷人以食禮，周人修而兼用之。」「五十異，六十宿肉，七十貳膳，八十常珍，九十飲食不離寢，膳飲從於遊可也。」「庶人耆老不徒食。」且這些老者都養於庠序學校中，故學校既為一教育單位，也是供飲膳的機構。這是養老方面的情況。恤孤獨，則《王制》云：孤、獨、矜、寡「此四者，天民之窮而無告者也，皆有常餼。瘖、聾、跛、辟、斷者、侏儒、百工，各以其器食之」。大抵這也就是《禮運》所說：「矜寡孤獨廢疾者，皆有所養」的意思。

因此，司徒之事業，簡單地說，就是修明飲食之禮以養民。「禮之初，始諸飲食」（《禮運篇》），其後各種禮也以飲食為其主要內容。所謂政治，八政以飲食為首，亦表明了儒家以禮樂養民的真相。

果然，儒者論「采詩」制度，謂王者觀看各國的詩歌，就知道該國政治好不好，「若政善，詩辭亦善；政惡，則詩辭亦惡。觀其詩則知君政善惡。故《天保》詩云：『民之質矣，日用飲食』，是其政和。若其政惡，則《十月之交》：『徹我牆屋，田卒汙萊』是也」（《王制》賈公彥疏）①。老百姓能安心吃飯，即代表了政治清明。可見飲食既為政治事務之內容，也是一項主要指標。此理在孟子論王道時最為明顯。他見梁惠王時說：

不違農時，穀不可勝食也。數罟不入汙池，魚鱉不可勝食也。斧斤以時入山林，材木不可勝用也。穀與魚鱉不可勝食，材木不可勝用，是使民養生喪死無憾也。養生喪死無憾，王道之始也。五畝之宅，樹之以桑，五十者可以衣帛矣。雞豚狗彘之畜，無失其時，七十者可以食肉矣。百畝之田，勿奪其食，數口之家，可以無饑矣。謹庠序之教，申之以孝悌之義，頒白者不負戴於道路矣。七十者衣帛食肉，黎民不饑不寒，然而不王者，未之有也。（《梁惠王上》）

這番話，後來在他見齊宣王時又講了一次，《盡心上》稱頌文王善於養老時再講了一遍。孟子辯才無礙，所言甚少重複，僅有這段話例外，可見此確屬其宗旨攸關之語。而其內容，恰好就是《王制篇》所講的養老興學以明教的那一套。

其他論政治之良窳時，孟老夫子也總是從飲食方面立論。例如他批評虐政，就說是：「庖有肥肉，廄有肥馬，民有饑色，野有餓莩。」（《梁惠王上》，又見《滕文公下》）「師行而糧食，饑者弗食，勞者弗息，睊睊胥讒，民乃作慝。方命虐民，飲食若流，流連荒亡，為諸侯憂。」（《梁惠王下》）說老百姓歡迎王者，就云：「簞食壺漿以迎王師（《梁惠王下》）」，「民之憔悴於虐政，未有甚於此時者也。饑者易為食，渴者易為飲。……當今之時，萬乘之國，行仁政，民之悅之，猶解倒懸也。」（《公孫丑上》）這種評論方式，跟賈公彥舉《詩經》論飲食語以觀政治之美惡，完全相同。

二、孟子論飲食口體之養

孟子在許多地方刻意降低或模糊了飲食的重要性，例如《滕文公上》論司徒之職，即把飲食和教育切割開來，說「後稷教民稼穡，樹藝五穀，五穀熟而民人育」，但如此僅僅是「飽食暖衣逸居而無教，則近於禽獸」，所以「契為司徒，教以人倫」。於是在一個「人禽之辨」的架構中，飲食只是禽獸層次的事，彷彿只有人倫關係的講究才是司徒的職分和儒者所應講求的義理。

他論曾子之孝，區分出「養口體」與「養志」之別（《離婁上》）；稱讚禹「惡旨酒而好善言」（《離婁下》）；說「體有大小，養其小者為小人，養其大者為大人。……飲食之人，則人賤之矣，為其養小以失大也」（《告子上》）；又借《詩經‧大雅‧既醉》「既醉以酒，既飽以德」，來發揮：「言飽乎仁義也，所以不願人之膏粱之味也」（《告子上》）。這些見解都建立在人禽之辨上，認為人不能只滿足飲食之需求，更應養其大體、養志、醉飫於仁義。

這個立場，導致他論禮，只強調送死的喪祭之禮，而刻意輕忽養生的冠昏鄉射養老諸禮，曰：「養生者不足以當大事，惟送死可以當大事」（《離婁下》）。對於伊尹以割烹要湯的故事，也要進行一番創造性的轉化詮釋：

萬章問曰：「人有言伊尹以割烹要湯，有諸？」孟子曰：「否，不然。伊尹耕於有莘之野，而樂堯舜之道焉。非其義也，非其道也，祿之以天下弗顧也，係馬千駟弗視也。非其義也，非其道也，一介不以與人，一介不以取諸人。湯使人以幣聘之。囂囂然曰：『我何以湯之聘幣為哉？我豈若處畎畝之中，由是以樂堯舜之道哉？』湯三使往聘之，既而幡然改曰：『與我處畎畝之中，由是以樂堯舜之道，吾豈若使是君為堯舜之君哉？吾豈若使是民為堯舜之民哉？吾豈若吾身親見之哉？天之生此民也，使先知覺後知，使先覺覺後覺也。余天民之先覺者也，余將以斯道覺斯民也，非余覺之而誰耶？』思天下之民，匹夫匹婦有不被堯舜之澤者，若己推而納之溝中。其自任天下之重如此，故就湯而說之，以伐夏救民。……吾聞其以堯舜之道要湯，未聞以割烹也。」（《萬章上》）

這一大段當然是他自己編出來的故事，努力要超越飲食的層次，把伊尹提到堯舜之道這個層面上來表彰。此與其論人性時強調「口之於味也，目之於色也，耳之於聲也，鼻之於臭也，四肢之於安佚也，性也，有命焉，君子不謂性也」相似。飲食等生物本能，人禽所同，只有人所獨具的仁義禮知才被他稱為「性」（《盡心下》）。

但這恰好表現出他極為重視飲食的問題，否則不會處處構思如何在飲食之上或之外另立君子所應遵循的義理。而事實上孟子也是極喜歡以飲食來論事說理的哲人，像他要說明人人都應能接受堯舜之道時，便將美好的義理譬喻為美食：「口之於味，有同嗜也。易牙先得我口之所嗜也。如使口之於味也其性與人殊，若犬馬之不與我同類也，則天下何嗜皆從易牙之味耶？……故曰口之於味，有同嗜焉。……至於心，獨無所同然乎？心之所同然者何也？謂理也、義也，聖人先得我心之所同然耳。故理義之悅我心，猶芻豢之悅我口。」（《告子上》）這時，飲食與義理便不是層次或性質上的分別，而是同類的關係了。

這樣的類比，是孟子最常使用的論述方法，如：「魚，我所欲也。熊掌，亦我所欲也，二者不可得兼，捨魚而取熊掌者也。生亦我所欲也，義亦我所欲也，二者不可得兼，捨生而取義者也。」（《告子上》）「饑者甘食，渴者甘飲，是未得飲食之正也，饑渴害之也。豈惟口腹有饑渴之害？人心亦皆有害。人能無以饑渴之害為心，害則不及人，不為憂矣。」、「食而弗愛，豕交之也。……君子不可以虛拘。」（《盡心上》）等等都是如此。著名的仁義內外說亦是如此。

在孟子與告子辯論時，告子說我們愛自己的兄弟，可是不能愛秦楚等遠方別人的兄弟，可見仁愛發自內心；尊敬老人，是因他們老了，所以敬重他，秦楚遠方的老人亦因其老而遂為吾人所禮敬，此敬長之義，顯然就是外在的了。孟子立刻答道：「嗜秦人之炙無以異於嗜吾炙，夫物則亦有然者也，然則嗜炙亦有外歟？」而這個論辯尚有後續發展：

孟季子問公都子曰：「何以謂義內也？」曰：「行吾敬，故謂之內也。」「鄉人長於伯兄一歲則誰敬？」曰：「敬兄。」「酌則誰先？」曰：「先酌鄉人。」「所敬在此，所長在彼，果在外，非由內也。」公都子不能答，以告孟子，孟子曰：「敬叔父乎？敬弟乎？彼將曰：『敬叔父。』曰：『弟為尸，則誰敬？』彼將曰：『敬弟。』子曰：『惡在其敬叔父也？』彼將曰：『在位故也。』子亦曰：『在位故也。庸敬在兄，斯須之敬在鄉人。』」季子聞之曰：「敬叔父則敬，敬弟則敬，果在外，非由內也。」公都曰：「冬日則飲湯，夏日則飲水，然則飲食亦在外也？」（《告子上》）

義內或義外這個問題，是孟子學的關鍵。可是辯來辯去，總是夾纏不清，孟子這裡擬測了幾種情況答問，有蘇格拉底的風格，但其實也沒講清楚。只是說平時人都敬兄，僅在飲酒時才暫時敬鄉人。以致孟季子逮著話柄說我們敬人是因外在條件而敬，所以對叔父敬，對於祭祀時擔任「尸」的弟弟也敬，可見敬在外而不在內。幸而公都子用一個喝湯喝水的譬喻才解決了問題。人吃喝，是因為心中想吃想喝。至於吃什麼喝什麼，因地因時制宜，冬即飲湯，夏則飲水，足證仁愛敬想均由內心所發。這個譬喻簡明直截，跟孟子自己用烤肉為喻完全相同。飲食，顯然仍是最能說明孟子學精義的經驗②。

此外，更應注意的，是孟子對於士君子修身之道和王者施政之道，其實有個區分。《梁惠王上》說得好：「無恆產而有恒心者，惟士為能，若民則無恆產因無恒心。」一般民眾和士君子並不相同，士君子立身處世，固應養其大體，勿徒為飲食之人，應志於道而弗恥惡衣惡食，但這並不能要求一般民眾。王者施政，卻是面對一般人民之需要的，不可能期待每個人都是君子、都能養志，無恆產而有恒心。故士道雖重人禽之辨；王道卻以禽獸性的生物需求為著眼點。試看孟子論王道，如見梁惠王而說：「使民養生喪死無憾，王道之始也」；見齊宣王而說：「明君制民之產，必使仰足以事父母，俯足以畜妻子，樂歲終身飽，凶年免於死亡」；或主張王者養老，應「制其田里，教之以樹畜。五母雞、二母彘，無失其時」，都卑之無甚高論，只在衣食溫飽方面考慮，與《王制》所說司徒「齊八政」時以飲食衣服為先，完全一樣。不幸後世儒者，長於立身修己，而疏於王道治術，極力發揮孟子人禽之辨，講萬物皆備於我、上下與天地同流，在心性問題上辨析毫芒。可是既不能如孟子般在仁義心性之問題上跟飲食經驗關聯起來說，又不能談飲食等王道教化之事，乃自以為可繼武於聖人，豈不謬哉？

三、飲食與儒家思維傳統

換句話說，僅從心性論的角度去掌握儒學，頗不充分。儒者出於司徒之官，其學重在於禮樂養民，而飲食則是與其禮樂教化整體相關的。循此理解以觀儒家經籍，便可有新的認識。

聞一多先生曾於民國三十年作《周易義證類纂》一種，以社會史之角度，分類錄出《周易》相關文字，並附考辨。計分三大類：經濟事類、社會事類、心靈事類。經濟類包含器用、服飾、車駕、田獵、牧畜、農業、行旅。社會類包括婚姻、家庭、宗族、封建、聘問、爭訟、刑法、征伐、遷邑。心靈類則有妖祥、占候、祭祀、樂舞、道德觀念。體例新穎，迴出古人《易》解之外，足資參考。因為作《易》者是觀象而立卦，但天地之間，物象甚多，可以取象者也甚多，作《易》者為何取此而不取彼，所取又以何種物事為多，都涉及了作《易》時的觀念。故舉其事類，可觀《易》義，聞氏的做法，實有其見地。然椎輪大輅，可以補苴繼武者，固不在少，飲食事類，即其一端。

《易經》中專論飲食之卦甚多，頤卦即為其中之一。卦象艮上震下，是雷出山中，春暖氣和，萬物長養之時，故曰：「頤，貞吉。觀頤，自求口實。彖曰：頤貞吉，養正則吉也。……象曰：山下有雷，頤，君子以慎言語、節飲食。……由頤，厲，吉，大有慶也。」頤，是指人的腮幫子，咀嚼食物時腮幫子就會動。頤卦全從飲食處立論，後世有成語云：「大快朵頤」，出典即在於此。但孔穎達疏說：「朵頤謂朵動之頤以嚼物，喻貪婪以求食也。」「朵是動義，如手之捉物謂之朵也。」可見《易經》並不強調大快朵頤，而是主張自求口實、養之以正，不能為了好吃便不擇手段。

此乃借飲食事而說義理，故取象於頤。類似者尚有鼎卦。鼎，離上巽下，巽是木，木焚後火焰上騰，即炊煮之象。炊煮用鼎，所以《彖傳》說：「鼎，象也，以木巽火，亨飪也。聖人亨以享上帝，而大亨以養聖賢。」卦象中，九三指「鼎耳革」，謂鼎耳脫落了，象徵「雉膏不食」。九四指鼎折足，象徵打翻了菜餚，弄得湯汁滿地。孔疏云：

> 亨飪成新，能成新法。然則鼎之為器，且有二義，一有亨飪之用，二有物象之法。……《雜卦》曰：「革去故」而「鼎取新」，明其亨飪有成新之用，此卦明聖人革命，示物法象，惟新法制，有「鼎」之義。……鼎用之美，亨飪所須，不出二種，一供祭祀，二當賓

客。若祭祀則天神為大，賓客則聖賢為重。……享帝直言「享」，養人則言「大享」者，享帝尚質，特牲而已，故直言「享」。聖賢既多，養須飽飫，故「享」上加「大」字。……

俗言「大亨」「革故鼎新」，都出自這個卦。其義理均由用鼎煮飯吃之中悟出。「大亨以養聖賢」更是後來儒家政治哲學上一個非常重要的觀念（見下文第五節）。

與「鼎」「頤」有關者為噬嗑卦。此卦震下離上，象徵剛硬的牙齒嚼破食物、柔軟的舌頭去含咀滋味，兩相配合，故噬嗑即是咀嚼。《彖》曰：「頤中有物曰噬嗑。噬嗑而亨，剛柔分，動而明，雷電合而章，柔得中而上行。」這個卦剛柔相濟，所以大體是吉利的。固然吃東西不免也會有些狀況，可是基本上仍能無咎。例如「六三，噬臘肉，遇毒，小吝，無咎」是食物中毒。

「九四，噬乾胏，得金矢，利艱貞，吉」是吃肉咬著鐵片，表示雖然有些艱困，終無大礙。「六五，噬幹肉，得黃金，貞厲，無咎」、「六二，噬膚滅鼻，無咎」，與此同意，膚，據《釋文》引馬融注：「柔脆肥美曰膚。」《儀禮・士聘禮》：「膚，鮮魚，鮮臘。」碰到鮮美的食物時，就是拚命吃，吃得把自己鼻子都吃掉了，也不會有什麼問題的。

另外有不少非取象於飲食，而是取義於飲食者，例如豫卦。豫，震上坤下，應是象雷聲震動，萬物破土而出，但《象傳》說：「雷出地奮，豫，先王以作樂崇德，殷薦之上帝，以配祖考。」言聖王見此象，即應法象天地，饗薦祖先及上帝。由飲食論政，甚為明顯。

也論飲食，但與鼎、頤、噬嗑略異者，則有觀卦、中孚卦、損卦等。觀，坤下巽上，這個卦是講觀天文以察時變，觀人文以化成天下的，其卦辭說：「盥而不薦，有孚顒若」，《彖傳》曰：「觀天之神道而四時不忒。聖人以神道設教，而天下服矣。」為什麼《彖傳》要從神道設教來解釋觀卦的卦辭呢？原來，觀的本義即是觀宗廟祭祀。盥，就是「灌」，祭祀時用酒灌地以迎神。薦，指獻牲。孔疏說：「可觀之事，莫過宗廟之祭。盥，其禮盛也。薦者，謂既灌之後陳薦籩豆之事，其禮卑也。今所觀宗廟之祭，但觀其盥禮，不觀在後籩豆之事，故云觀盥而不薦也。」以薦為陳薦籩豆之事。我認為是講錯了，但也仍屬於飲食。

中孚，兌下巽上，澤上有風之象，卦辭說：「中孚，豚魚吉，利涉大川，利貞。」王引之云：「豚魚者，士庶人之禮也。〈士昏禮〉：『特豚合升去蹄，魚十有四』，〈士喪禮〉：『豚合升，魚鮒九，朔月奠用特豚魚臘』，〈楚語〉：『士有豚犬之奠，庶人有魚炙之薦』，〈王制〉：『庶人夏薦麥，秋薦黍。麥以魚，黍以豚』。豚魚乃禮之薄者，然苟有中信之德，則人感其誠，而神降之福，故曰豚魚吉。言豚魚之薦亦吉也。」

損，兌下艮上，卦辭：「有孚，元吉，無咎，可貞。利有攸往，曷之用二簋，可用享。」卦為大澤浸減山土之象，故稱為損。卦辭以祭祀用二盒飯為喻，孔疏云：「『曷之用二簋，可用享』者，明行損之禮，貴夫誠信，不在於豐。既行損以言，何用豐為？二簋至約，可用亨祭矣。」以上這幾個卦，卦本身雖非飲食之事，亦非取象於飲食，但卦辭皆直接用祭禮等各種禮所涉及的飲食問題來說明卦義。

需卦也值得注意。需卦，需，乾下坎上，是需要的意思。這個卦雖不像「頤」、「鼎」兩卦全從飲食上立論，但許多部分與飲食有關，至少《象傳》認為它主要仍是在講飲食，故象曰：「雲上於天，需，君子以飲食宴樂。」這是有道理的，因為人的需要固然不僅只是飲食，然而飲食畢竟是人的基本需求。卦辭九五：「需於酒食，貞吉」，象曰：「酒食貞吉，以中正也」，即指此言。人若能中正而行，自然能獲得酒食；而有酒有肉吃，當然是大吉大利的。

這個卦還有一個有趣的地方：上六說：「有不速之客三人來，敬之，終吉。」象曰：「雖不當位，未大失也。」正飲食宴樂時，客人不請自來，即請他們一道吃。雖不盡合於禮，卻也沒什麼大錯。此亦需義，可見人不能不考慮到別人或許也有不時之需，在自己有得吃時，應隨機供給別人吃，而且要「敬之」，不是施捨式的「嗟！來食」。

以上這些都是整個卦跟飲食有關的，以下則為局部與飲食相關者。整個卦與飲食有關，可見於卦辭、見於卦象；局部相關，則可見諸爻辭：

△泰卦九三，爻辭說：「無平不陂，無往不復，艱貞。無咎。勿恤其孚，於食有福。」

△大有卦九三，爻辭說：「公用亨於天子，小人弗克。」

△剝卦上九，爻辭云：「碩果不食，君子得輿，小人剝廬。」

△坎卦六四，爻辭：「樽酒簋貳。用缶，納約自牖，終無咎。」象曰：「樽酒簋貳，剛柔際也。」

△明夷卦初九爻辭：「明夷於飛，垂其翼。君子於行，三日不食。有攸往，主人有言。」象曰：「君子於行，義不食也。」

△姤卦九二爻辭：「包有魚，無咎，不利賓。」象曰：「包有魚，義不及賓也。」九四爻辭：「包無魚，起凶。」象曰：「無魚之凶，遠民也。」

△困卦九二爻辭：「困於酒食，朱紱方來。利用享祀。征，凶，無咎。」象曰：「困於酒食，中有慶也。」

△井卦初六爻辭：「井泥不食，舊井無禽。」

△漸卦六二爻辭：「鴻漸於磐，飲食衎衎，吉。」象曰：「飲食衎衎，不素飽也。」

△未濟卦上九爻辭：「有孚於飲酒，無咎，濡其首。有孚，失是。」象曰：「飲酒濡首，亦不知其節也。」……

通觀這些爻辭，可見作易者在人生諸經驗中，格外重視飲食，有吃有喝，代表有福氣；若包無魚，則為凶。但飲食不宜過度，故飲酒濡首，喝到腦袋都淹到酒缸裡去便不好了。而且不義之食也不該吃。

此外，大畜，卦辭說：「大畜，利貞，不家食，吉，利涉大川」，聞一多《璞堂雜識》認為：「不家食，蓋謂耕而食於田野，詩所謂『饁彼南畝』也。」孔疏則說：「已有大畜之資，當須養膽賢人，不使賢人在家自食，如此乃吉也。」推溯易象，仍以孔疏為是。因為《象傳》已說：「不家食，吉。養賢也」，《象傳》也說：「天在山中，大畜」，足見所畜者廣，非農耕於野所能涵蓋，且至少在彖、象兩傳寫成時，此卦即已被如此理解了。

《易經》論飲食事，其實尚不止於此，但排比事類，其義自顯，故亦不煩一一縷述。《易》本以道陰陽，亦即以男女之事為其基本象徵結構，故上經始於乾坤，下經始於咸卦，咸即為男女感悅，娶女大吉之象。然除男女之外，飲食亦為其基本象徵結構，不可不察。要從這個脈絡來觀察，我們也才能理解到孟子那種以飲食來說義理乃至論政事王道的方式，其實是淵源有自的。

《易經》的論說風格與取象方法，早已成為儒者思維的傳統與習慣了。

四、禮樂教化皆主於飲食

從經典上看，儒者除了像《易經》這樣，透過飲食活動來理解人生的存在處境與意義之外，更有直接論及飲食養民的部分。儒家禮樂，於此可謂殷殷致意。

以《周禮》來說，其中即設有膳夫、庖人、內饔、外饔、亨人、臘人、酒正、酒人、漿人、醢人、醯人、鹽人等，均屬於天官。在春官中也有司尊彝、司几筵的官。設官如此之多，足見對其事甚為重視。且天官乃總攝各部門之官，與司徒掌教化、司寇掌法律、司馬掌兵備那種專司某一方面之官不同，膳夫、庖人等列入其中，地位實在非常重要，與後世各級政府機關的廚師僕役，地位亦大不相同。故《周禮》開頭第一句話就說：「惟王建國，辨方正位，體國經野，設官分職，以為民極。乃立天官冢宰，使帥其屬而掌邦治，以佐王均邦國。」不但如此，鄭玄注說：「膳之言善也，今時美物曰珍膳。」可見膳即是美，飲饌宜美或庖人曰膳夫，俱為美稱，他們在天官中所占分量也極大，人數比例也高（宮正與宮伯總共才九十一人，膳夫卻有一百三十二人。若再加上庖人七十人、內饔外饔各一百二十八人、亨人二十七人等等，比例相當可觀），以至於整個天官冢宰都可以用烹飪來比擬。蓋宰相自古即被視為「調和鼎鼐」的人物，《周禮》賈公彥疏也說：「宰者，調和膳羞之名。」宰相，用今天的話來說，就是大廚師。宰，即庖宰之宰。《周禮》乃王者體國經野、設官分職以治邦國之書，它對烹夫膳人如此重視，且將治國理政類擬於烹飪飲饌，充分體現了「禮之初，始諸飲食」（《禮記‧禮運》）的思考特點。

由此特點，可見對飲食的重視，特別是它在政治學、倫理學上的重要性，儒家恐怕要超越西方的政治學傳統甚多。以《周禮》論膳夫、庖人、亨人、鱉人、臘人、酒正、酒人、漿人等的情形，來對照亞里斯多德《政治學》，我們便不難發現其間的差異。亞里斯多德論及政府內部之行政機構與職司者，主要在其第四卷第十五章，及卷六第八章。尤其在後面這個部分，談各政體內「行政諸職司的安排、數目、性質以及在各種政體中諸職司各自應有的作用」，性質恰好與《周官》類似。可是，在亞里斯多德的觀念中，必不可缺的職司，只是市場監理、城市監護、林區監護、司庫、誠信註冊司、典獄、城防與軍事司、財務糾察審計司、祭司、婦女監護、兒童監護、體育訓導、議事司等。其設官分職之原理固然與《周禮》大相徑庭，細部職司分列中也沒有任何一位涉及飲膳事務的官員。

這種不同，並不來自彼此所論政體不同，因為亞里斯多德所設想的，乃是各種政體中必不可少的職官。可是若依編《周禮》的人來看，飲食，不正是任何社會中人都不可少的嗎？民以食為天，設官分職時怎能不予考慮，或不適當地予以反映呢？

以亞里斯多德所設的「祭司」來看，他只談到：「專管奉事神明的業務，需要祭司和廟董。廟董負有維護和修葺壇廟並管理有關祭祀事項的一切公產。……除了祭司之外，還有典祀、壇廟守護和祠產經紀」云云。若編《周禮》者見此，一定會問：「那麼，請問先生用什來典祀呢？祭祀活動中最重要的，不是獻奉飲食以致敬於鬼神嗎？既然如此，為何典祀之官中無職司飲食以奉祭者？」《周禮》內饔負責宗廟祭祠的割烹煎和，外饔負責外祭祀，即為此而設。

又，不僅鬼神要吃，須要定期獻奉飲食以致敬之，人也同樣需要。所以邦國定期要舉行養老、恤孤、饗眾之禮。外饔之官，就是負責辦理此事者。亞里斯多德只想到一堆管理、督察、監護、懲罰的官，而完全不考慮「邦饗孤子耆老」之類事務，依儒家看來，或許要認為這樣的政治學太刻薄寡恩了吧。

不錯，西方的政治學，重點在於統治，故重在管理、監督、懲罰。政治學理論中最主要的部分，則是討論國家（政府）基於何種權力而有權統治，是何種形態之統治，人民為何同意被統治，與統治者之權利義務關係又為何等等。儒家論政，所重卻在於「養」。

孟子謂文王善養老，又云王道在於使民養生喪死而無憾，著眼都在「養」這個字。

《周禮》天官冢宰下設疾醫「以五味、五穀、五藥養其病」，設瘍醫「以五氣養之，以五藥療之，以五味節之」，又謂：「凡藥以酸養骨，以辛養筋，以鹹養脈，以苦養氣，以甘養肉，以滑養竅。」地官大司徒則說大司徒「以保息六養萬民：一曰慈幼，二曰養老，三曰振窮，四曰恤貧，五曰寬疾，六曰安富」，亦均以養為主。

由於論政重養，所以跟飲食會有直接的關聯，口體之養畢竟是所有養的基礎。至於禮，因為也以養民為宗旨，所以亦以飲食為重，《周禮‧春官‧大宗伯》云：「以飲食之禮，親宗族兄弟……以饗燕之禮，親四方之賓客。以脤膰之禮，親兄弟之國。」推而廣之，每一種禮都以飲食為主，故賈公彥疏說：「案《禮運》云『飲食、男女，人之大欲存焉』，此嘉禮有飲食、男女之等，皆是人心所善者，故設禮節。」

具體說明各種體制儀節及其與飲食之關係的，是在《儀禮》之中；彰明其義旨者，則《禮記》各篇隨處多有。《經解》曰：「郊社之義，所以仁鬼神也。嘗禘之禮，所以仁昭穆也。饋奠之禮，所以仁死喪也。射鄉之禮，所以仁鄉黨也。食饗之禮，所以仁賓客也」，這些禮，都以飲食為名。鄉飲酒、食饗、饋奠、薦嘗，都是吃。把這套吃的學問弄懂了，政治就搞好了，故子曰：「明乎郊社之義、嘗禘之禮，治國其如指諸掌而已乎！」又曰：「慎聽之，吾語汝：禮，猶有九焉，大饗有四焉，苟知此矣，雖在畎畝之中，事之聖人已！」還有：

・醴酒在室，醍酒在堂，澄酒在下，示民不淫也。尸飲三，眾賓飲一，示民有上下也。因其酒肉，聚其宗族，以教民睦也。（《坊記》）

・禮之初，始諸飲食。……以養生送死，以事鬼神上帝。……故玄酒在室，醴醆在戶，粢醍在堂，澄酒在下。陳其犧牲，備其鼎俎，列其琴瑟管磬鐘鼓，修其祝嘏，以降上神與其先祖，以正君臣，以篤父子，以睦兄弟，以齊上下，夫婦有所，是謂承天之祜。作其祝號，玄酒以祭，薦其血毛、腥其俎、熟其殽，與其越席，疏布以冪，衣其浣帛，醴醆以獻，薦其燔炙，君與夫人交獻，以嘉魂魄，是謂合莫。然後退而合亨，體其犬豕牛羊，實其簠簋籩豆鉶羹，祝以孝告，嘏以慈告，是謂大祥。此禮之大成也。（《禮運》）

像這樣的言論，抄下去還多得是，所以也不必再引錄了。總之，儒家認為禮始於飲食，亦大成於飲食，殆無疑義。

五、由飲食觀看儒道政論

儒家的禮論，基本上是繼承來的，經典上的飲食養民說，並非儒家的發明。因此我們讀《詩經・小雅》，到處都是「我有旨酒，嘉賓式燕以遨」、「我有旨酒，以燕樂嘉賓之心」（〈鹿鳴〉），「君子有酒，旨且多」（〈魚麗〉），「君子有酒，嘉賓式燕綏之」（〈南有嘉魚〉），「厭厭夜飲，不醉無歸」（〈湛露〉），「無非無儀，唯酒食是議」（〈斯干〉），「彼有旨酒，又有嘉肴」（〈正月〉），「或湛樂飲酒」（〈北山〉），「獻酬交錯，禮儀卒度」、「既醉既飽，小大稽首」（〈楚茨〉）這樣的描述③。人民吃飽喝足了，君王與官員也都能飲酒作樂，代表政治清明；否則便是衰世。這樣的想法，儒家承襲於經典，其他人讀經典，自然也學得到，因此，老子論政治，便說：「治大國若烹小鮮」，又說：

- 聖人之治，虛其心，實其腹。（三章）
- 聖人為腹不為目。（十二章）
- 眾人熙熙，若享太牢，若登春台……我獨異於人，而貴食母。（二十章）
- 樂與餌，過客止，道之出口，淡乎其無味。（三十五章）

・甘其食，美其服，安其居，樂其俗。（八十章）

這裡，顯然典守周朝之禮的老子也同樣採用了以飲食論政的方法。無奈後世注老者於此缺乏理解，於是老子說聖人之治應使人民虛其心實其腹，注者便大發宏論曰：「實腹二字，譬如神清氣足，理備道全，聖人腹中，包藏天地，涵養萬物。」（宋常星《道德經講義》）「常納氣聚下腹丹田，溫暖真氣，可化陰濁之氣，能通關逆運通竅，轉法輪。」（靜宜子《太上道德聖妙尊經》）「腹者能納物者也。能納物，則貴難得之貨矣，貴難得之貨，則民為盜矣。」（王安石《老子注》）凡此等等，詮釋老子均不中窾。可見後世解老者也犯了與儒家後學類似的毛病，對於古人由飲食談道論政之傳統十分陌生。

不過，也不乏能洞達其義趣者，如杜光庭《道德真經廣聖義》卷二八載：「樂，音樂也。餌，飲食也。言人家有音樂飲食，則行過之客皆為之留止。如帝王執道以致太平，亦為萬物歸往矣。」「此舉喻也，言人君執大象而天下之人歸往，亦如人家有音樂飲食則行過之客皆為留止。」此對老子義諦便頗能掌握，且透顯了飲食政論中所蘊含的「徠民觀」。

所謂徠民觀，即是孔子所說「遠人不服，則修文德以來之」的意思。與《易經》「大亨以養聖賢」同意：一個國家如果政治清明，天下人都會歸往該處。孔子所表達的，就是這麼個想法。孟子反覆說王者若推行仁政則民眾將「如水之就下」般地歸往之，也是此意。而人民之所以願意歸往，最重要的判斷指標，是孟子所說的：使民眾養生喪死無憾，亦即老子此處所云：「樂與餌，過客止。」

西方政治學中較少見此種徠民觀，較常見的乃是「屬民觀」。致力於界定何種人屬於國家或政權，何種人有在此政權內享受權力之權，人民與其歸屬政權之權利義務關係等等。中國的政治學，則不這樣談問題，故《詩經・大雅・公劉》讚美公劉始遷於豳，因為能讓大家飲食飽美，所以大家就都歸附他：「篤公劉，於京斯依。蹌蹌濟濟，俾筵俾幾。既登乃依，乃造其曹。執豕於牢，酌之用匏。食之飲之，君之宗之。」歌頌飲食徠民，而不強調其體制法度及權利義務之分配與行使問題，中西政治觀之差異，極為明顯。

由這裡看，儒道兩家是相同的。但此處自古以來即有爭議，同樣在杜光庭所引的文獻中，即有人主張：「樂以聲聚，餌以味聚，過客少留，非長久也，是以蘧廬不可以久處，仁義覯之而多責。故人君體道清靜，淡然無味，始除察察之政，終化淳淳之人。」、「餌以美口，食畢而眾離。雖留止於一時，故難期於永久。唯無為理國，則眾歸而不可離。」並不認為以飲食徠民是最好的辦法。這個觀點，在《莊子》外篇中的《胠篋》便已出現了，它援用《老子》第十章之說而發揮之，說：

昔者容成氏、大庭氏、伯皇氏、中央氏、栗陸氏、驪畜氏、軒轅氏、赫胥氏、尊盧氏、祝融氏、伏戲氏、神農氏，當是時也，民結繩而用之，甘其食，美其服，樂其俗，安其居，鄰國相望，雞狗之音相聞，民至老死而不相往來。若此之時，則至治矣。今遂致使民延頸舉踵曰某所有賢者，贏糧而趣之，則內棄其親而外去其主之事，足跡接乎諸侯之境，車軌結乎千里之外，則是上好知之過也。④

莊子或其後學之所以如此說，是因為他們有另一套飲食觀，相對於儒家而說。故儒者強調知味，重視飲食甘美，莊子便發揮老子「道之出口，淡乎其無味」之義，說：「古之真人，其食不甘。」（《大宗師》）孟子推崇易牙善於烹調，莊子則舉了齊國另一位善於庖膳的俞兒說：「五味雖通如俞兒，非吾所謂臧也。」（《駢拇》）孔子食不厭精，膾不厭細，割不正不食，莊子則說列子悟道之後，「歸，三年不出，為其妻爨，食豕如食人」（《應帝王》），不但跟儒家遠庖廚的態度相反，親自下廚替老婆煮飯，且根本不講究美食，吃得跟豬吃的一樣。足證儒家是美食者，莊子則不然。所以《齊物論》先是質疑美食之美有無普遍性：「民食芻豢，麋鹿食薦，蝍蛆甘帶，鴟鴉耆鼠，四者孰知正味？」然後又在《胠篋》主張不必追求美味，只要自甘其食，自安其俗即可。

這樣的態度，亦可通貫於莊子其他的主張。例如不講究美食，與其推崇隱士是相符的。隱者如許由，說：「庖人雖不治庖，屍祝不越樽俎而代之」（《逍遙遊》），則是自安其味之外，尚要自安其位，此則不可能「以割烹要湯」。再者，儒者雖也說飲食須有節制，不可縱欲，所以孔子對哀公問，謂君王須「食不貳味」（《禮記・哀公問》），又在許多典禮的變革中凸顯「太羹玄酒」的地位。太羹玄酒皆淡乎無味，以此為至美之味，正顯示儒者也有「味尚質質」的想法。但是，老莊畢竟對味更有戒心，故老子云五味令人口爽，秉國者不應提倡，莊子也說：「五味濁口，使口厲爽」，為生之害。循此而發展來的政治觀，自然也就是主張不養之養。《莊子・在宥》載黃帝往見廣成子：

曰：「我聞吾子達於至道，敢問至道之精。吾欲取天地之精，以佐五穀，以養民人；吾又欲官陰陽，以遂群生，為之奈何？」廣成子曰：「而所欲問者，物之質也。而所欲官者，物之殘也。自而治天下，雲氣不待族而雨，草木不待黃而落，日月之光，益以荒矣。」

黃帝主張飲食以養民，廣成子反對，提出不養之養之道，後文更借雲將與鴻蒙的對談，云此乃「心養」。心養者，羅勉道《莊子循本》謂乃「以無為為養」之意，故鴻蒙曰：「心養，汝徒處無為而物自化」。儒道兩家政治觀的差異，由此對比來看，也是極為明顯的。

同理，莊子主張人民自甘其食，美其俗，老死不相往來，亦與儒家「以酒食合歡」的態度迥異。用詩來說，儒家論政之大旨，在於「飲之食之，教之誨之，命彼後車，謂之載之」（《小雅・綿蠻》），所謂保民而王。道家則近於鼓腹而遊，唱著「帝力於我何有哉」的擊壤歌。

六、邁向生活儒學的重建

後世論政，以儒者之說為主流。除儒者本身傳習其學之外，其他各家也不乏雷同其說者。例如《中庸》說：「人莫不飲食也，鮮能知味也，子曰：道其不行矣夫」，謂人不知味故罕能知道，諸子承聲繼響，頗不乏人，《呂氏春秋・本味篇》最具代表性：

湯得伊尹，祓之於廟，熏以萑葦，爝以爟火，釁以犧猳。明日，設朝而見之，說湯以至味。湯曰：「可對而為乎？」對曰：「君之國小，不足以具之，為天子然後可具。夫三群之蟲，水居者腥，肉獲者臊，草食者羶。臭惡猶美，皆有所以。凡味之本，水最為始。五味三材，九沸九變，火為之紀。時疾時徐，滅腥、去臊、除羶，必以其勝，無失其理。調和之事，必以甘酸苦辛鹹，先後多少，其齊甚微，皆有自起。鼎中之變，精妙微纖，口弗能言，志不能喻，若射御之微，陰陽之化，四時之數。故久而不弊，熟而不爛，甘而不噥，酸而不酷，鹹而不減，辛而不烈，澹而不薄，肥而不腴。肉之美者，猩猩之唇，獾獾之炙，雋觾之翠，述蕩之腕，旄象之約，流沙之西，丹山之南，有鳳之丸，沃民所食。魚之美者，洞庭之　，東海之鮞，醴水之魚，名曰朱鱉，六足、有珠、百碧。雚水之魚，名曰鰩，其狀若鯉而有翼，常從西海夜飛，游於東海。菜之美者，崑崙之蘋，壽木之華；指姑之東，中容之國，有赤木、玄木之葉焉；餘瞀之南，南極之崖，有菜，其名曰嘉樹，其色若碧。陽華之芸，雲夢之芹，具區之菁，浸淵之草，名曰土英。和之美者，陽朴之薑，招搖之桂，越駱之菌，鱣鮪之醢，大夏之鹽，宰揭之露，其色如玉，長澤之卵。飯之美者，玄山之禾，不周之粟，陽山之穄，南海之秬。水之美者，三危之露，崑崙之井，沮江之丘，名曰搖水，曰山之水，高泉之山，其上有湧泉焉，冀州之原。果之美者，沙棠之實，常山之北，投淵之上，有百果焉，群帝所食；箕山之東，青鳥之所，有甘櫨焉，江浦之橘，雲夢之柚，漢上石耳。所以致之，馬之美者，青龍之匹，遺風之乘。非先為天子，不可得而具。天子不可強為，必先知道。道者，止彼在己，己成而天子成，天子成則至味具。故審近所以知遠也，成己所以成人也。聖人之道要矣，豈越越多業哉！」

據《呂氏春秋》說伊尹是由庖人撫養長大的，所以他論政即以烹調為喻，重在水火調劑以及火候手法，並謂唯天子能得天下之至味。看得出是由「伊尹以割烹要湯」的傳說發展來的。以飲食喻政論道，且以美食甘味為宗旨，態度實近於儒而遠於道。《漢書・藝文志》列《伊尹九篇》於道家，其書已佚，不知其內容為何，假若本篇即是《伊尹九篇》之一，或與該書所敘的內容相近，則其書雖論道，主張「知道」，卻實際上是講「知味」的，態度未必與老莊相同。

也就是說，通過儒道的對比與中西的對比，我們可以明確地看出以儒家為主的政治哲學，具有濃厚的飲食思維。所謂禮教或王道，基本上乃是甘飲美食以養民。這樣一套政治哲學，不是西方政治學的範疇及概念所能理解或掌握的。也非僅從道德實踐、心性修養方面論儒學者所能知。

儒家所說的禮樂教化，當然有其精義，不只在飲食生活這個層次或部分。但所謂「形而上者謂之道，形而下者謂之器」，儒者之學，本來是上下一貫的，故孔子論仁，輒在視聽言動合不合禮之處說。荀子常說禮本於「太一」，而見於飲食衣冠應對進退之間，也是這個意思。但後世儒家越來越強調「形而上謂之道」的部分，盡在道、仁、心、性上考詮辨析，忽略了視聽言動食衣住行等「形而下謂之器」的部分。又誤讀孟子「大體」、「小體」、「從其小體為小人」之說，以耳目形色為小體，以心性為大體，不斷強調人應立其大體，更以注重形色小體者為小人。於是儒學遂越來越成為一種高談心性道理，而在生活上無從表現的學問。

其實孟子教人勿僅順從遷就小體，就如孔子說：「士志於道，而恥惡衣惡食者，不足與議也。」是說只懂得衣食享受的人，不能入道。但不是說要入道便得敝衣粗食，更不是說志於道者便不能講究衣食，否則孔子自己怎麼能「食不厭精，膾不厭細」呢？道器一體，大體小體也是合一的，人有其形色，亦有其天性，盡性即是踐形，所以視聽言動合於禮便是仁。「由此言之，則大體固行乎小體之中，而小體不足以為大體之累。特從小體者失其大而成乎小，則所從小而有害於大耳」（**王船山《讀四書大全說》卷十《盡心上》之廿**）。

踐形，指人在形色上體現實踐出心性修養。因此，養心之效亦即征見於其形體上，養心與養形乃是同一件事。後世儒者偏於論心談性，重在養其大體，刺刺不休，卻於踐形之說頗多忽略，更鄙視小體之養。無怪乎王船山要借著批評佛家來指桑罵槐了。船山之說云：

> 若教人養其大者，便不養其小者，正是佛氏真贓實據。雙峰於此分別破明，其功偉矣。
> 佛氏說甘食是填饑瘡，悅色是蒸砂作飯，只要敗壞這軀命。乃不知此固天性之形色而有則

之物，亦何害於心耶？唯小體不能為大體之害，故養大者不必棄小者。若小體便害大體，則是才有人身，便不能為聖賢矣。所以釋氏說此身為業海，不淨合成，分段生死，到極處只是褊躁忿戾，要滅卻始甘休，則甚矣其劣而狂也。（《讀四書大全說》，卷十《告子上》之廿四）

後世儒者不敢談飲饌之道，不敢欣賞「巧笑倩兮，美目盼兮」；空說禮義，而於生活又無法安頓；志於道，據於德，依於仁，卻不能游於藝；通經博古，考釋古禮，老而弗倦，乃不能在生活上體現禮樂之美。僵化枯槁的生命，反而使其所謂的禮教，也令人覺得索索無生氣，只是一堆空形式、老規矩；甚至於使人擔心其目的就是要限制「飲食、男女，人之大欲」，而不是要養人之欲。更沒有人相信此類禮教也能養人之小體。船山謂此類人「只是褊躁忿戾……其劣而狂也」，確實不錯。明清以來，社會上許多反禮教、反道學的氣氛與言論，均係由此激生出來的。

因此，現今應將「生命的儒學」，轉向「生活的儒學」，擴大儒學的實踐性，由道德實踐而及於生活實踐、社會實踐。除了講德行美之外，還要講生活美、社會人文風俗美。修六禮，齊八政，養耆老而恤孤獨，恢復古儒家治平之學，讓儒學從社會生活中全面活起來，而非僅一二人慎獨於荒齋老屋之間，自盡其心、自知其性而自謂能上達於天也。

而此儒家政教傳統，既與西方政治學在基本關懷、問題意識及方法上全部不同，自不能一概相量。儒家政治哲學重在政，而不在治。「政治」一詞本來就不是傳統的語詞，古多只說政，政者，正也，講的是君子風化教養百姓，以使其安居樂俗的學問。並非探討統治者如何統治人民，人民又為何願接受其統治，統治之形態（**政體**）如何，彼此權利義務如何等問題的學說。邇來當代新儒家致力於開發傳統儒學的政治哲思，但私見所及，總覺得仍不免套著西方政治學的框框或概念在說話，或賣力地想鉤合附益之，未能真正理解儒家政治哲學的特殊格局與價值。我以為這是很可惜的事，故述儒者飲饌政論之大凡，以供採擇。或許可以提供儒學研究者及政治學者一個新的思考角度。

注釋

①采詩采風，是對「風俗美」的一種討論，我另有《風俗美的探討》一文探討。

②牟宗三《圓善論》中對孟子這些引飲食為喻之處就都不能有切實之理解。其第一章先是說孟子「嗜秦人之炙無以異於嗜吾炙」之喻不恰當：「孟子此例亦只是依一般常情而論，其實嗜炙既是口味問題，亦不必有同嗜，此同嗜之同並無必然性。又，這只是隨同長舉同嗜為例，方便表明同長不必能表示敬長之義是外。」接著又說公都子「冬日則飲湯，夏日則飲水」之回答是：「不倫不類，言至此，可謂一團亂絲，糾纏不清，完全迷失。」這樣的批評，正好顯示了牟先生對儒家

飲食論太過生疏，亦並不曉得孟子論理的習慣。因為孟子說人之口味有同嗜，並非依一般常情或方便立說，而是確實如此相信的。他在討論「理義之悅我心」時，便是以「口之於味，有同嗜焉」為說。故以「口之於味，有同嗜也，易牙先得我口之所嗜者也。……味，天下期於易牙，是天下之口相似也」來論證：「理義之悅我心，猶芻豢之悅我口」（《告子上》）。牟先生固然可以分辨飲食同嗜之同無嚴格之普遍性，心之同則有嚴格的普遍性，但那是牟先生自己的意思，儒家不是這麼認為的。《禮記・學記》：「雖有佳餚，弗食，不知其旨也。雖有至道，弗學，不知其善也。」儒家普遍認為飲食之嗜有普遍性，得道與得食也有同一性。所以孟子才會反覆以同嗜來解釋仁義的問題。

至於牟先生批評公都子「冬日則飲湯，夏日則飲水」為不倫不類，尤顯得突兀。他說公都子此說正如冬日宜於裘、夏日宜於葛，隨時而轉，反而坐實了告子的義外說。實則趙岐注老早說過：「湯水雖異名，其得寒溫者中心也。雖隨敬之所在，亦中心敬之。猶飲食從人所欲，豈可復謂之外耶？」不管喝什麼，皆因我想喝，不是證明了仁義內在嗎？仁義內在之辨，此最簡明直截，自趙岐以下亦皆無異辭。牟先生卻將之誤解為冬日宜裘、夏日宜葛之類，而說它不倫不類。令吾輩後學見此，至感遺憾。

③林明德《詩經的酒文化》一文統計，《詩經》中明顯使用酒意象者，約四十九首，占百分之十六。收入《文學典範的反思》，一九九六，大安出版社。我另有《飲食、男女以通大道》一文，對《詩經》的飲食文化，有些分析。

④此處顯然主張小國寡民，所以反對「以廣招徠」式的徠民觀。但老莊式的小國寡民，與亞里斯多德所說的城邦政治仍是不同的。亞里斯多德是說：「一個城邦的公民，為了要解決權利的糾紛，並按照個人的功能分配行政職司，必須互相熟悉各人的品性。」（《政治學》第七卷・第四章）

飲食、男女以通大道

一、以飲食招魂

《楚辭》中有一篇〈招魂〉，據司馬遷說是屈原自己替自己招魂。因為楚地原始民俗即有招魂儀式，人死了，其家人便要舉行這個儀式，替死者招魂魄。屈原自己預料將死，所以寫了這篇文章替自己招魂。後來王逸《楚辭章句》認為可能並非屈原自招，而是其弟子宋玉招老師之魂。後來研究楚辭的人，為了這篇文章的作者權究竟應該屬於屈原抑或宋玉，爭論不休。而另一篇〈大招〉也同樣碰到這樣的困擾，有人說這是屈原寫的；有人說不然，乃弟子景差等人作；又有人覺得應是秦漢間人所為。

其實招魂儀式，並不僅存在於湘漢楚地，許多地方都有這樣的禮俗，甚至儒家也有。《禮記・檀弓篇》就記載了非常詳細的招魂儀式①。既然招魂為通行之禮俗，那麼我們實在也就可以不必計較哪一篇是誰作的。因為凡是招魂，大抵都差不多，邀魂魄歸來，言死後魂靈飄蕩之苦，訴生人飲食佚樂之歡，屈原作與宋玉作，其實並無太多差異。故重要的，不是「誰在說話」這種作者權的問題，而是「說什麼」。究竟他們以什麼理由去勸魂魄歸來呢？要從這一點，才能看出一些觀念想法來。

〈招魂〉、〈大招〉都一樣，先說魂魄四處遊蕩不好，到處都充滿了危險，還是趕快回家吧②。接著就說家中準備了好酒好菜、美麗的女人，可供你享用，所以「魂兮歸來，返故居些」。死後世界陰冷恐怖，活人的生活則充滿了酒的香氣、肉的味道、女人的笑語，兩相對比，死人能不動心嗎？這當然是活著人的想法，所以他們所描述的人間樂事，其實也就是活著的人所願意過的生活。

這種生活的第一個特點，就是有吃喝之樂。據《招魂》說，這叫做「食多方」，什麼都有得吃：稻米、粢稷、穱麥，雜糅著黃粱煮成的飯。豆豉、鹹鹽、酸醋、椒薑、飴蜜等眾味並呈。肥牛的筋肉，煮得熟爛而且芳香；調酸醋和苦汁，陳列出吳國道地的羹湯。煮的鱉、炙的羊，又有甘蔗的汁漿。酸的鵠、少汁的鵬，還有煎的鴻雁和鶬鶴。露棲的土雞、燉煮的海龜，味道芳烈而且不敗。粔籹、蜜餌，又有乾餭。瑤白色的酒漿、蜜製的甜酒，斟滿了羽觴。壓去酒滓的清酒滲入冰喝，醇酒的滋味是既清涼又舒爽。華彩的酒器都已陳列，還斟上了瓊玉色的酒漿。所以說：回來吧！重回到故鄉！

《大招》描寫吃的場面也不含糊，大約有四大段，一說吃五穀雜糧，二說吃豬狗龜雞及蔬菜，三說吃飛禽，四說飲美酒：

五穀盈倉，還有雕胡米和高粱。鼎鑊中煮得熟爛的食物堆積團團，且都調和得美味芬芳。肥大的鶬鶴、鴿子、黃鵠，還調味著豺肉的羹湯。魂魄啊！回來吧！這麼多的美味任您品嘗。

新鮮的大龜，甜美的土雞，調和著楚地的乳酪。豬肉剁成的醬，帶點苦味的香肉，配上一些切的細碎的苴蓴。吳醋調味的蒿蔞，不會覺得汁多，也不會覺得乏味。魂魄啊！回來吧！任您盡情的選擇。

火炙的麋鴰、蒸熟的野鴨、還有鶉鶉燉煮的羹湯。油煎的鯖魚、麻雀的肉羹，一道道送到您的前面。魂魄啊！回來吧！美味的食物都先讓您擇嘗。

四種精釀的醇酒，全都蒸熟，它絕不會噎澀住你的咽喉。清香的冷飲，會使您喝得不肯甘休。吳國的醴酒、白米的酒麴，再加上楚國的瀝酒。魂魄啊！回來吧！在此處你永無惶懼驚恐之憂。

由這樣的描寫，可知飲食之樂是人活著時最主要的快樂，甚或可以認為是人活著的主要目的：因為有那麼多東西好吃，所以人才捨不得去死；所以死掉以後的魂魄才會為著貪戀這種快感而還魂歸陽。這個觀念，對於理解中國人的生活世界來說，真是太重要了。

可不是嗎？試看《詩經・小雅・鹿鳴之什・天保》說上天保護我們，神明佑庇我們，讓我們過著好日子：「神之吊矣，詒爾多福；民之質矣，日用飲食；群黎百姓，遍為爾德。」老百姓沒什麼別的想法，既不求上天堂，也不想獲得拯救，更不認為有什麼罪孽應該清贖，只希望能好好吃吃飯、喝喝酒，質樸之願既了，就感謝老天爺的恩德了。

換言之，這就是中國人的宗教觀。因此，飲食一事，既為生活世界之主要內容，也通之於鬼神。

二、充口腹之欲

飲食究竟有多重要呢？《詩經・魯頌・有駜》讚美僖公政績之好，只說是：「夙夜在公，在公飲酒」「夙夜在公，在公載燕」「鼓咽咽，醉言舞，于胥樂兮」。夙夜從公，勤勉政事，而所謂「政事」是什麼呢？夙夜在公，無非是夙夜歌舞燕飲而已。

《詩序》以此為君臣有道之詩，足以證明飲食的重要。《小雅・魚藻之什》中另有《瓠葉》一詩，云：

幡幡瓠葉，採之亨之，君子有酒，酌言嘗之。
有兔斯首，炮之燔之，君子有酒，酌言獻之。
有兔斯首，燔之炙之，君子有酒，酌言酢之。
有兔斯首，燔之炮之，君子有酒，酌言醻之。

這樣的詩，有何大義呢？若以後世之眼光來看，四段全是在講怎麼吃，殊不關國計民生，又未顯示什麼禮義。孔子編集此詩，教弟子們誦讀，如何「授之以政，使於四方」，固未能明瞭；似又與教化無大關聯。如此之詩，列為經典，實在難予索解③。可是，經義豈不正在於此嗎？

首先，朱熹《詩集傳》曾說：「正小雅，宴饗之樂也。」整個〈小雅〉，基本上都是宴饗飲食時演奏的音樂，如若不然，即為變雅，視同例外。故其詩句縱或不像這首詩這樣，直敘飲饌，仍為宴饗之詩。

其次，詩人看事情，經常以飲食為一判斷標準。例如：〈綿蠻〉說小官苦於行役，便說我實在太辛苦了，「道之云遠，我勞如何」，希望長官能「飲之食之，教之誨之，命彼後車，謂之載之」。感傷時局不好，便批評：「人可以食，鮮可以飽。」（〈苕之華〉）〈角弓〉指摘王者做事欠考慮，只顧眼前「不顧其後」，就說這是：「如食宜，如酌孔取（吃飯得飽且飽，喝酒又拚命去舀）。」至於那些好國君，要怎麼形容呢？依然是從飲食來描寫：「王在在鎬，愷樂飲酒；王在在鎬，飲酒樂愷。」（〈魚藻〉）新婚的男子，向他的女人說：「雖無旨酒，式飲庶幾；雖無嘉肴，式食庶幾。」（〈車舝〉）酒菜雖然不豐盛，吃喝卻還勉強過得去。分居的兄弟親戚，也要趕快來聚會：「爾酒既旨，爾肴既嘉，豈伊異人？兄弟匪他？……死喪無日，無幾相見，樂酒今夕，君子維宴。」（〈頍弁〉）人生苦短，飲食實為大事。《瓠葉》專詠飲食，又有什麼值得奇怪的呢？

這首短詩裡，只談到了煮瓠葉、喝酒和燒兔肉。但一隻兔子，卻有好幾種做法：炮，是用泥巴裹著去燒；燔，是把兔子架在火上烤；炙，是另一種烤法，類似現在的燒烤肉串。一兔三吃，充分顯示了中國人對吃的講究，跟《禮記・內則》或《招魂》《大招》等所記載的烹調之法正相呼應。《淮南子・齊俗訓》所說：「今屠牛而烹其肉，或以為酸，或以為甘，煎、熬、燎、炙，齊味萬方」，或《鹽鐵論・通有》所說「庖宰烹殺胎卵，煎炙齊和，窮極五味」之風，早見於此。故此當是友朋宴饗之詩。吃吃肉、喝喝酒，待酒醉飯飽之後，則可能如《大雅・既醉》那樣，大家打著飽嗝，吐著酒氣，說：

「既醉以酒，既飽以德，君子萬年，介爾景福。」老天爺賞飯吃，人民感其恩德；君子賞飯吃，吃的人也「遍為爾德」，祝其「多福」，邏輯都是一樣的。

這類詩太多了，如《大雅・公劉》描述公劉始遷於豳，辛苦經營之情況，亦充分表現了飲食的聚眾功能，說：「篤公劉，於京斯依。蹌蹌濟濟，俾筵俾幾。既登乃依，乃造其曹。執豕於牢，酌之用匏。食之飲之，君之宗之。」因為讓大家都有吃有喝，所以大家奉他為君為宗。

又如《大雅・行葦》云：「或肆之筵，或授之几。肆筵設席，授几有緝御。或獻或酢，洗爵奠斝。醓醢以薦，或燔或炙。嘉肴脾臄，或歌或咢。」後世請客，說是擺設筵席，典故即出於此。所吃有肉醬，有切碎的胃，有嘴上的肉，有燔的，也有炙的。所飲也有清醴，有厚醹。大約是宴請父兄耆老賓客之詩。

又如《大雅・韓奕》云：「韓侯出祖，出宿於屠。顯父餞之，清酒百壺。其肴維何？炮鱉鮮魚。其蔌維何？維筍及蒲。其贈維何？乘馬路車。籩豆有且，侯氏燕胥。」祖，是行路時祭道路神。此詩指韓侯初即位即來朝周天子，要回去時，周之卿士顯父去餞送他，喝酒、吃魚鱉、煮蔬菜，杯盤盛多，燕樂甚歡。後世遂開「祖餞送行」之風，凡有人遠行，友人往往祖道餞別，飲酒作詩。

《昭明文選》分別詩體，即有「祖餞」一類。

還有專講迎賓設筵的，如《小雅・賓之初筵》：

賓之初筵，左右秩秩。籩豆有楚，殽核維旅。酒既和旨，飲酒孔偕。鐘鼓既設，舉酬逸逸。大侯既抗，弓矢斯張。射夫既同，獻爾發功。發彼有的，以祈爾爵。

籥舞笙鼓，樂既和奏。烝衎烈祖，以洽百禮。百禮既至，有壬有林。錫爾純嘏，子孫其湛。其湛曰樂，各奏爾能。賓載手仇，室人入又。酌彼康爵，以奏爾時。

賓之初筵，溫溫其恭。其未醉止，威儀反反。曰既醉止，威儀幡幡。舍其坐遷，屢舞仙仙。其未醉止，威儀抑抑。曰既醉止，威儀怭怭。是曰既醉，不知其秩。

賓既醉止，載號載呶。亂我籩豆，屢舞僛僛。是曰既醉，不知其郵。側弁之俄，屢舞傞傞。既醉而出，並受其福。醉而不出，是謂伐德。飲酒孔嘉，維其令儀。

凡此飲酒，或醉或否。既立之監，或佐之史。彼醉不臧，不醉反恥。式勿從謂，無俾大怠。匪言勿言，匪由勿語。由醉之言，俾出童羖。三爵不識，矧敢多侑？

這場盛大的迎賓宴，應是大射禮。舉行射禮時，先射完了，禮已完備，再喝酒。剛開始時，「賓之初筵，溫溫其恭」，大家都很慎重，很有威儀。等喝醉了，威儀便都不見啦。有時坐不住，起來亂跳亂舞；有時大聲喧嘩；或歪來倒去，把菜盤子都弄亂了；有時則胡言亂語一通；或明明喝醉了，反而認為不醉是羞恥的事，拚命勸酒。所以飲酒時要請人來監酒，以防止失禮。而那些能飲酒不失禮的人，例如孔子所說：「惟酒無量，不及亂」，就是最受稱道的了。所以說「飲酒孔嘉，維其令儀」。《小雅‧小宛》說：「人之齊聖，飲酒溫克。彼昏不知，壹醉日富。」講的也是同樣的道理。

這樣的詩，寫賓主交歡，漸至於醉的情景，非常親切。凡曾喝過酒的人，大抵都會發出會心的微笑。其議論描述，亦平正通達。飲酒與福德之間的關係，也表達得很清楚。酒以成禮，典禮不只有那些儀式部分，還包含了飲食的部分，合起來才成為完整的禮。飲食，食以飽為原則，飲以醉為原則。賓「既醉而出」，表示禮已完成，賓主盡歡。賓客感念主人之德，也接受了典禮所希望獲得的福氣，故云：「並受其福。」但若醉而亂，賴著鬧酒不肯走，那可就失態了。「醉而不出，是謂伐德」，又謂之失禮。所以要有人監督，要有人協助，也不要拚命勸酒。儒家對禮的觀念，所謂「飲食、男女，人之大欲存焉」，禮既成全此欲望，又節制此欲望，在這個例子上表達得非常清晰。

三、通人我之情

當然，飲食不只表現在典禮或宴席上，日常生活中即有飲食，所以中國人是以吃什麼來界定一年的時間表的。《豳風・七月》說：「六月食鬱及薁，七月亨葵及菽，八月剝棗，十月獲稻，為此春酒，以介眉壽。七月食瓜，八月斷壺，九月叔苴，採荼薪樗，食我農夫」，就是個顯明的例子。

由此例亦可見飲食是每人日常都要做的事，所以它是生活世界主要的內容，所以古人才會以吃什麼來界定時序之變化。但正如前面引錄了許多友朋親戚君臣等相互飲會歡聚的詩那樣，飲食其實還有超乎個人的意義。中國人普遍認為：每個人都不一樣，都是不同的生命，但這些不同的生命，有其共同的需求，都要飲食，故飲食乃人之共同點。人與人相處，以此為溝通之基點必然最順暢、最基本。是以飲食實有超乎個人的功能與意義，可以「通人我」。

《鄭風》有一首《狡童》說：「彼狡童兮，不與我言兮。維子之故，使我不能餐兮。」「彼狡童兮，不與我食兮。維子之故，使我不能息兮。」狡，可能是美麗的意思，猶如「佼人僚兮」的佼人；也可能是指狡黠的人。這個人不跟我好了，不同我說話，不和我共食，害我吃也吃不下，睡也睡不著。這首害相思病的詩，短短兩句之中，連說了兩次吃飯的事。可見吃飯在人我溝通中的地位。共食，代表兩人同心，相互可以溝通。不共食，則與「不共言」一樣，表示言語道斷，不相存問，以致自己獨自吃也吃不下。《小雅・正月》說：「彼有旨酒，又有嘉肴，洽比其鄰，婚姻孔云。念我獨兮，憂心殷殷」，也是同樣的意思。

這樣的詩，從反面印證了飲食的通人我性質，正面寫這種性質與功能的作品，自然更多。比如《唐風・有杕之杜》說：「有杕之杜，生於道左。彼君子兮，噬肯適我？中心好之，曷飲食之？」

（噬為發語詞。呀，他肯來遊、肯來就我）這就剛好與《狡童》相反，是說有個君子，他肯來跟我在一塊兒，我多麼喜歡，何不請他飲食？飲食的作用，多麼明顯。

正因為如此，所以人都喜歡請他願意親近的人吃飯。如果請了而人家不來與我共食，便抱憾自怨，或怨被邀者。《小雅・伐木》即是如此。詩云：「伐木許許，釃酒有。既有肥羜，以速諸父。寧適不來，微我弗顧。於粲灑掃，陳饋八簋。既有肥牡，以速諸舅，寧適不來，微我有咎。」準備了八盤菜，又有羔羊，又有肥豬，還有美酒，若邀請諸父諸舅都剛好不能來，豈不表示我有過失嗎？

同樣講到「簋」的，還有一首《秦風・權輿》，也是類似的心情：「於我乎！夏屋渠渠，今也每食無餘。於嗟乎！不承權輿。」「於我乎！每食四簋，今也每食不飽，於嗟乎！不承權輿。」權輿，指剛開始的時候。剛開始時，每餐都準備了四個盛食器的飯菜給我，現在卻讓我吃不飽，想起來真是嗚呼呀、嗚呼呀、鬱悶呀。

飲食，代表人對人的善意，表示願與之溝通、情意相洽。不共飲食，或飲食之禮漸衰，自然就代表了相反的意思。所以共飲食成為人們的期望，如《伐木》所云：「有酒湑我，無酒酤我。坎坎鼓我，蹲蹲舞我。迨我暇矣，飲此湑矣。」有酒就要讓我喝，沒有也得為我去買酒，這才讓我覺得彼此是朋友。這首詩是指交朋友的事，一開頭說：「伐木丁丁，鳥鳴嚶嚶。出自幽谷，遷於喬木。嚶其鳴矣，求其友聲」，可是結尾卻強調喝酒的事，似乎發聲求友，尚不及借著喝酒表示友誼呢！又《小雅・桑扈》云：「兕觥其觩，旨酒思柔，彼交匪敖，萬福來求」，講天子宴諸侯。只要多請諸侯吃飯喝酒，一樣可以萬福來聚。可見自天子諸侯以至庶人百姓，這個道理都是相同的。

這種體認想必十分重要，所以《豳風・七月》總結生活之經驗，其結論也是：「四之日其蚤，獻羔祭韭。九月肅霜，十月滌場。朋酒斯饗，曰殺羔羊；躋彼公堂，稱彼兕觥：『萬壽無疆。』」大家在一起，喝喝酒、宰宰羊，彼此祝福一番。

此飲食之可以通人我之懷也。然而，飲食之道大矣哉，豈僅通人我之懷而已耶？擴彼通人我之意，斯乃更可以通乎鬼神。

凡祭祀，皆須獻牲敬酒。為什麼？因為大家都相信飲食的溝通功能。我們用飲食祭獻鬼神，代表我們對他示好；鬼神吃了我們的東西，表示它願意「福我」（莫忘了吃喝跟福報的關係）。而且，因我們都愛吃，故想像神也是愛吃的④。祭物豐盛，如供養人要四簋八簋那樣，對神的祭物也是越多越能表示誠意，若減少了，人會嗟諮，神也會發怒報復的。這個道理《小雅・楚茨》講得最詳晰了：

楚楚者茨，言抽其棘。自昔何為？我藝黍稷。我黍與與，我稷翼翼。我倉既盈，我庾維億。以為酒食，以享以祀，以妥以侑，以介景福。

濟濟蹌蹌，絜爾牛羊，以往烝嘗。或剝或亨，或肆或將。祝祭於祊，祀事孔明。先祖是皇，神保是饗。孝孫有慶，報以介福，萬壽無疆。

執爨踖踖，為俎孔碩。或燔或炙，君婦莫莫。為豆孔庶，為賓為客。獻酬交錯，禮儀卒度，笑語卒獲，神保是格。報以介福，萬壽攸酢。

我孔熯矣，式禮莫愆。工祝致告，徂賚孝孫。苾芬孝祀，神嗜飲食。卜爾百福，如幾如式。既齊既稷，既匡既敕。永錫爾極，時萬時億。

禮儀既備，鐘鼓既戒。孝孫徂位，工祝致告。神具醉止，皇尸載起。鼓鐘送尸，神保聿歸。諸宰君婦，廢徹不遲。諸父兄弟，備言燕私。

樂具入奏，以綏後祿。爾肴既將，莫怨具慶。既醉既飽，小大稽首。神嗜飲食，使君壽考。孔惠孔時，維其盡之。子子孫孫，勿替引之。

收成好了，便製酒食以祭祀，剝牛烹羊，或陳列或進獻，讓神及祖先來品嘗，以使子孫獲得福報。「神嗜飲食，使君壽考」，說得多麼明白呀！凡祭祀，都服膺這個道理。如〈周頌・執競〉：「既醉既飽，福祿來返」，〈豐年〉：「為酒為醴，烝畀祖妣，以洽百禮，降福孔皆」，〈信南山〉云：「祭以清酒，從以騂牡，享於祖考。執其鸞刀，以啟其毛，取其血膋。是烝是嘗，苾苾芬芬，祀事孔明。先祖是皇，報以介福，萬壽無疆」，〈鳧鷖〉云：「爾酒既湑，爾肴伊脯，公尸燕飲，福祿來下」，〈大雅・旱麓〉：「清酒既載，騂牡既備，以享以祀，以介景福」，〈行葦〉：「曾孫維主，酒醴維醹，酌以大斗，以祈黃耇」，與〈楚茨〉都是完全相同的⑤。

相反地，假如祭禮太簡慢了，神吃得不痛快，神可是要發怒的。《墨子・明鬼》記載：祐觀辜替宋文君禱祀，因牲禮不合度，鬼怒，依附在祝史身上，用拐杖把他活活打死在祭壇上。故《尚同中》云：「聖王……事鬼神也，酒醴粢盛，不敢不蠲潔，犧牲不敢不腯肥。」

四、行樂當及時

《詩經》、《楚辭》是中國詩歌及文化心靈的源頭，故以上所舉那些詩句都具有「原型」的地位。後世繼聲嗣響者，不可勝數。如神嗜飲食，報人以福，漢郊祀歌〈赤蛟〉云：「勺椒漿，靈已醉，靈既享，錫吉祥」，亦是此理。晉武帝時傅玄作郊祀明堂歌，名稱索性就叫〈夕牲〉、〈饗神〉。其餘強調飲食宴饗，以飲食為人生重要內容，備禮儀之用、通人我之情，又善於烹調等，後世都繼承了先秦的飲食觀，事實上，也就是繼承了這樣的人生觀。

但是，在這種人生觀中蘊涵著一個非常重要的認定：飲食基本上只是屬於活著的人的活動，所以它是活著的人的快樂。人死後，「酒一滴，不到黃泉下土」，飲食之樂便消失了。鬼神若也要享受這種快樂，只能靠著福佑活人來獲得活人的供養，以滿足其口腹之欲。

正因為如此，所以屈原、宋玉、景差等人，想招魂魄歸返人間，才會大談飲啖之樂。《詩經》裡許多勸人飲食的詩篇也流露著「若現在不趕快享受一番，死掉後就吃不著了」的恐懼。

這是及時行樂思想之所以形成的心理根源。其背後，有著對生命可能會消逝的憂惕。請看前面引過的那首〈頍弁〉。先說：「爾酒既旨，爾肴既嘉」，邀朋友兄弟來吃；其後則說：「兄弟甥舅，如彼雨雪，先集維霰，死喪無日，無幾相見。樂酒今夕，君子維宴。」人生相聚，其實僅如雪塊一般，原先集成一團，後來終歸是要散了的。人壽有限，距死喪之日無多，見面不過幾次，能不把握今晚好好喝酒嗎？人生苦短，及時行樂之想，躍然紙上。

類似的詩，還有《唐風・山有樞》：「子有酒食，何不日鼓瑟，且以喜樂，且以永日？宛其死矣，他人入室」，如果死了，房子或什麼都是別人的了，所以活著時應好好享受一下。

漢人飲食之作，大抵即為此一心理之延續，如：

- 歡日尚少，戚日苦多，以何忘憂？彈箏酒歌。（《善哉行》）
- 夫為樂，為樂當及時。何能坐愁怫鬱，當復待來茲？飲醇酒，炙肥牛，請呼心所歡，可用解愁憂。（《西門行》）
- 置酒高殿上，親交從我遊。中廚辦豐膳，烹羊宰肥牛。秦箏何慷慨，齊瑟和且

柔。……驚風飄白日，光景馳西流，生存華屋處，零落歸山丘。先民誰不死？知命復何憂？（《箜篌引》）

• 對酒當歌，人生幾何？譬如朝露，去日苦多。……我有嘉賓，鼓瑟吹笙。（曹操《短歌行》）

• 朝遊高台觀，夕宴華池陰，大酋奉甘醪，狩人獻嘉禽。……樂極哀情來，寥亮摧肝心。（曹丕《善哉行》）

• 人生居天壤間，忽如飛鳥棲枯枝。我今隱約欲何為？適君身體所服，何不恣君口腹所嘗？冬被貂鼲溫暖，夏當服綺羅輕涼。……奏桓瑟，舞趙倡，女娥高歌，聲協宮商，感心動耳，盪氣迴腸。酌桂酒，鱠鯉魴，與佳人期為樂康，前奉玉卮，為我行觴。今日樂，不可忘，樂未央。為樂常苦遲，歲月逝，忽若飛，何自苦，使我心悲。（曹丕《大牆上蒿行》）

• 何嘗快，獨無憂？但當飲醇酒，炙肥牛。……男兒居世，各當努力，蹙迫日暮，殊不久留。（曹丕《豔歌何嘗行》）

• 日苦短，樂有餘，乃置玉樽、辦東廚。廣情故，心相於。闔門置酒，和樂欣欣。遊馬後來，轅車解輪。今日同堂，出門異鄉，別易會難，各盡杯觴。（曹植《當來日大難》）

• 名都多妖女，京洛出少年。……歸來宴平樂，美酒斗十千，膾鯉臇胎蝦，炮鱉炙熊蹯。……白日西南馳，光景不可攀。（曹植《名都篇》）

在這些詩句中，顯然可以看見人生苦短的哀傷，飲食則是用來消釋或抵拒哀傷的一種方法，甚或是唯一之方法。其中，飲酒消憂，亦見於《詩經》，如《周南・卷耳》：「我姑酌彼兕觥，維以不永傷。」《邶風・柏舟》：「耿耿不寐，如有隱憂，微我無酒，以敖以遊。」後人對於酒的這種消憂功能十分重視，卻未注意到飲酒往往不是孤立的，飲與食通常要連在一起，恣口腹之嘗，才能暫時忘卻死亡的威脅，或心中不痛快的事⑥。

這種人生觀，當然可能有心理學或醫學上的依據，例如英國前王妃戴安娜，在其婚姻遭到挫折時，即曾患得「貪食症」。用不斷攫得食物，來減除心理的虛欠。可是，醫學上也同樣有感到人生灰暗絕望時，卻厭食不想飲饌的病症。所以這不應由醫學心理學上去瞭解，而仍應視為一種特殊的文化態度。在這種文化態度之中，一方面因生命易逝而悲哀，一方面卻又對現世人生感到快樂。而悲傷與快樂，又都要透過飲食來表達。

五、恣男女之歡

不過，生活之樂，其可以號召死者起義來歸者，固不僅口腹之欲而已。所謂「飲食、男女，人之大欲存焉」，飲食之外，男女性欲的滿足，也是一個重點。

《招魂》便在這一點上反覆致意。說魂魄呀！趕快回來吧，我們已經替你把美人都準備妥當啦！有十六個美女陪侍宴宿，你厭倦了就能隨時更換。諸侯的貞善女子，不但眾多而且服侍迅速。鬢髮如雲，又飾理成不同的形式，塞滿了後宮寢室。容貌美好，態度親切，她們的溫順更是舉世無比。容貌楚楚動人，說話又正直且合乎禮儀。姣好的容貌、修長的體態，充滿在深房內室。細長的黛眉，含情的睇視，雙目中閃耀著情光。細緻的面龐、滑膩的皮膚，竊視中流露出脈脈含情的神態。……魚肉佳餚尚未撤去，歌女樂工已羅列筵前，陳列著鐘，按擊著鼓，譜出了新的歌曲；涉江、採菱，還伴奏著陽阿之舞哩。美女都已酒醉，面色紅潤中放出異彩。用嬉戲的眼神微睇，明眸中泛出層層的波光。穿著綺繡羅裳，美麗而又新穎。修長的頭髮，潤澤的垂鬢，容色豔麗且儀態萬方。十六個美女是相同的裝扮，跳動起鄭國的舞蹈，衣襟回轉，像交錯的直竿。雙手撫著盤案，舞姿低垂，竽瑟齊彈，擊著洪亮的鼓聲，宮廷震動驚蕩。

《大招》也不甘示弱，同樣鋪陳了一幅美人圖，也是十六位「朱唇皓齒」、「豐肉微骨」、「小腰秀頸」、「姣麗施只」、「體便娟只」、「美目媔只」、「善留客只」的尤物，供你「恣所便只」。共七段，比講飲食之樂更多。大抵是說：

紅紅的嘴唇、白白的牙齒，姿儀美好無比，她們都有齊一的美德而且愛好嫻靜。不但習於禮節，而且都有美好的容儀。豐滿的肌膚、圓潤的肢體，心志柔順而且善於服侍，討人歡喜。魂魄啊！回來吧！此處寧靜而且安謐。

美女眾盛，她們不但美麗而且善良。豐潤的面頰、貼腮的耳朵，彎彎的眉毛像半規。寬厚的心思、柔順的態度，既姣美且柔和。纖細的腰肢、修長的脖子。魂魄啊！回來吧！把怨思一概拋棄了吧！

溫柔的性情、敏慧的心意，都表現在動作言行裡，粉白的香腮臉蛋，黛黑的曲眉雙鬢，還抹上了芳香的膏澤。長袖半遮著羞面，又善於留待賓客。魂魄啊！回來吧！此處可以終夜娛戲。

烏黑的秀眉、水汪汪的眼睛，頰上有對酒窩。編貝似的美齒，還時時綻露出嫵媚動人的微笑。豐滿的肌膚、圓潤的肢體，體態輕柔美麗。魂魄啊！回來吧！此處可以隨你想怎麼樣就怎麼樣。

相對於恣口腹之欲，此處的「恣所便只」當然指的是恣男女之欲。死者是男性，所以這兒拚命用女人去勾引他回來，許諾他可以有十六位美女輪流陪宿，伴以歌舞，飲酒作樂。魂魄看來是招架不住，非回來不可啦。但不論魂魄回不回來，顯然招魂者自己是很希望能有這種生活的。

這種希望能滿足男女之欲的心情，《詩經》也有。它開卷第一首，就是《關雎》，講男子求女，求之不得輾轉反側，求到了則歡欣鼓舞。斯乃君子之懷春也。後面相對地也提到「有女懷春，起士誘之」（《野有死麕》）。所以《詩經》中其實也是春情蕩漾的。

後世解經儒生，對於《詩經》中春情發作、不太符合體制的詩篇，當然很覺礙眼，所以用了種種方法去諱飾它，說它其實不是淫奔苟且之事。但不管它淫奔不淫奔，詩中歌頌美人之詩本來就很不少，例如《齊風・盧令》說：「盧重環，其人美且鬈；盧重鋂，其人美且偲。」盧指獵狗。說帶著脖子上有環鋂的狗去打獵的那個人，又漂亮又強壯，顯然是一位女子對男人的欣賞。同樣地，《猗嗟》說有一位「頎而長兮」「美目清兮」「美目揚兮」『清揚婉兮，舞則選兮』的人，很會射箭，能平定四方之亂，講的也是一位美男子。

「美人」兼指男女，女人既欣賞美男，男人自然欣賞美女。《召南・何彼矣》說那女人為啥那麼漂亮呀，美得像朵花。《鄘風・干旄》說見到一位美麗的女子，躊躇著不知要送她什麼，要告訴她什麼。《衛風・碩人》說有位女子修長而美，且「巧笑倩兮，美目盼兮」。《鄭風・有女同車》說此女美貌如花，「顏如舜華，洵美且都」。又《野有蔓草》說在野地露水中，遇見一位美女。《陳風・東門之池》說在東城見一美女，可與晤言，可與晤歌……

這些詩大都是寫美人之美，以及見到美人後如何魂不守舍，希望能進一步有發展的。與《招魂》《大招》相比，當然在「恣所便」這方面尚有所不及，畢竟仍守著樂而不淫的原則，一男對十六女的場面還沒有出現。可是，這兒也不是純粹談情而不肆其欲的。

例如《野有蔓草》說在野外遇一美女，「有美一人，清揚婉兮」。遇到這樣的女子，怎麼辦呢？「邂逅相遇，與子偕臧」，朱注：「言各得其所欲也。」這不就也是恣其男女之欲嗎？又如《齊風‧東方之日》云：「東方之日兮，彼姝者子，在我室兮。在我室兮，履我即兮。東方之月兮，彼姝者子，在我闥兮。在我闥兮，履我發兮。」這位女子，白天晚上都在我房裡幹什麼呢？不是在歡好嗎？

還有《鄭風‧雞鳴》：「女曰雞鳴，士曰昧旦……宜言飲酒，與子偕老，琴瑟在御，莫不靜好。」注解的人說士是指未婚夫，又說「琴瑟在御」指士無故不撤琴瑟，所以仍御琴瑟即表示無災患病喪。這都是矯飾之說。男女同睡到天亮了，女的推男的起床，說雞叫啦，男的賴皮說還早，天還沒全亮哩。這是什麼關係？強調其為未婚？不是此地無銀三百兩嗎？琴瑟合鳴，歷來也是男女合和的比喻，故琴瑟在御，是接著上文「與子偕老」說的。這一對男女，顯然仍是情人而非夫婦，所以女的說：「知子之來之，雜佩以贈之。」是男子至女子處宿夜，與《東方之日》說女子去男友住處正好相反。

男女未正式舉行婚禮，而男偷偷至女子處，或女偷偷到男人那裡，後世斥為「淫奔」。然《詩經》中淫奔者略如上述，實在不少。《鄭風・將仲子》云：「將仲子，無逾我牆，無逾我園」，活脫刻畫出一幅逾牆偷情圖，遠肇《西廂記》之先聲。但這位女子因怕人發現，說閒話，勸她情郎以後不要如此了，《王風・大車》則不然。那位女子說道：「大車檻檻，毳衣如菼，豈不爾思，畏子不敢」，「豈不爾思，畏子不奔」，我是想你的，就怕你不敢跟我一齊私奔。這樣的詩，顯示女子在追求情欲滿足方面也有其積極性，所以像《鄘風・桑中》說：「美孟姜矣，期我乎桑中，要我乎上宮，送我乎淇之上矣」，也是女子主動約男子會於桑中、會於淇上。

故《詩經》與《楚辭》同樣是「恣所欲」的，其不同在於《楚辭》之招魂皆招男子，所以用美女去號召；《詩經》所描寫的，則有男有女，男寄情於美女，女欲求於美男。另一不同，在於招魂者強調一男可御多女，《詩經》則較專注，《鄭風・出其東門》「出其東門，有女如雲。雖則如雲，匪我思存」的態度，較為普遍。這可能是因《招魂》所召者為王公貴族，故盛陳其姬妾侍御之美；《國風》多道匹夫匹婦之事，所以不容易找很多對象來恣其所欲。也可能勸召死者與活著的人的實際生活亦有所不同。活人無論如何恣其男女之欲，總有其限制，畏禮法，畏人言，且限於精力、機會、財力、對象條件等等，想跟許多人恣欲縱情，是極困難的。僅在一人身上恣其欲，反而較為省事。所以活人的世界，雖或每人皆有多求之欲，卻以單一對象為主。死人便不同了，故可充分滿足其情欲之想像，美人可以無限量供應。

六、好吃兼好色

食與色，是人類最主要的兩種需求和欲望，人生的快樂，主要和這兩種欲望之滿足有關。這是中國人基本的看法。這種看法，在中國人的世界中視為理所當然，但與其他文化相較，卻顯得頗為特殊。

因為在基督教文化和佛教文化中，都較重視性欲之問題，而較少談論食欲的問題，故相較之下，中國人最「好吃」。而好吃，剛好也顯示了另一個特點：基督教文化及佛教文化對於食欲較為漠視，對性欲的重視則是一種反向的重視。亦即因為重視它對人的影響，所以視之為罪惡，認為人只有擺脫性欲對人的宰制，不受魔鬼的引誘，才能入神聖或覺悟的領域。中國人對於性欲，亦如其好吃一樣，重視，卻非反向的重視，而是真正之好色。認為這是人之大欲，不但不是罪惡，而且是人生應該滿足的需求。

故縱使是孔孟，也未嘗叫人不能好色。孔子曾多次感歎：「吾未見好德如好色者也」（《子罕篇》，又見《衛靈公篇》），其弟子子夏也說：「賢賢易色；事父母，能竭其力，事君，能致其身；與朋友交，言而有信。雖曰未學，吾必謂之學矣」（《學而篇》），都是希望能推廣好色之心。認為人都是好色的，但若也能以好色之心好賢好德，那可就太美妙了。

孔門的許多學問，都是從這個基點上體會出來的，例如子夏即問孔子：「巧笑倩兮，美目盼兮，素以為絢兮，何謂也？」這不正是《衛風・碩人》形容莊姜之美的話嗎？孔子說這是「繪事後素」的道理，子夏馬上有所體會，問：「禮後乎？」孔子極為高興，覺得子夏對他也有所啟發，故曰：「起予者商也，始可與言《詩》已矣。」（《八佾篇》）這個例子充分說明了孔門論學不但不以美色為嫌為諱，甚至往往由此開悟，得所啟發。

此所以孔子謂：「《關雎》樂而不淫。」（同上）《關雎》講窈窕淑女，君子好逑。君子終得淑女，性欲得到滿足，所以是樂的。此人生之大樂，孔子也甚為嘉許，編《詩經》時以此為首，猶如繫《易》而以乾坤為首，態度是非常明確的。而且，孔子對他所欣賞的人，往往設法替他找老婆，《公冶長篇》記載：「子謂公冶長可妻也。雖在縲絏之中，非其罪也，以其子妻之。」「子謂南容：邦有道不廢，邦無道免於刑戮。以其兄之子妻之。」似乎他是見於記載較早的媒人公，熱心於撮合姻緣。這當然也與他認為男女正常欲求必須滿足有關。儒家於生命禮俗中，比基督教與佛教更重視婚禮，殆亦肇自此一傳統⑦。

孔子之態度如此，故他雖然是聖人，他的弟子們也並不認為他不好色。子見南子，子路不悅，逼得孔子不得不發誓說若做了什麼不該做的事，老天爺會厭棄我（見〈雍也篇〉）。這就像孔子是好吃的，他「食不厭精，膾不厭細。食饐而餲，魚餒而肉敗不食。色惡不食，臭惡不食，失飪不食，不時不食，割不正不食，不得其醬不食……沽酒市脯不食」（〈鄉黨篇〉）。他只能在某一特殊時刻或機遇中，因另外一種美的感受太強烈而暫時忘卻吃的快感，例如「子在齊聞韶，三月不知肉味」。這當然是位老饕才會有這樣的感受——因為居然有一種美感可以與吃肉的美感相比擬，而且暫時讓他忘卻了飲食大欲與其大快樂，才會令他感到震驚——所以他讚歎道：「不圖為樂之至於斯也。」（〈述而篇〉）但，那也僅只是三個月，好德如好色者，可以三月不違仁；好吃者也只可以三月不知肉味。聖人固然是聖人，然而畢竟同時也仍是好吃者，仍是好色者。

關於戒色。孔子只說：「君子有三戒，少之時，血氣未定，戒之在色」（《季氏篇》）。戒，非戒煙、戒酒那樣禁斷之戒，而是如孔穎達《疏》所謂的「戒慎」。要慎處之，不可縱欲，與「樂而不淫」是相同的意思。

孔子之後，孟子對好色的見解亦復相似。《梁惠王下》載齊宣王曰：「寡人有疾，寡人好色」，孟子對曰：「昔者太王好色，愛厥妃，《詩》云：『古公亶父，來朝走馬，率西水滸，至於岐下，爰及姜女，聿來胥宇。』當是時也，內無怨女，外無曠夫。王如好色，與百姓同之，於王何有？」這也是想推擴人皆有好色之心以達王政，並不以好色為道德或人格性情上的缺點。

換言之，好色是對的，人都會好色，也應好色，並非「疾」。但是，一、孟子主張王者應讓天下人都能滿足其性欲，使天下「內無怨女，外無曠夫」。以此為施政良否之判準，實為我國儒者論政之一大特色。《禮記．禮運》說大同之世「男有分，女有歸」，即是此義。在世界政治學理論中可謂獨樹一幟。二、推此義，孟子亦主張「好德如好色」。人人好色是必然的，但希望也能像好色一樣好德，特別是孝。《萬章上》說舜：「好色，人之所欲。妻帝之二女，而不足以解憂」，為什麼，因為舜還有孝的渴望未滿足，所以孟子稱讚他：「人少則慕父母，知好色則慕少艾。……大孝終身慕父母。五十而慕者，予於大舜見之矣。」這是希望世人能如好色一般去孝敬父母，不要只懂得慕少艾、慕妻子。飲食、男女之欲，人皆有之，但如何能達到「樂而不淫」的結果呢？這當然要戒慎，要節之以禮。然而禮與食色之關係是很複雜的，孟子書中曾反覆談到這個問題：

- 丈夫生而願為之有室，女子生而願為之有家。父母之心，人皆有之。不待父母之命、媒妁之言，鑽穴隙相窺，逾牆相從，則父母國人皆賤之。（《滕文公下》）
- 萬章問曰：「《詩》云：『娶妻如之何？必告父母。』信斯言也，宜莫如舜。舜之不告而娶，何也？」孟子曰：「告則不得娶。男女居室，人之大倫也，如告則廢人之大倫，以懟父母，是以不告也。」萬章曰：「舜之不告而娶，則吾既得聞命矣。帝之妻舜而不告，何也？」曰：「帝亦知告焉則不得妻也。」（《萬章上》）

・任人有問屋廬子曰：「禮與食孰重？」曰：「禮重。」「色與禮孰重？」曰：「禮重。」曰：「以禮食則饑而死，不以禮食則得食，必以禮乎？親迎則不得妻，不親迎則得妻，必親迎乎？」屋廬子不能對。明日之鄒，以告孟子。孟子曰：「於！答是也，何有？不揣其本而齊其末，方寸之木可使高於岑樓。金重於羽者，豈謂一鉤金一輿羽之謂哉？取食之重者，與禮之輕者而比之，奚翅食重？取色之重者，與禮之輕者比之，奚翅色重？往應之曰：兄之臂而奪之食則得食，不紾則不得食，將紾之乎？逾東家牆而摟其處子則得妻，不摟則不得妻，將摟之乎？」（《告子下》）

以上三段剛好可以彼此說明。第一段說男女大欲，人皆有之，但不宜違禮。第二段則舉舜為例，說若依禮，便結不成婚，故為了滿足男女之大倫，也可以違禮。這便與上面所說矛盾了。第三段乃言明禮欲之間應看情況，「臨事量宜，權其輕重」（孫奭疏），有時可以違禮從欲，有時則不能只為了想滿足食色便違禮。可見孟子在此，也並不完全從禮的角度考慮問題，故顯得頗為通達，不至於形成「以禮殺人」的局面。

七、食色之美

以男女居室為人之大倫，以食色之滿足為人生大樂，當然同時就會追求美色與美食，越美越能滿足我們的欲求。這時審美判斷與生理需求便奇妙地結合為一了。

美字，由字形上看，乃是羊大為美，這是講美學的人都注意到的事。羊大肥美，美的經驗來自吃的感受，這應當是無可置疑的。但至遲在《詩經》中，描寫美就主要是指美色了。例如〈邶風・靜女〉「自牧歸荑，洵美且異，匪汝之為美，美人之貽」，《衛風・碩人》「巧笑倩兮，美目盼兮」，〈鄭風・有女同車〉「彼美孟姜，洵美且都」等都是。這倒未必是由口感到視覺的轉移，因為食之快感與色之快感其實有其類同性或相關性在。

例如性不能滿足，會有饑渴感，猶如飲食匱乏般。〈王風・君子于役〉說丈夫出去打仗了，不知什麼時候回來，妻子在家中，看見每天晚上雞棲於塒，牛羊下括，都感到難受，說是：「君子于役，苟無饑渴。」這就是雙關語，性饑渴與食饑渴，兼而有之⑧。

正饑渴時，很容易使其滿足，這一點，食與色也是一樣的。所謂「饑者易為食，渴者易為飲」「當兵三年，母豬賽貂蟬」。待其得食之後，初級滿足饜足了，便會追求更高級的滿足，此時乃有美之追求。本來能有羊吃就好，現在則需要大羊；本來有妻即可，現在則需要美女。人情於此，飲食皆同，故詩云：「豈其食魚，必河之魴？豈其娶妻，必齊之姜？」（〈陳風・衡門〉）勸人不須如此得隴望蜀，而食與色也是合併著說的。且兩者並不只是這樣的平行相似，可能亦有相關性，例如說「飽暖思淫欲」，便是認為食欲若滿足了，將會促進性欲的需求。《招魂》在敘述飲饌之樂，酒食多方以後，接著說「肴饈未通，女樂羅些……美人既醉，朱顏酡些」，正符合這個講法。

而問題的關鍵也就在這裡了。食色倘若只是一種人的生理需求，那麼食不過一飽、飲不過滿腹，滿足了就好。而且也不難於滿足，如動物之覓食與交尾一般，僅是純生物性的欲求。可是，食色成為一種美的追求之後，情況便大不相同，美的追求是無止盡的。饑時得羊，已大快慰；若得大羊，更樂；再得燔炮烹炙之，愈樂；燔炮烹炙之技藝又有高下，於是烹調手段越來越高明，舌尖的享受即越來越美妙，怎麼樣才能真正滿足呢？丈夫生而願為之有室，女子生而願為之有家，能得匹偶，已稱萬幸，可無曠男怨女矣。若得美妻美丈夫，當然更快樂。但世間之美人有限，誰能據有之？此即不能不爭。人各修飾，競為美麗以博取他人青睞，亦耗費無窮精力。逐美不已，不知伊於胡底。

詩〈魏風・汾沮洳〉說：「彼汾沮洳，言采其莫。彼其之子，美無度，美無度，殊異乎公路。」、「彼其之子，美如玉，美如玉，殊異乎公族。」就是諷刺那些愛修飾打扮的大夫。他們這樣美無度，當然會引起反感，令人覺得這樣追求美食美色下去，可能會過分（所謂「淫」），不能不有些節制。

孔孟一些言論，或老子說：「五色令人目盲，五味令人口爽」，均著眼於此。老子是主張反其道而行的，寡欲、儉嗇，不在食色上求滿足、找快感。孔孟之道，則認同食色之樂，但主張應樂而不淫，戒慎處理。怎麼處理呢？

漢儒董仲舒《春秋繁露》中有一篇《循天之道》，教人怎樣得天地之美，因陰陽四時之美以成就食色之美，似可視為儒者成就飲食、男女之美的一篇重要文獻，介紹於下：

・天之道，向秋冬而陰來，向春夏而陰去，是故古之人霜降而迎女，冰泮而殺內，與陰俱近，與陽俱遠也。天地之氣，不致盛滿，不交陰陽；是故君子甚愛氣而游於房，以體天也。氣不傷於以盛通，而傷於「不時」「天擗」。不與陰陽俱往來，謂之不時；恣其欲而不顧天數，謂之天擗。君子治身不敢違天，是故新牡十日而一游於房，中年者倍新牡，始衰者倍中年，中衰者倍始衰，大衰者以月當新牡之日，而上與天地同節矣。此其大略也。然而其要，皆期於不極盛不相遇。疏春而曠夏，謂不遠天地之數。民皆知愛其衣食，而不愛其天氣，天氣之於人，重於衣食，衣食盡，尚猶有間，氣盡而立終。故養生之大者，乃在愛氣。

・凡天地之物，乘於其泰而生，厭於其勝而死，四時之變是也。故冬之水氣，東加於春而木生，乘其泰也；春之生，西至金而死，厭於勝也；生於木者，至金而死，生於金者，至火而死；春之所生，而不得過秋，秋之所生，不得過夏，天之數也。飲食臭味，每至一時，亦有所勝，有所不勝，之理不可不察也。四時不同氣，氣各有所宜，宜之所在，其物代美，視代美而代養之，同時美者雜食之，是皆其所宜也。故薺以冬美，而荼以夏成，此可以見冬夏之所宜服矣。冬，水氣也，薺，甘味也，乘於水氣而美者，甘勝寒也。薺之為言濟與，濟，大水也。夏，火氣也，苦味也，乘於火氣而成者，苦勝暑也。天無所言，而意以物，物不與群物同時而生死者，必深察之，是天之所以告人也。故薺成告之甘，荼成告之苦也，君子察物而成告謹，是以至薺不可食之時，而盡遠甘物，至荼成就也。天所獨代之成者，君子獨代之，是冬夏之所宜也。春秋雜物其和，而冬夏代服其宜，則當得天地之美，四時和矣。凡擇美之大體，各因其時之所美，而違天不遠矣。

本篇長三千餘字，專論食色之美。它的整體理論是說：天有陰陽二氣，陰陽中和，成就天地之大美，故「德莫大於和，而道莫正於中，中者，天地之美達理也」。人若也能效法這種中和的道理，自然也就能得到美、能夠養生。男女之間：

能以中和養其身者，其壽極命。男女之法，法陰與陽。陽氣起於北方，至南方而盛，盛極而合乎陰；陰氣起乎中夏，至中冬而盛，盛極而合乎陽；不盛不合。是故十月而壹俱盛，終歲而乃再合，天地久節，以此為常。是故先法之內矣，養身以全。使男子不堅牡，不家室；陰不極盛，不相接。是故身精明難衰而堅固，壽考無忒，此天地之道也。天氣先盛牡而後施精，故其精固；地氣盛牝而後化，故其化良。

男女生殖器都發育健全了，才交合，生育才會良好，壽命才會久長。這是個主要的原則，顯然他是反對早婚的。其次，陽氣須旺盛了才交接施精，也是反對縱欲的。所以規定年輕人大約十天一次，中年人二十天一次，漸衰者四十天一次，已衰者八十天一次，大衰者十個月一次，以符合天數。時間與次數當然只是個概數，重點在於反對「恣其欲」，教人愛氣惜精，並以愛氣為養生大旨。

至於飲食，依據四時五行生克之理，四季所生之不同植物也各有其屬性、各有其美。人則雜食四時之物，相互調和，以得天地之美。

這種講法，固為孔孟所未曾道及，但「中和」之旨，確為儒門要義（《論語・學而》：「禮之用，和為貴。先王之道，斯為美，小大由之。」）。食色之欲不可廢，對美的追求亦不可令其窮極盡致，故遂徑以中和為美。中和也者，「兼和與不和，中與不中，而時用之」，其實就是孔子所謂「樂而不淫」或孟子「臨事量宜，權其輕重」的另一種說法，只不過結合了天地陰陽、四時五行等宇宙論的框架罷了⑨。

另外，本文由飲食、男女而論養生，似若養生家言，非孔孟之所重。其實亦不然。前文曾說過，飲食、男女，中國人視之為生活或生命的主要內容，人要活著，就是為了要享受食色。基於這樣的生命觀，調理食色之欲，使食色獲得中和之美，不斫損生命，可以長壽，多享受一點飲食、男女之樂，不是養生之道是什麼？由這個立場上發展出來的各種養生說非常多，原不限於董仲舒這一家之言。故曰養生為通義，諸家論述，則各有巧妙，而處理食色問題則均為其中之重點。

八、食色之道

以《漢書・藝文志》考之，當時針對男女之事者，凡有《容成陰道》二六卷、《務成子陰道》三六卷、《堯舜陰道》廿三卷、《湯盤庚陰道》二十卷、《天老雜子陰道》廿五卷、《天一陰道》廿四卷、《黃帝三王養陽方》二十卷、《三家內房有子方》十七卷等共八家，百八十六卷。班固說：

房中者，情性之極，至道之際，是以聖王制外樂以禁內情，而為之節文。傳曰：「先王之作樂，所以節百事也。」樂而有節，則和平壽考。及迷者弗顧，以生疾而隕性命。

性交是快樂的，但是樂不可極、欲不可恣，仍須要有點節制，才能和平壽考。房中術就是因此需要而創造出來的。如《抱朴子》所說：「房中之法十餘家……令人老有美色，終其所稟之天年。」但也有些人仗恃此術，採補恣欲，反而生了疾病、死得快。此類房中術，今人恥言之，認為不登大雅之堂。然而古人初不若是。漢代房中術其實就已不止班固所說這八家，後世更多，可見古人固極重視此道也。馬王堆出土帛書中，甚至有房中術書，名為《天下至道談》。以此為天下至道，其重視可知。

魏晉時期許多道士也以此為最主要的養生法，故《抱朴子・釋滯》謂：「一塗之道士，或欲專守交接之術以規神仙。」魏晉以後，這種人其實也仍然是很多的。許多人未必鑽研房中術，但中國人特別重視性生活是否美滿的問題，只要看看各處充斥耳目的壯陽滋陰廣告及補品，就可以知道了。

或曰：西方亦有性學，德國慕尼克、漢堡，或荷蘭阿姆斯特丹等處之性愛博物館，陳列性事之奇技淫巧，未必遜於中土。北歐諸國之性開放，尤非中國所能及。怎能說中國人特別重視性生活之美滿呢？

這點當然須略加辨明。紅燈區、性開放，或性器商品交易之熱絡，涉及的只是性的活動問題。中國房中術談的卻不只是性活動、性技巧、性器具，而也是一種養生之方法。是為了要能享受性生活之樂趣而發展出來的一套觀念與方法，其目的不止於性，更不喜歡西方所常見的那些性虐待、性變態狀況。它更具有宗教性質，是人成仙的修持法門之一。可是它又不是性崇拜，跟生殖器崇拜、性力崇拜都不相同，故白行簡《天地陰陽交歡大樂賦》說：

夫性命者，人之本；嗜欲者，人之利。本存利資，莫甚乎衣食。（衣食）既足，莫遠乎歡娛。（歡娛）至精，極乎夫婦之道，合乎男女之情。情所知，莫甚交接。其餘官爵、功名，實人情之衰也。夫造構已為群倫之肇、造化之端，天地交接而覆載均，男女交接而陰陽順，故仲尼稱婚姻之大，詩人著《螽斯》之篇，考本尋根，不離此也。……具人之所樂，莫樂如此，所以名《大樂賦》。

飲食、男女，為人之大欲。但此處以欲為利，並不認為那是罪惡陰暗的。其次，先談衣食，而重點在說明性交之樂，謂其樂可通之於天地，故夫婦交歡即天地交泰、陰陽交合。在這兒，性交不但在存有論上居「一切存有之源」的首出位置（所謂造化之端），且是存有之活動狀態（所謂天地交接而覆載均）。存有之所以為存有、存有的活動狀態，俱可由此見之，並因此而可得中和大樂，顯現存有最和諧的狀況。

中國房中術傳承既廣，流派滋多，其中固然不乏班固所說「迷者以生疾而隕性命」的，但白行簡這個講法，正符合班固「樂而有節，則和平壽考」云云，應可視為我國房中術的主要精神。

房中有術，飲食亦有道。《漢書・藝文志》載當時醫術經方中已有《湯液經法》三十二卷、《神農黃帝食禁》七卷。所謂食禁，即是飲食之禁忌，在《周禮》中早有此一觀念，並為此設立「食醫」。《天官冢宰下》說這位醫官，「掌和王之六食、六飲、六膳、百羞、百醬、八珍之齊」，工作在於調和飲食：「凡食齊眡春時（注：飯宜溫），羹齊眡夏時（注：羹宜熱），醬齊眡秋時（注：宜涼），飲齊眡冬時（注：飲宜寒）。凡和，春多酸，夏多苦，秋多辛，冬多鹹，調以滑甘」，以甘來調和眾味，各種飲食則各有其宜，得宜才齊。齊有平的意思，飲食得宜，故能和平也。

《周禮》又說：「凡會膳食之宜，牛宜稌，羊宜黍，豕宜稷，犬宜粱，雁宜麥，魚宜苽」，專講膳食相宜之法，其原理則是寒溫甘苦相調和。食醫這些工作當然是為王者服務的，但書上寫得很明白：「凡君子之食恒仿焉」。膳食相宜，齊和飲饌的道理，其實每個人都應遵守。

除此之外，「庖人」也管飲食之宜：「凡用禽獻，春行羔豚，膳膏香。夏行腒鱐，膳膏臊。秋行犢麛，膳膏腥。冬行鮮羽，膳膏羶。」這是指煎肉。煎物也應講究「煎和」。所以煎小豬，要用牛脂去調和。煎雉乾、魚乾，要用犬油。煎小牛則用豬油。煎鮮魚及鳥，要用羊油。這種相互調和的講究，據說本諸陰陽與五行，賈公彥《周禮疏》說：「春用羔豚者，草物始生，羔豚食而肥。膳膏香者，謂牛膏。春，木王，火相，土死，羔豚為其太盛。牛屬中央土，故以死之脂膏殺其氣。」其餘四項也都是這個道理，稱為「五行王相相克」。牛屬土，雞屬木，犬屬金，羊屬火，「五行王相相克，春木王，火相，土死，金囚，水為休廢。夏火王，土相，金死，水囚，木為休廢。已下推之可知。王所勝者死，相所勝者囚，新謝者為休廢」。

五行王相休廢相克，是漢朝人的講法，周朝不可能有此觀念，但飲食之「宜」，取法於調和互濟，道理卻是相通的。

《周禮》所說，偏於宜，《神農黃帝食禁》偏於禁。但這兩個觀念實為一體，論宜必論禁。《周禮》云內饔「掌膳羞之割烹、煎和之事，辨體名肉物，辨百品味之物」，其工作之重點即不在調和而在於辨別。怎麼辨別呢？「辨腥臊、羶香之不可食者。牛夜鳴則庮；羊泠毛而毳，羶；犬赤股而躁，臊；鳥皫色而沙鳴，貍；豕盲眡而交睫，腥；馬黑脊而般臂，螻。」牛夜裡亂叫，表示有病，肉一定臭。羊毛如果稀少而且糾結一團，肉必定膻。狗屁股沒毛也是有病，肉臊。鳥毛色不好，叫聲又難聽，肉亦臭腐。豬眼睛都睜不開，肉也腥。馬脊黑，前脛又一塊塊鼓起來，肉也壞。這些都不可以吃，觀點既考慮到美味，也考慮到衛生。

飲食既有宜忌，男女交接亦復有之。《醫心方》房內記第廿四即為《禁忌》，收錄《玉房秘訣》、《蝦蟇圖經》、《華佗針灸經》、《養生要集》、《黃帝問》、《素女經》、《洞玄子》、《千金方》諸書中所載房中禁忌極多。另外，如《紫金光耀大仙修真演義》說御女有五棄，凡聲雄皮粗、髮黃性悍、體寒氣虛、癬疥瘕瘋之類都不是良好的性交對象，而交合也有五忌，當知避免，方能達到「男暢女美，彼此均益」的境地。另《素女妙論》說：「凡人有五欲、五傷、十動之候，若得其宜，則意滿欲足；不得其宜，則各有所傷」云云，也都是講宜忌的。這些宜忌，與社會上許多家庭中都存有的《食物相克中毒圖解》之類圖表一樣，其實都早已化為中國民間的生活性知識，普遍流傳於各地，百姓日用而不必詳言顯論之。是包涵養生、醫學、宗教、日常生活態度等整體合在一塊兒的知識，若抽象概念之知，又若經驗之知，含融為一，有時可以具體明言，有時又只能默會致知。而其原理，則不外乎中和以得食色之美而已。

九、以生為樂

對食色之欲的看法之處理方式，是一個民族文化發展中非常重要的部分，甚至可能是主要的部分。由於對這個問題的處理方式不同，才形成了各地不同之民族與文化⑩。在這些文化中，對人生、對宗教，可能會有些理論去詮說、去鋪陳其理念，但它的底子，像冰山潛隱在深水中的那個底子，卻可能是立基於有關飲食、男女的一些態度。這個態度，影響著它的整體思維方向與內涵，卻未必明言，或未必形成一套理論，未必以論理的方式來表達。因此，考繹宗教、討論哲學、提倡美學的人，也未必注意及此。以致空談概念，擬測理境，而於古人之生活世界殊少契會，亦未能洞達諸人生觀、宗教觀之底蘊。

以宗教來說，中國本身發展出來的道教或其他各種民間宗教，無不「貴生」，珍重愛惜生命。為什麼？這當然可以有其他思想上的解釋，但中國人以生為樂的態度觀念，難道不是個關鍵嗎？中國人的宗教，與佛教、基督教、伊斯蘭教最大的不同，在於以生為樂，不認為人生有罪、人生是苦，而且缺乏彼岸之嚮往，沒有一個死掉以後可以去享受快樂生活的天堂、極樂世界。中國人的極樂世界就在這個我們所生活的人間，所以中國人不是勸人「往生極樂」，而是招喚死者「魂兮歸來」。換言之，一種貴生的、此岸的、現世的宗教性格，即本於一種特殊的人生態度。此種宗教性格，唯有透過文化宗教學的闡析，才能豁然昭顯。

人生之所以可樂，甚至於是極樂者為何？人用什麼招喚魂魄歸來呢？《洞玄子》有段話說：「夫天生萬物，唯人最貴。人之所上，莫過房欲。」人之所上，即是說人所崇尚所嚮往者。人生的快樂，莫上於房中恣欲。一位老饕則可能會補充道：飲食滋味之美也值得留戀。死掉的人，因為不能享受這些，實在太悲哀了，所以才要招其歸來：「嗚呼，尚饗。」

因此，此岸的、現世的宗教，必以飲食、男女為主要內容。殺牲祭拜，供神飲食，是其中一個特徵。這個特徵表現在：一、「神嗜飲食」，只有供奉祂吃得滿意了，祂才會福報你，這是一種特殊的福報觀及供養觀。二、神的飲食，其實也仍舊是人的飲食，人喜歡吃的東西，即是神所嗜食者，並不要另外準備更「聖潔」的神的食物。祭完神之後，人即分食神所食之物，人神同食，故亦同樂。三、道教興起後，推本於「貴生」之觀念，反對殺生祭神，也反對吃五穀雜食及肥甘醴脂。這種新的飲食觀，導致它同時對神要求不再血食，對人要求不再食穀米喝酒，而應努力食氣咽津。這當然是一種改革，但同樣顯示了以飲食、男女為主要內容的宗教特點。因為這些專講呼吸吐納、食氣咽津的修道者，跟養生學實無不同。其宗教性，只顯示在他們特殊的飲食方法上⑪。

男女之事亦然。此岸的、現世的宗教，亦有以男女交接為其主要甚且是唯一之內容者。諸家房中術，號稱為某某道者，固無論矣。道教早期普遍流傳的「男女合氣之術」、「黃赤之道」，或後期內丹家所講雙修法都是如此。「專守交接之術以規神仙」，並無其他崇拜對象、儀式、教養及方法。

其次，交接之術所以能夠登真成仙，在於神人之性態度並無二致，猶如神人之飲食態度亦無二致。許多宗教以性事為諱，強調教主及至上神是一，是獨身獨立的，教主也不性交，所以才顯得神聖。其神聖性即存在於祂與性事的隔絕上。中國宗教通常卻非如此。中國人認為：天地生人，本是陰陽絪醞，其創生之過程，初與男女性交無異。故道經有時也會以擬人化的方式來描述，例如《元始上真眾仙記》說元始天王如何與太元聖母交媾，「一施」而後化育萬物⑫。而人之所以會交媾，也是學神仙的。各本房中術書籍都提到黃帝向素女、容成等請教御女之術，即充分表示了這個想法。上清道反對男女合氣，內丹也有不少流派主張孤修，批評雙修補益之法。但其修煉方法仍然是借著男女交媾之事來進行的。上清講「偶景」，以存思法存想二氣；內丹家以自己一身中二氣相互調和，水火既濟，坎離相調，龍虎交媾而成聖胎。成仙之法，亦皆本諸性交。

不但如此，中國宗教中有些特殊的講法，都跟飲食、男女有關，例如說神仙行廚、仙家燕樂，在中國宗教中是非常常見的意象。行廚也是道教之法術，典出《漢武內傳》。說西王母「設以天廚」，讓武帝大開眼界，因為神仙可以立刻把餐點招喚來或變現出來，所以稱為「坐致行廚」。唐人曹唐《王遠宴麻姑蔡經宅》：「要喚麻姑同一醉，使人沽酒向餘杭。」《小遊仙》：「笑擎雲液紫瑤觥，共請雲和碧玉笙。」、「若教使者沽春酒，須覓餘杭阿母家。」阿母，即西王母。在西王母這個神仙團體中，飲仙酒，吃蟠桃，跟王母的侍女調笑，是最主要的活動，曹唐《小遊仙》屢次述及這類場面：「洗花蒸葉濾清酒，待與夫人邀五翁。」、「青苑紅堂壓瑞雲，月明閑宴九陽君。不知昨夜誰先醉，書破明霞八幅裙。」、「妾有一觥雲母酒，請君終宴莫推辭。」、「侍女親擎玉酒卮，滿卮傾酒勸安期。」、「酒釃春濃瓊草齊，真公飲散醉如泥。朱輪軋軋入雲去，行到半天聞馬嘶。」、「去住樓台一任風，十三天洞暗相通。行廚侍女炊何物？滿灶無煙玉炭紅。」……

飲食必與男女有關，醇酒之中也有美女。曹唐詩云：「武皇含笑把金觥，更請霓裳一兩聲。護帳宮人最年少，舞腰時挈繡裙輕。」、「月影悠悠秋樹明，露吹犀簟象床輕。嬪妃久立帳門外，暗笑夫人推酒聲。」、「九天王母皺蛾眉，惆悵無言倚桂枝。悔不長留穆天子，任將妻妾住瑤池。」……都充滿了性暗示與性明說。曹唐的詩只是一個例子，其他如李白、李商隱等，凡歌詠神仙者，大抵均如是也。此類詩文、典故、意象，構成一組複雜龐大的「文化叢」，相互詮釋、彼此說明，對中國人的深層意識及文化態度，影響深遠。我們若不能掌握它的肌理與關鍵，看起來就會一頭霧水，或至少也是隔靴搔癢、霧裡看花。只用一些概念或西方理論的框子去套著講、類比著講，也是講不通的。

十、中國美學

同理，以食色言美，也是特殊的。美食與美色，可以上通於天地之大美，而令人「老有美色」、「男暢女美」。在西方美學傳統中不但是罕曾觸及之領域及範疇，亦是不曾有的觀念。勉強可相關聯者，大約可以尼采的說法舉例。

尼采從希臘神話中找出酒神狄俄尼索斯（Dionysus）和日神阿波羅（Apollo）來代表藝術的兩種精神。日神體現了大自然生命意志中對個體生命的創造，酒神則是對個體的否定。這兩種驅力，支配著人，表現於日常生活中，即是夢與醉。做夢時，每個人都是完全的藝術家，以美麗的夢境，達成了個體化。可是酒醉時，卻是種神秘的自棄狀態，個體化原則被打破了，人在忘卻自我中渾然與自然衝動結合。

模仿日神精神與夢的狀態而形成的，是史詩及造型藝術。模仿酒神精神與醉的狀態而形成的，是音樂和抒情詩。兩者結合就產生希臘悲劇。

因此，酒神與日神這兩種驅力乃是相輔相成的。不過，兩者之中，酒神更為重要，「酒神比起日神來，顯然是永恆的本願的藝術力量」（《悲劇的誕生》第二十五節）。日神是美的，是和諧、適度、中庸，是個人生存的快感。但酒神卻體現為悲壯（Tragic）。悲壯是因不和諧、衝突、破裂所形成，個體毀滅，融入自然本性之中。

這樣的想法，在尼采後期思想中越發得到強調，甚至用醉來概括所有審美狀態，說：「只要有藝術，只要有任何審美創作和審美欣賞，就必然有生理的前提：醉。必須先有醉來增強整個機能的敏感性，否則不會有藝術。」此處所說的醉，其實是種強烈欲望、高漲情緒、飽含激情的狀況，故尼采云：「醉的最古老最原始之形式，即性衝動的醉。」

他並進一步說：「醉，在兩性動情期最為強烈。」、「假如沒有過於熾烈的性欲，就不能設想會有拉斐爾。」、「一個人在藝術構思中消耗的力，和人在性行為中消耗的力，是同一種力。」⑬

尼采此說，凸顯了醉與性在審美以及創造美活動中的重要性，是用以反對基督教的文化傳統，以重新估定價值。故其反基督教傳統之言，頗有與我國以食色言美相類似者。但中國人講食，不僅指酒；饌飲之美，亦不限於醉。中國人講男女性交，亦不限於高漲的情欲與權力意志。因此尼采追求「悲壯」，中國人則主張「中和」。而且，尼采所說的醉之審美狀態，雖然不限於藝術品，而廣及節慶、競賽、凱旋、絕技、酷行、破壞、麻醉、權力等，其性質已泛指到許多社會生活領域，但仍然不是「日常生活」，相反地，那恰好是生活中的特殊狀況或時日。

討論日常生活之美的，西方美學文獻中亦非絕無所見，如柏拉圖《大希庇阿斯篇》即曾借蘇格拉底與希庇阿斯之口，論辯過身體、動物、器皿、技藝、制度、習俗美的問題。但是，文中說道：

蘇：論敵或旁人或許要追問我們：「為什麼把美限於你們所說的那種快感？為什麼否認其他感覺——例如飲食色欲之類快感——之中有美？這些感覺不也是很愉快嗎？你們以為視覺和聽覺以外就不能有快感嗎？」希庇阿斯，你看怎樣回答？

希：我們毫不遲疑地回答，這一切感覺都可以有很大的快感。

蘇：他就會問：「這些感覺既然和其他感覺一樣產生快感，為什麼否認它們美？為什麼不讓它擁有這一個品質呢？」我們回答：「因為我們如果說味和香不僅愉快而且美，人人都會拿我們做笑柄。至於色欲，人人雖然承認它發生很大的快感，但是都以為它是醜的，所以滿足它的人們都瞞著人去做，不肯公開。」

在這裡，蘇格拉底自嘲：「不知道羞恥，去講各種生活方式的美，卻連這美的本質是什麼都還茫然無知。」因此他討論的其實並非日常生活之美，而是去追究何謂美，美之本質為何。與中國人在生活中欣賞體驗美，進而創造生活之美的態度，迥然異趣。

其次，論美而以視覺、聽覺為主，云：「美既然是從視覺、聽覺來的快感，凡是不屬於這類快感的，顯然就不能算美了」，所以飲食的味覺與嗅覺、男女的性欲也都不能算是美的。這豈不也與中國人的看法南轅北轍嗎？

《後漢書・襄楷傳》說桓帝「淫女豔婦，極天下之麗；甘肥飲美，殫天下之味」，《管子・戒篇》：「滋味動靜，生之養也」，《左傳》昭西元年：「（醫和曰）：天有六氣，降生五味」，這些隨手拈來的文獻，無不告訴了我們美色與美味在人的審美活動中居多麼重要的地位。

甘，《說文》云：「美也，從口含一。」肥亦是甘，孟子問齊宣王：「肥甘不足於口歟？」甘亦是樂，《玉篇》：「甘，樂也」，《淮南・繆稱訓》：「人之甘甘」高注：「猶樂樂而為之」，《左傳》莊公九年：「請受而甘心焉」杜預注：「甘心，言欲快意戮殺之」[14]。從某味甘甜到甘心，其美感與快感之結構，正如旨，本指美味（詩：「我有旨酒」，《禮記・學記》：「弗食不知其旨也」），但旨趣、宗旨之「旨」，亦由美味中得來。甚至於「滋味」一詞，在字書裡一向被用來描述宇宙自然的整體狀況，如《說文》：「未，味也，六月滋味」，《史記・律書》：「未者，言萬物皆成，有滋味也。」也就是說，依據漢人的宇宙論，在午時陽氣冒地而出之後，未時萬物成就，猶如食物已經成熟而有滋味了。後來對個別事物之美，也用「有滋味」來形容，如鍾嶸《詩品》說五言詩為眾作之有滋味者，司空圖論詩說要得味外味。欣賞詩文稱為味之、品味、含咀、咀嚼。品味什麼呢？品味審美對象的「氣味」。都是以味覺去經驗其他的事物。至於不直接使用甘、旨、味等語詞的詞字，也未必不是如此，像《風俗通義》卷一就說五帝中帝嚳之所以名為嚳，就是因為「嚳者，考也、成也，言其考明法度，醇美嚳然，若酒之芬香也」。

這便可見蘇格拉底說：「我們如果說味和香不僅愉快而且美，人人都會拿我們做笑柄」，在中國是大大不然的了。由這個差異看，我們便會發現蘇格拉底也無法處理習俗美的問題。在前面那段引文前蘇、希兩人另有一段對話：

蘇：希庇阿斯，凡是美的人、顏色、圖畫和雕刻都經過視覺產生快感；而美的聲音，各種音樂、詩文和故事也產生類似的快感，這是無可辯駁的。如果我們回答那位固執的論敵說：「美就是由視覺和聽覺產生的快感」，他就不能再固執了。你看對不對？

希：在我看，蘇格拉底，這是一個很好的美的定義。

蘇：可是還得想一想，如果我們認為美的是習俗制度，我們能否說它們的美是由視聽所生的快感來的呢？這裡不是有點差別嗎？

蘇：我且來說明我的意思，不管它有沒有價值。關於習俗制度的印象也許還是從聽覺和視覺來的。姑且把這一層放下不管，把美看作起於這種感覺的那個理論還另有困難……

（底下即接前面一段引文）

把美界定在「由視覺和聽覺產生的快感」，則習俗制度能否稱之為美，蘇格拉底本人也不能確定，故只能說也許是，只能暫時避開不論。他真正能確定的，其實仍是視覺藝術與聽覺藝術。換言之，在美的領域中排斥了飲食與男女，便不能真正討論生活世界的美的問題，蘇格拉底的猶疑、尼采的悲壯，距生活之美，恐怕都還有若干距離。

注釋

①說招魂為通行之禮俗，仍須略作個語意上的界定：魂之可招，必先承認靈魂的存在，故須有魂魄觀念，才有招魂儀式。佛教不談魂魄，只講業力流轉；基督教說的靈魂不滅，也與中國人說的「魂魄」含義不同，所以都沒有招魂儀式。

②顧炎武《日知錄》卷三十《泰山治鬼》條謂：「地獄之說本於宋玉《招魂》之篇」，不然。辨詳蕭登福《先秦兩漢冥界及神仙思想探源》。一九八一，文津出版社，第一章。

③詩序說此詩乃「大夫刺幽王也。上棄禮而不能行，雖有牲牢饔餼不肯用也，故思古之人不以微薄廢禮焉」，殊不如朱熹說得坦白：「此亦燕飲之詩」。

④王充《論衡・譏日篇》：「推生事死，推人事鬼。見生人有飲食，死為鬼當能復飲食。」注意，這也是中國人特殊的觀念，基督教、伊斯蘭教、佛教文化中，並不特別強調對死者的飲食供養。

⑤此處僅以《詩經》為例，來做說明，若推其理，可通六經。我另有《周易飲食事類義證》一文，介紹《周易》中談論飲食的文句與觀念，可以互參。

⑥《後漢書・周舉傳》謂周氏與其友人「酣飲極歡，及酒闌倡罷，繼以《薤露》之歌，坐中聞者皆為掩涕」，《薤露》即為輓歌。歡樂極兮哀情多。人之所以縱情歡樂，是因為其生命的底裡充滿了哀傷，充滿了對死亡的體會。故在此一心理結構中，哀樂是相生的，歡樂極兮哀情多，哀多故樂，樂極又生哀，《漢書》卷六三〈武五子傳〉載武帝子廣陵厲王胥要死時唱的一首歌，就是這種心情的注腳：「欲久生兮無終，長不樂兮安窮。奉天期兮不得須臾，千里馬兮駐待路，黃泉下兮幽深。人生要死，何為苦心？何用為樂心所喜，出入無悰為樂亟？」唱畢，輒飲酒。

⑦詳龔鵬程《宗教與生命禮俗》，收入《佛教與佛學》，一九九六，新文豐出版社。

⑧《詩經》談到「饑」的問題，往往與性饑渴有關。聞一多《詩經通義・周南・汝墳》云：「古謂性的行為曰食（詳〈王風・丘中有麻〉），性欲未滿足時之生理狀態曰饑。既滿足後曰飽。《衡門篇》曰：『可以樂饑』，又曰：『豈其取妻，必齊之姜？』『豈其娶妻，必宋之子？』《候人篇》曰：『彼其之子，不遂其媾』，又曰：『季女斯饑。』尋繹詩意，饑謂性欲明甚。本篇曰：『未見君子，惄如調饑』，惄如猶惄然。未見君子而稱饑，是饑亦作性欲言。且詩言魚，多為性的象徵，故男女每以魚喻其對方。本篇曰：『魴魚赬尾』，《衡門》曰：『豈其食魚，必河之魴』『豈其食魚，必河之鯉』，而《候人》曰：『維鵜在梁，不濡其咮』，亦寓不得魚之意。三詩皆言魚，又言饑，亦饑斥性欲之證。此義後世詩文中亦有之。樂府《西烏夜飛》曰：『暫請半日給，徙倚娘店前。目作宴填飽，腹作宛惱饑。』《隋遺錄》曰：『（煬帝）每倚簾視（薛）絳仙，移時不去，顧內謁者云：古人言秀色若可餐。若絳仙，真可療饑矣！』」

⑨《老子河上公注》亦言中和：「稟氣有厚薄，得中和滋液則生賢聖，得錯亂污辱則生貪淫也。」「稟氣有厚薄，除情去欲，守中和，是謂知道要之門戶也」（第一章）。故中和應為儒道通義。

⑩討論飲食文化，石毛直道《食事の文明論》（中央公論社）、《食事の文化志》（岩波書店）、《東ジマ食事文化》（平凡社）、田中靜一《漢字の書と調理用語》、柴田石毛編《東ジマ食事文化》等均可參考。山內昶《食の歷史人類學——比較文化論の地平》，一九九六，人文書院，對於各種飲食研究的文化理論介紹，尤其有趣。他介紹的第一類理論，側重於禁食的研究。例如佛教在中國，自梁武帝以後，開始禁酒肉；日本則於西元六七五，七二一，七三〇，七三二，七四一，七五八，七九一，八〇一，八〇四，八一一，一一二六年都曾發佈過殺生禁斷令或放生令。此外，佛教忌一切肉食，伊斯蘭教不食豬肉，日本各神社也禁食一些肉類，但只在某些特殊時日禁食，基督教《舊約聖經》中也曾對魚鳥蟲類許食什麼與禁食什麼有所規定。研究這些禁食現象，對於比較各個文化非常有用。因為從比較文化史的角度看，中國人的禁食範圍最窄，幾乎什麼都吃。某些省份，更曾被嘲笑說是：「兩條腿的，只有人不吃；四條腿的，只有桌子不吃。」而實際上許多地方都吃人，人肉也被認為極具滋補效果，所以不少人篤信「割股事親」的療效。

山內昶介紹的第二類理論，是飲食文化唯物論學派。此派從各民族居住地生態的調查開始，研究原始人如何尋找維持生理需求的必要食物，再如何加工，在攝取營養、經濟文化、處理時間、食物選擇之間，又如何協調，以達到最適採食的效益。這派理論對分析各民族或地區之飲食文化差異也是很有用的。南人食米，北人吃麵，原來即肇因於其不同之生態環境。同屬佛教，中原地區可以禁止吃肉，在蒙古、西藏便不行。故即便是禁食研究，也不能僅考慮宗教或觀念上的差異，而亦應注意現實的狀況。

第三類理論，是從文化符號學的立場討論飲食問題。例如人對物的命名，即代表著人對世界的認識。動物、植物；生物、無生物；喬木、灌木。我們常用這樣的分類與命名來切割世界，以便認知，並界定我們和它們的關係。聖與俗、可食與不可食、生與死、世俗時間與祭祀期等區分亦然。此類區分，因為屬於同一種分類方法，所以也有相通或類似性。而飲食與婚姻尤其相似，動物的可食性分類，與人間性關係的分類頗具對應關係。從男性角度看，女性大抵可以分為四類：一是與自己最親近的女性，母親或姐妹，這是不能有性關係的，一般社會都禁止近親相姦。二是氏族姐妹，如堂姐妹、表姐妹，血緣關係較遠些，雖可婚，但也不被鼓勵。三是鄰人、友人等其他女子，這是可婚的。四是遙遠的他人，理論上亦可婚而實際上因缺乏接觸之機會，（接上頁）所以婚媾之可能性甚低。這四種關係，正如食物，一是禁食之物，二是家禽，三是捕獲物，四是遠方的野獸。人基本上吃捕獵物，捕不著了，只好吃飼育之家禽（試想「獵豔」一詞的含意）。性的可觸性與食物可食性之間，剛好構成「親／疏、遠／近、同／異」重疊的關係。其他還有些理論，例如將煮物與燒物對比來看，或將女性採集植物、男性捕殺動物對比來論文化的開放與閉鎖、攻擊與包容等等，均有理趣，不難尋繹。謹此示隅，以待三反。

⑪這種神聖飲食觀，是把食物分出「神聖」與「凡俗」。凡俗人吃五穀雜糧及雞鴨魚肉，神聖人吃另外一些聖潔的食物。《莊子．逍遙遊》中已談到藐姑射山之神人，餐風飲露，不食人間煙火。《列子．湯問篇》則說仙界「珠玕之樹皆叢生，花實皆有滋味，食之皆不老不死」。另外，《楚辭．遠遊》說：「仍羽人於丹丘兮，留不死之舊鄉。朝濯髮於湯谷兮，夕晞餘身兮九陽。吸飛泉之微液兮，懷琬琰之華英」，說吃了玉樹的花以後，可以「精醇粹而始壯」，「神要眇以淫放」。又《九章．涉江》：「登崑崙兮食玉英，與天地兮同壽，與日月兮齊光」，亦是如此。故我認為這種神聖食物觀可能有兩個系統，一是如莊子所說的吸風飲露，後世講「服氣」者屬於此類；二是如列子、屈原所說的吃玉英，後世講「服食」者屬之。而來源皆甚古老，服氣者，在《莊子．刻意篇》中即有記載。服食者，早在《山海經》中亦有說。《西次三經》云丹水中多白玉，「是有玉膏，其原沸沸湯湯，黃帝是食是饗」。又「瑾瑜之玉為良，堅栗精密……天地鬼神是食是饗，君子服之，以御不祥」。可見古代是吃玉的。秦漢以後，服食方才逐漸燒煉黃金，合成丹藥來吃。

⑫詳見柳存仁《和風堂新文集》，一九九七，新文豐，頁二四六，《道教的創世紀》。

⑬另詳周國平《從酒神衝動到權力意志》，收入一九八六《外國美學》第二輯，商務印書館。

⑭日人笠原仲二《美字在〈說文〉中的本義和審美意義的起源》一文，對甘、美、肥、羊、香、旨、醇諸字均有分析，可參看。收入一九八四中國社會科學出版社《美學譯文》第三輯。

貓狗論

台灣的「立法院」近日爭議不斷，議事效率奇低。而在這個時候，偏偏通過了一個極其怪異的「法案」草案，以保護動物為名，準備限制人們吃貓狗，凡吃貓狗者均要罰款。如此「法案」、如此「立法」行為，均可謂奇談！

之所以是奇談，原因之一，在於「立法院」攸關民生福祉之法案，堆積若山，「立法委員」成天鬥口鬧事，放著「法案」不審，也就罷了。現在，居然不問蒼生問貓狗，不知其人道精神何在？

原因之二，在於「立法」諸公睜眼說瞎話。不但罔視國人吃貓狗的歷史與事實，更硬口說國人不像韓國有吃狗肉的習慣，故禁食貓狗並無不當。

若國人本無吃貓狗的習慣，現在為什麼要「立一個法」來禁食呢？故從「立這個法」本身就反證了國人存在著吃狗肉的現象。而從實際狀況上說，吃狗肉的區域迄今仍然遍及東北、山東、江蘇、閩廣、貴州等處。再由歷史上看，「掛羊頭賣狗肉」是什麼意思，有此俗語，豈不證明了古代賣狗肉者甚多，且肉價低廉，不及羊肉嗎？

是的，國人自古就以狗肉為最常食用之肉種，一般老百姓若吃不起牛羊，就吃狗肉，故狗肉價廉。各式祭祀中，太牢少牢，均不用狗，而用牛羊豬等。只有鄉飲酒禮殺狗為牲。那是因為鄉飲酒禮本來就屬於民庶間的聯誼敬老活動，故吃狗肉最為親切。

也由於如此，故屠狗者，往往被形容為市井中的隱淪豪傑。《史記》載信陵君與屠狗者為友，成為士求知己的永恆意象。「仗義每多屠狗輩，負心多是讀書人」，更道盡人間道義之真情。越王勾踐復國，鼓舞其民眾，有生男兒者，送兩壺酒、一隻狗以為賀，良有以哉！

如今，無知的「立法委員」，隨外國人聲口，亂說話亂「立法」，不顧歷史、文化與事實，又將貓狗定義為「寵物」，不准人們食用。殊不知能豢養寵物者，僅屬社會上少數人士，貓狗亦非天生即屬於寵物，寵物更不限於貓狗。視貓狗為寵物者，理應尊重其他以貓狗為食物者，故也不該如此蠻橫霸道。

或曰：貓狗如此可愛，為什麼要那麼殘忍地去吃牠？是呀，什麼不可愛呢？豬不可愛嗎？牛不可敬嗎？吃豬吃牛吃魚又怎麼說？不也很殘忍嗎？推類而言，花這麼美，青蔥綠菜這麼悅目，為何也要吃呢？

飲食行為的形成，牽涉到生存自然條件與歷史文化因素，不能將之道德化，認為吃什麼（**通常是自己吃什麼**）就代表文明，別人吃什麼則代表野蠻與殘忍。振振有詞，要以尊重生命、保護動物為藉口，來規定別人不准吃這、不准吃那的人，首先應來上課，學學歷史，學學飲饌文化學，學著尊重別人的飲食習慣！

附：

「關懷生命協會」批評我反對「立法」禁食貓狗，說我一時思路不清，所言有諸多荒謬不合理之處。讀其論議，不覺噴飯。

為什麼呢？我之所以撰文反對「立法」禁止食貓狗，是因法律不應管制人民如何飲食，而管制的理由又居然是說國人本無食狗肉之習慣。因此我從歷史、風俗、文化上說明其理由不成立。

現在，關懷生命協會轉移了焦點，另提了兩個觀念來批評我。這不是思路不清的人反而來栽贓嗎？

其次，該文說的兩個觀念是：一、古代固然常吃狗肉，然此乃陋俗，應該改革，否則即反文明。二、佛教徒應護生，人道的社會也應保護動物，故不可吃狗。這兩點其實是互相矛盾的。

我說過，飲食不能道德化。誰能說吃狗肉就比吃牛吃羊吃豬吃魚落後、野蠻？牠們有何本質之不同？某些民族自己不吃狗，便說吃狗的民族野蠻不人道，「令瑞士蒙羞」，正是霸權心態之表現，吾人焉能附和？

倘欲貫徹護生之旨，則一切動物均應保護。獨護狗命，只關懷狗而任人宰食豬羊，又是何邏輯？再從「立法」禁人吃狗來說，若真是關懷生命，豈不更應「立法」禁人食一切豬牛羊雞鴨魚蝦？能這樣「立法」嗎？

我們知道護生的意義，也願保護動物，但以這些理由來「立法」禁人吃狗卻是不對的。認為我身在佛教辦的學校而反對如此「立法」就是道德上有虧欠，更是霸道不講理的行為。佛教徒可以這樣隨便亂指責別人嗎？

另據法新社巴黎二〇〇九年十二月廿一日報導：根據紐西蘭羅伯特和布藍達維爾夫婦（Robert and Brenda Vale）撰寫的《該是吃狗的時候了：永續生活真正指南》研究，飼養一隻寵物狗所排放的二氧化碳量，是一輛耗油運動休旅車的兩倍多，因此人類最好的朋友——狗，可能也是環境最險惡的敵人。

維爾夫婦是威靈頓市維多利亞大學（Victoria University）永續生活專家，他們分析受歡迎的寵物食物品牌，計算出一隻中型狗一年要吃掉約一百六十四公斤的肉和九十五公斤的穀類食品。生產一隻中型狗食物所需的土地，可算出牠一年的碳足跡達〇點八四公頃，約是一輛四輪傳動休旅車的兩倍。這種休旅車一年駕駛一萬公里，包括建造車輛的能源在內，碳足跡為〇・四一公頃。

為確認其研究結果，《新科學家雜誌》（New Scientist）要求英國約克（York）的斯德哥爾摩環境研究所（Stockholm Environment Institute）的巴瑞特（John Barrett）以他的資料為準，為寵物計算碳足跡，結果證實相同。故巴瑞特說：「養狗真是奢侈。」維爾夫婦說：「該是吃狗的時候了。」

自以為養寵物、不吃肉就是文明、環保、愛地球的人；動輒罵吃狗的人為野蠻、以西方人不吃狗為依歸的人，或許該知道這項研究。

狗與藏羚羊

大陸在一九八三年建立了一個世上內陸面積最大的自然保護區，位於崑崙山中段，稱為阿爾金山自然保護區。區裡珍禽異獸，不勝枚舉，故偷獵者亦視此為金礦寶藏。

其中產一種藏羚羊，自十六世紀起，就被歐洲人所覬覦。歐洲人喜歡羊毛披肩，藏羚羊 Shahtoosh 則為其極品。Shah 為波斯文「皇帝」的意思，Toosh 指羊毛，蓋謂其為羊毛之王也。

在印度，這種毛原料每千克要賣到一七一五美金，在歐洲更不得了。因此，重利所趨，進入這個區域內偷獵者絡繹於途。他們持有武器，遇上反偷獵隊，就公然開火。所以現在海拔四千七百六十七米的崑崙山口，還樹了一方反偷獵英雄的紀念碑。所謂反偷獵英雄，其實就是被偷獵者打死的保護區職工。

歐美保育團體，近些年在全世界擔任員警工作，一下禁止日本人捕鯨魚，一下說中國人不准用犀牛角、虎骨、熊膽，自居道德與環境生態之守護神，責備我們野蠻。可是，對於獵殺藏羚羊甚且殺人之類事，卻一向默爾無言。

這類事例，指不勝屈。像犀牛瀕於滅絕，到底是歐美人士在非洲濫殺的結果，還是中國人藥用犀牛角呢？飼養熊來取膽汁，跟飼養豬來宰殺供膳，哪一種更為殘忍？虎骨藥用，所費幾何？跟老虎會不會絕種，關係又真那麼大嗎？只因為歐美不用虎骨、犀角入藥，不食熊掌，不用熊膽罷了。以此為口實，一以轉移焦點，以亞洲諸國為代罪羔羊，讓人忘記歐美之工業化、殖民擴張才是全球生態破壞的元兇；二則表現了歐洲的文化霸權心態，鄙視不合乎他們的飲食文化，認為那不僅野蠻，也在生態道德上有罪。

近來，禁食貓狗之議，事實上就是這種態度的另一顯現。貓狗本來就不屬於野生保育類動物，但主張應禁食貓狗的人動輒就引用「中國人愛吃珍禽異獸，野蠻殘忍且無保育觀念」之類講法以為談證。殊不知此乃引喻失義之舉。就算不去計較誰才真正扼殺了野生動物的賬，以歐美人的飲食習慣來規範我國人，有什麼道理嗎？

人是雜食動物，基本上什麼都吃。但受風土、習俗、禁忌、烹飪技術之限，各地所食物品並不一致。正如藏傳佛教不吃魚、少吃菜，漢傳佛教不吃肉，台灣民間早期不吃牛，現今則有許多地方仍吃老鼠，各因土宜，無所謂高下。我們能說喇嘛吃肉，故德行即劣於和尚茹素嗎？凡吃的東西，也並不會因我們吃牠而絕種。誰見過豬牛羊魚甚或老鼠絕種了？因此，把野生動物滅絕歸咎於中國人之好吃，乃「妖魔化中國」之一端。以此為由，欲禁止國人吃狗肉這個傳統，更是不知從何說起。

觀念的偏執

在我們這個世界上，已知存活著的動物，約一千萬種。而每年因人類行為導致絕跡者，約在一萬五千到三萬種之間。這個數量，觀察者意見不一。有些覺得每年絕跡幾萬種真是個可怕的現象，加強保育，刻不容緩。有些人則認為在一千萬中減少個一萬兩萬，實在不算什麼。比起生物絕跡的速度，在我們這個星球上，消失得更可觀的東西多得是，例如語言。許多語言，比動物更值得保存，但卻少人關心。

這就是保育動物者的偏執。許多強調人道精神的動物保育者，其實對人文價值並不夠重視或重視程度不及自然價值。

依據 Stephen R．Kellert《生命的價值》一書對美國社會價值觀的描述，大多數對動物與大自然持有明確人文觀感的人，其實喜惡及關心之物事含有明顯的偏執。且不論語言與生物何者更應保存，僅就生物而言，他們也只會愛寵物，而對自然動物界卻漠不關心，甚或懷有敵意。

在三十三種常見動物中，最受美國佬歡迎的是狗。與狗同屬犬科的狼與美洲土狼之類，卻不受歡迎。若從廣泛動物領域來看，情況更有趣。因為現在一千萬種生物中，其實九成是無脊椎動物。可是一般美國佬對這些蒼蠅、蜘蛛、蚯蚓、螞蟻、蝦、蟹、貝類、蝸牛、蟑螂、臭蟲、蚊子、跳蚤、飛蛾等，不是毫無所知，漠不關心，就是厭惡、不屑，沒有人以人性觀點或道德立場去看待這些生物。尤其是環保人員，比起科學研究者，在這方面顯得更為欠缺。

在脊椎動物方面，人道主義者反對獵殺的，主要也只是大型脊椎動物，如鹿、熊、象、老虎等，卻不反對獵蛇、釣魚等等。而且，贊成為製作裝飾標本而打獵者，有百分之二十。捕獵哺乳類供休閒娛樂者，占百分之卅八。獵水禽以供娛樂者有百分之四十。供消遣與肉食者有百分之六十六。同意原住民可進行傳統狩獵者有百分之八十一。同意為了供肉食而狩捕者則為百分之八十四。實際上，以打獵為休閒娛樂活動的人，現在美國每年也還有一千五百萬至兩千萬之多。因為打獵正是歐美的傳統。

這些數字，都很值得深入分析。例如狩獵如此之多，動物豈不絕種得更快了？不儘然。生物之絕滅，主要是棲息地生態遭了破壞，如大規模農耕、開礦、伐木、放牧、攔截水流、將河流改道、修路、都市化、工業化等。闢地農耕或造林、伐木，對生物之戕害，絕對勝於捕獵，更不要說工業污染了。可是，即使僅就狩獵而言，呼籲保存蛇鼠的人少，而僅著眼於熊、象、老虎等，豈不也是偏執的？本身捕獵如此之多，也准許捕獵，卻在亞洲、非洲努力推動禁獵，更是奇怪。

每一個文化，對動物都有些奇怪的態度。例如印度格外崇拜牛，中國人喜歡蝙蝠，謂其象徵福氣，台灣不少原住民禮敬蛇。正因我們對動物的態度並不一致，故在保護動物的想法和方法上就不一樣。明白這一點，則對美國人在保護動物方面顯示的種種矛盾與不合理，也就可以理解了。

飲饌之道

金庸武俠小說《射雕英雄傳》中塑造了幾位武學宗師，號稱「東邪、西毒、南帝、北丐」。其立名之義，不知何所取則，但若以飲食之道擬之，則我國飲啖之風，確實亦有南北東西之殊。

在南北朝時期，南方人就常批評北方人是「酪奴」，因為北方人吃乳、乳酪。南方人喝茶，北方人也視為「水厄」。南北文化之殊，飲食居重要地位，具嚴重之辨異功能。至今，南方水稻文化，北方麥麵文化，也仍是一項主要區分指標。

南北不同之外，東西也有差異。西部各省，均偏辣，這是由於地氣影響，非辣不足以去濕去鬱。所以其他地方人見重慶一帶大熱天吃麻辣火鍋，覺得不可思議，不知此正為飲食與天時地利配合之道。東部水土，異於西南，故以糖之用為多。東晉以來，即慣於用糖、用蜜、用酢。因此至今仍可吃到糖醋魚、蜜汁火腿等名菜，而且其他菜色也偏甜，包括台灣都是如此。像醬油，台菜就多半用甜稠的醬油膏、醬油露或伴甜辣醬，北方人吃起來，自然就覺得不甚對味。

此所以飲饌之道，亦有東甜、西辣、南淡、北鹹之分。這四者，除了地域之分以外，事實上也就是我國的幾大主要菜系。

原來，飲食文化乃是文化發展的表徵。一般民族對於用火，不如我國熟悉，故許多民族至今仍保留大量冷食、生食之習慣。而即使是熟食，也只有少數幾個民族懂得炒菜。大部分民族只會燒、烤、煮、炸、煎，並不懂得混合各種菜與肉來炒。會炒菜的民族，大約僅有我國漢民族，歐洲大約僅有法國人會一些。

我國各少數民族地域也都不懂炒菜。會炒菜的只有幾個地區，那就是上文談到的東部長江三角洲、南部珠江三角洲、北部黃河三角洲，以及四川天府之國為中心所形成的輻射領域。而且，這些地區，也不是一下就會炒菜的，大約要到宋朝以後才逐漸發明了炒菜，所以像日本、韓國，吸收我國文化，以唐為主，就還不甚懂得炒菜。

平常我們在家裡炒個蛋炒飯或番茄炒蛋、青椒牛肉之類，誰會覺得那有什麼了不得？但事實上，把各種不同的植物、肉類、調料，搭配在一塊，控制火候，爆炒得宜，還真是一門藝術，須求其君臣佐使、左右調劑。

古人比喻治國之道，輒以宰庖為說，良非無故。

我國黃河三角洲、長江三角洲、珠江三角洲以及四川地區，是因長期富庶，才能逐漸發展出這些法門，形成飲食文化。那政治上偶然暴興的大都會，例如北京，因缺乏這類文化積蘊，仍是發展不出菜系的。北京菜如今除了滿席點心之外，事實上只是魯菜。其間緣故，正可令人深思也。

知味

我國食譜，始於南北朝時期。但除了《齊民要術》、抱朴子《神仙服食藥方》之外，均已不存。《齊民要術》乃論食料生產製作及烹調的綜合書籍，非純粹之食譜。故談食譜，仍不能不以宋代為嚆矢。

而最有趣的，是宋代食譜主要為素食譜。陳達叟《本心齋蔬食譜》、林洪《山家清供》均為其中翹楚。陳氏書計錄二十品，包括豆腐切條淡煮蘸醬來吃，菜根花葉煮成羹，粉米蒸了加糖作飴，炒韭菜，炊山藥切片漬蜜，煨芋，蒸栗，煮龍眼等。林氏之書采摭更廣，如青精飯、地黃餛飩、百合麵、素蒸鴨、銀絲供、葡萄煎、神仙富貴餅、蜜漬梅花、白石羹、荼蘼粥、石榴粉、東坡豆腐、豆黃簽等等。名色甚為動人，製作方法也講得很精詳，可以依譜重做出來，在山林清修之際，品嘗一二，必然十分愜意。

以我吃素菜的經驗，甚至覺得如今台灣坊市所經營的素食店、素食館，水準距一千年前宋代這些素食譜，實在還要差上一大截。素食本是好事，但若不善烹調，便成粗食，殊乏雅趣，令人啖之寡味。

需知素食雖為清品，非恣口腹之欲；然既為清品，即須有雅趣，非如牛羊齧青草也。惜知此意者不多，輒令人每入素食館而悵悵。

我嘗默想：古人撰寫食譜，何以不先就魚肉烹調之術大大講求一番而轉以山家清淡為主，殆亦有深意存焉。蔬菜譜自稱「本心齋」，示人製雪藕之法，則云：「中虛七竅，不染一塵，豈但爽口，自可觀心」，均足以讓人體會到素食在提升人性靈方面的作用。

在這種觀念之下，葷腥不唯無益於養性，亦無助於養生了。元人賈銘《飲食須知》卷一至卷五都是素食，卷六至卷八才是魚肉，前後順序，便存軒輊。且所述魚禽獸多半有毒，如鱘魚多食發痼疾瘡疥痟疾；鱸魚有小毒，多食發瘡腫，成痃癖；鯉魚能發風動火；鰻魚有小毒，多食動風，妊婦食之令胎有疾；蒼鵝性冷有毒；嫩鵝有毒，多食令人霍亂；鴨肉有毒；雞肉善發風助肝火；豬肉有小毒，多食令人遍體筋肉碎痛乏氣，豬臨殺，驚氣入心，絕氣歸肝，俱不可多食；羊肉同醋食，傷人心；同鮓鱠酪食，害人，熱病、疫證、瘧疾病後食之，復發致危；黃牛肉微毒，食之發藥毒，能病患；馬肉性冷，有毒……似乎凡是肉類，沒幾樣不吃出問題來的。

看來此公編寫此書，頗有以衛生觀點告誡世人少吃肉多吃素之意。他是否危言聳聽，難以遽斷。但從飲食的道理上看，他其實是在提倡一種「知味」的觀點，認為：「烹飪燔炙，畢聚辛酸，已失本然之味矣。本然者，淡也。淡則真。昔人偶斷肴羞，食淡飯曰：今日方知其味，向者幾為舌本所瞞。」

知味者，非舌尖之功夫；雅趣者，非水煮清淡之謂。須明此理，方知飲膳之道。無論吃葷吃素，這個道理都是一樣的，可惜現今懂得吃的人太少了，遂令吾人撫遺編而歎息矣。

養生

偶然與友人在台灣宜蘭一小攤子上吃羊肉爐，見牆壁上貼著一些廣告文句，大抵謂吃羊肉可以去寒祛風、強壯體魄之類。其中有一張則寫道：「多食甘者，有益於肉而骨不利。多食苦者，有益於骨而筋不利。多食辛者，有益於筋而氣不利」，乃是介紹飲食保健之道，而不僅為羊肉做宣傳的。讀之，頗有會心。蓋飲啖之理，重在調濟平衡，某一類食物固然對身體有好處，偏食多了就不免受害。攝生者不能只知進補而不懂得這個道理。店肆做生意，而藉此教人衛養攝生之道，也可算是一樁功德。

這幾句話，被貼在一家小攤子上，也很令人驚奇。因為這其實是古語。源出於孔子的門人公孫尼子。公孫尼子著作久佚，僅《樂記》中保留了一部分他的言論，此外零星散見於各古籍中，這一段就僅存在《意林》及《太平御覽》裡。本來應該是不容易見著的，其學說在後世也無傳承，不知為何竟能見錄於市井坊肆之間。其流傳軌跡，殊不可考。或許是因為它討論的是飲食之道，民間覺得它較為親切實用，故不斷有人抄錄傳述吧。傳之既久，可能誰也不曉得它本是孔門遺教啦！

孔子原本就是注重飲食生活的人，《論語・鄉黨篇》記載孔子「食不厭精，膾不厭細。食饐而餲，魚餒肉敗不食，色惡不食，臭惡不食，失飪不食……不多食」等，就是飲膳攝生之要。可惜後來儒者對此不甚重視，只強調心性修養。重養心而不重養生，重「養其大體」而輕忽了「小體」的口腹飲食之養，以致後來一談到養生，好像都是道教的主張與法門。

公孫尼子則對此較有發揮，說：「飲食以通血氣」（《北堂書鈔》卷一四二引）；「人有三百六十節，當天之數也。形體有骨肉，當地之厚也。有九竅脈理，當川谷也。血氣者，風雨也」（《意林》卷二引）；「孔子有疾，哀公使醫視之。醫曰：子居處飲食何如？孔子曰：丘春居葛籠，夏居密楊，秋不風，冬不煬。飲食不遺，飲酒不勤。醫曰：是良藥也。」（《太平御覽》卷廿一引）等等。

這些文獻，清人馬國翰曾輯入儒家類佚書中。同樣被收入其中的，還有原先歸在《管子》的《內業篇》。此篇亦教人「凡食之道，大充傷而形不臧」等等。由這些地方看，則王逸《正部》說：「仲尼門人餔道醇飲道宗」，殆非虛語，只不過後世對這門學問較少發揮罷了。

當然，要說後世對此甚少傳承發揮，倒也不盡確切。因為宋元之後，「儒醫」的觀念盛行，《儒門事親》一類醫書，正是儒家衛養攝生之學的發展。只是在正統儒學領域，專心鑽研心性之不暇，對此較感陌生而已。今人若欲弘揚儒學，則似乎也不能只談養心而繼續忽視養生。

從食譜到散文

一、飲食之道，難言哉！胡衍南《養生食譜到飲膳散文的中途站》這篇文章頗有理致，但問題也不少。

首先是題旨：作者謂從養生食補到今日飲膳散文，乃一演化之過程，明清飲膳著作則為其中一個中途站。

他所說的明清飲膳著作，其實只是明末清初（**張岱到袁枚**），殊不足以括明清之流變。而依他的解說，這些文人食經，著重於飲食之美的品味，又與之前著重於實用或養生者顯然異趣。若然，則從古養生食譜到今日飲膳散文，便非一演化過程，乃是異質斷裂的變遷。明末清初這些文獻，亦並非中途站，乃是別立門戶的開基祖，為今日飲饌散文之先聲。

究竟明清是繼承的發展呢？抑或為斷裂的變遷？若為變遷，便非中途站；若為發展演化，便不會如作者所描述，在晚明時期，與之前的養生食譜有那麼大的分歧。故作者在此，是左支右絀，無以自解的。

二、我其實贊成演化說。因為事實上並無如此斬截之變化，《居家必用事類全集》及高濂的《遵生八箋》本來就都是晚明之物；晚明文家與高氏此書關係尤其密切；把他們視為早期傳統，更是不妥的。

後來文家，記飲膳事，文采固然較勝，但袁子才之食單、李笠翁之飲饌部，基本性質難道不是實用的嗎？晚明清初把飲食寫得令人垂涎欲滴的文人，他們飲饌又能擺脫養生的觀念嗎？袁中郎《醉叟傳》記一叟喜食蜈蚣、蜘蛛、蛤蟆、螞蟻，中郎奇之。但中郎問他的第一個問題卻非好不好吃，而是「問食之有何益」。這不就仍是養生的觀念嗎？同理，笠翁所談，亦自以為是「飲食清供之道」。則其與古異趣者，不在於不實用不養生，而在於講飲食養生之道時，講得特別動聽。也就是說寫食譜寫得較有文情、文采罷了。作者把寫作方式上的改變和養生實用之目標問題混為一談，反而頗不清爽。

三、為何明末清初之食譜寫作較有文采、文情呢？

作者並非未處理此一問題，但不知何故，他老是被馬克思弄亂了思緒。說飲食文化之發展取決於該文明的物質條件，「到了唐宋時期，中國的飲食文化逐漸成熟，關於飲膳技藝的論者也就跟著出現」，底下舉茶書大量出現為證，說茶書之多充分反映了中國是喜好品茗的民族。

這樣的論述，是錯亂的。一、喝茶，在古代並不盛行，行於唐宋，乃唐宋之新興事物。唐宋茶書當然較前為多。但此與「中國飲食文化逐漸成熟」有何關係？又與「該文明的物質條件」何干？二、茶書之多，反映了中國人喜好品茗嗎？中國人也喜歡喝酒，但酒書為何不如茶書之眾？如此論證，是乏效力的。三、茶書之所以多，是因唐宋時期文人及僧家正在推廣這項飲品。酒則飲之久矣，無待推廣，不須再來討論其材料及烹作手法。四、這個事實，也恰好說明了飲食文化的發展，常不取決於物質條件，而是取決於觀念。五、唐宋時期，飲膳技藝之書漸多云云，語意亦大可商榷，詳下。

四、以唐代《食譜》、《膳夫錄》、《玉食批》的標準來看，《禮記・內則》並不會比它們遜色。何況，養生既是中國膳食的重要觀念，作者為何忘了那些藥書中的單方草本原先也就常是食譜呢（**如青精飯，就是流傳已久的藥膳**）？

因此，說到唐代論飲膳技藝之書才出現，是不對的。宋代以後，則確實記烹調過程及方法者較詳。但那是什麼緣故呢？是由於宋代城市經濟繁榮，物質條件更好了嗎？不是，而是飲食文化所涉及的社群發生了變化。

古云：「凡人莫不飲食，而鮮能知味」，飲食是一種文化，古代這種文化只行於宮廷，此即《周禮》、《詩經》之所述者，一般民眾不能講究美味，只能圖溫飽。春秋戰國時期，這種文化則可見於孔子、屈原之言說及《禮記》等書所述，主要是士大夫階層行之。魏晉南北朝仍是貴族社會，飲饌之道，非庶民百姓所能遽講。故即使在唐朝，食譜都仍以記載宮廷菜色為主，而且都很少細述烹調之法。宋代以後，飲食文化才成為社會一般民眾享用的文化，故無論是《東京夢華錄》中記載的食品，或《山家清供》、《本心齋蔬食譜》，都是民家常見且力可辦理的菜餚。這些菜餚，才需要介紹其採辦過程及烹調技藝；不像大內御膳，製法難明，記者亦但矜其名色而已。至若明末那些文人食譜，既體現了文人趣味，寫起來當然也會有其文采。它與山家蔬食之譜、都城繁勝之錄不同，又有什麼可怪的呢？

五、作者明白「不同階級絕對是用各異的吃法烹用不一樣的食物」，但卻稱文人為上層階級。此真可怪也。

明末清初諸老饕，強調的其實是品味，而非「向我們展示他的富貴」。因此他們批評耳食目食，戒穿鑿，戒暴殄，普通的豆腐，做得好，就勝過雞、雀腦。即使是張岱，立「蟹會」吃螃蟹，也不過每人六隻，配上臘鴨、乳酪、醉蚶、一鍋鴨汁煮白菜而已。如此場面，今天我們隨便小酌都要勝過他了，何「賣弄富貴」之有？論文人階層，當掌握這個階層的特性，不可泛說為「上層階級」，更不可仍從經濟條件上立論。

飲饌的文學社會學：從《文選》到梁實秋

一

中國人的文化特徵，從外國人的角度來看，恐怕飲食一項是要名列前茅的。許多外國人士的旅遊記錄都談到過中國人的飲食文化令他們嘖嘖稱奇。例如美國人何天爵（Holcombe，一八四四至一九一二）在《真正的中國佬》一書中說：「中國人的飲食文化豐富多彩，每一道菜都各具特色，與西方的飲食習慣迥然不同。主人與客人之間的禮儀應答、推杯換盞等形式，也與西方的做法千差萬別。」①

葡萄牙人曾德昭（Alvaro Semedo，一五八五至一六五八）《大中國志》則說：「中國人為宴會花費了許多時間和金錢，因為他們幾乎不斷在舉行宴會。凡是聚會、辭行、洗塵，以及親友喜慶，無不舉行宴會以示慶賀。遇到哀傷事件，也有撫慰的宴會。重要的事務也在宴會上處理。不管開始作任何工作，或修蓋完房屋，也不可缺少宴會。」②

這類記錄，確實勾勒出中國社會上最重要的文化特徵。飲食，在中國人社會中，似乎主要並非個體生存及享樂之問題，而是具有高度社會意義與功能的。

社會，呀，社會這個詞，原本就來自「社」與「會」這兩種社會基本組織單位。整個社會，就是一個個小的社與會的集合。在曾德昭的書中，他也提到了會社，以及會社中進行飲宴的狀況：「一般說，一般人，特別是同一衙門的吏員，有一種他們稱為『兄弟會』的會社。兄弟會按一月的天數，有三十人，大家輪流到這家或那家吃喝，舉行宴會。」社會上大多數人都會參與會社，而會社又以飲宴為其主要活動方式，這一段話已經講得非常明顯了。

今存敦煌文獻中，社邑文書即有三九六件，包括社條、社司轉帖、社曆、社齋文等等。依據這些文書，我們可以知道：凡申請進入某社成為社員，都必須備酒席請宴。例如伯二四九投社人馬醜兒狀：

投社人馬醜兒狀

有（？）□長□□

鴛鴦失伴，壹隻孤飛。今見貴社齋集，意樂投入。更有追凶逐吉，於帖丞了。若有入社筵局，續當排備。伏乞三官眾社等乞賜收名入案。不敢不申，伏請處分。

這是入社有宴。入社之後，則有參加局席的義務，若不參加，是要接受處罰的。例如斯六〇六六，社司請社人赴局席轉帖：

右緣局席造出，幸請諸公等，帖至，限今月廿四日卯時於乾明寺取齋。捉二人後到，罰酒壹角；全不來者，罰酒半甕。其帖立遞速分付，不得停滯。如滯帖者，准條科罰。

局席之外，宴會還包括齋會、設供、祭奠，或為社員「起病暖腳」的各類筵設。

這種社，有宗教性質的、互助性質的，也有地域性質的，或性別分類的。例如由佛教徒結集的，屬於宗教結社。前文所說「兄弟會」之類，則屬於互助性質，敦煌文書中提到一些「親情社」即為這一種社，以擬親族同恤互助的方式結集而成。地域性的，就是各地的坊巷社。性別區分者，則如敦煌文書中經常出現的「女人社」。這些社集聚會，乃南北朝隋唐時期極為普遍的社會組織。③此外，就是職業結社，也就是行會了。

工商業行會，在唐已頗為發達，入宋更形蓬勃。據《房山石經題記彙編》各行刻經的資料來看，唐代行會至少已有布絹、生鐵、炭、肉、米等廿餘行。宋朝《夢粱錄》、《武林舊事》、《西湖老人繁勝錄》等書所載之會社，更是名目繁多。④這些行會結社，與六朝隋唐之敦煌文書所顯示的情況一樣，也仍是以飲宴作為其主要活動內容的。而且直到清朝都是如此。

例如入社要備酒席，我們在光緒己酉湖南耕新書社的章程中也能看到：「招收徒弟，主人代入幫酒兩席，請同行為證」這樣的文字。光緒丁酉湖南省城紙店業條規中又說：「總理公務人……倘懷私舞弊，一經查出，定例罰酒席一台、大戲一部。」「店主圖騙客師薪資及凌辱客師者，定例罰酒一台。」光緒三十年益陽傘店條規則記載：「每日輸派首士四人，分街查察。如有濫價濫規者，一經查出，罰該店演戲一部、酒四席。」光緒十五年武岡成衣行條規也說：「每年建醮、演戲，各出酒席錢六十文。交錢赴席。如違，不准上席，決不徇情。」⑤諸如此類，均可見入社要飲宴；社集中最主要的義務，則是交錢辦理行業神祭祀。祭祀之同時也就是社友聚餐會飲的時候。若違背了會社行規的規定，處罰的方法，仍然也是請大夥兒吃喝一番。

在中國社會中，飲食就是如此地重要。它是接納某人成為一個群體的進入儀式。辦一桌酒席，請大家吃了，這一群吃飯的人便成為一個生命的共同體（**共同體這個詞是由**

community譯來的，而community恰好早期就譯為社或社區）。祭喪與共，守望相助，共同遵守協商的行為準則與倫理規範，共同承擔義務。若違背了這些，就必須再請一次酒席，賠禮謝罪，重新縫合受了傷、有了裂痕的生命共同體。吃了這桌酒席的人，乃亦重新接納他，讓他再度成為生命共同體中之一分子。

二

懂得了飲食在中國社會中的意義與功能之後，許多文學的問題才好談。

以中國第一本《文選》來說。昭明太子所編，詩共分甲乙丙丁戊己庚七個部分。甲部又分為兩類，一是「補亡」、「述德」、「勸勵」、「獻詩」，是就個人之德行說的；二為「公讌」、「祖餞」，則是就群體說的。底下才分別談詠史、遊仙、招隱、詠懷、哀傷等等。也就是說公讌與祖餞被他看成是最重要的詩之功能。

那麼，何謂公讌？讌就是燕飲聚會。曹子建詩：「公子敬愛客，終宴不知疲。清夜遊西園，飛蓋相追隨。」王粲詩：「高會君子堂，並坐蔭華榱。嘉肴充圓方，旨酒盈金罍。」都是公讌。《文選》所收，尚有劉楨《公讌》、應瑒《侍五官中郎將建章台集詩》、陸機《皇太子讌玄圃宣猷堂有令賦詩》、陸雲《大將軍讌會被命作詩》、應吉甫《晉武帝華林園集詩》、謝瞻《九日從宋公戲馬台集送孔令詩》、范曄《樂游應詔》、謝靈運《九日從宋公戲馬台集送孔令詩》、顏延年《詔曲水讌詩》、《皇太子釋奠會詩》、丘遲《侍讌樂游苑送張徐州應詔》、沈約《應詔樂游苑餞呂僧珍》等。足證飲讌聚會之間作的詩不少，其詩亦可自成一類。

所謂祖餞，李善注云：「崔寔《四民月令》曰：祖，道神也。黃帝之子，好遠遊，死道路，故祀以為道神，以求道路之福。」實際上就是在路上為人餞行，置酒席送別，如曹植詩所稱：「親昵並集送，置酒此河陽。中饋豈獨薄，賓飲不盡觴。」《文選》所收，亦有孫子荊《征西官屬送於陟陽候作詩》、潘岳《金谷集作詩》、謝瞻《王撫軍庾西陽集別作詩》、謝靈運《鄰里相送方山》、謝朓《新亭渚別范零陵》、沈約《別范安成》等。

聚會飲酒，或送別飲酒，當然不止這些作品，像蘇武與李陵的贈答，就說：「我有一尊酒，欲以贈遠人。」在與友朋贈答酬唱的詩篇中，幾乎總與飲讌有關。因為「酬」這個字，本來就取義於飲酒。詩人的酬唱更常被形容為「詩酒酬唱」。宋初不就有一本收錄詩人詩酒唱和的總集叫作《西昆酬唱集》嗎？友朋會聚飲讌，作詩贈答，此喁彼和，興會感蕩，乃是詩人創作最普遍的形態之一，故聚會飲食本來就不止有「公讌」或「祖餞」這兩種狀況及這兩類詩。可是，我們不能不注意昭明太子特別標出這兩種文學類型的意義。

《文選》的基本架構是「分類選文」，故其方法為分類學。先將文學分成一些體制或風格上的類型，然後依這些文類來選擇佳篇，各安其位。如此分類，並非簡單的物種分類，而是具有類型學（Typology）意義的，故其所分諸文類對後世影響甚大。類型因其成分與屬性之不同，而形成區分，出現不同的文類及風格。在這一類體制及風格之間，則為一堆集體相似之物件，彼此同有體制或風格上的類同性。

這是《文選》的基本狀況。但公讌與祖餞卻有另一些性質。第一，公讌與祖餞，與賦、銘、表、詠懷、詠史、遊仙一樣，都被視為一種文學類型。昭明太子正式承認了飲食在詩歌題材、主題思想、詞彙運用上，已經足以成為一個可以辨識的類型特徵，與人類其他經驗，如遊旅、哀傷等等可以並列來看待。而且，它被選列於所有詩歌類型之前，更顯示了這個經驗與類型也許最為重要。

第二，這個經驗，在《文選》的體系中，與其他詩歌類型可以合起來共同組成一種「有意義的結構關係」。述德等，提醒了人根源性的認識。公讌、祖餞，指明了人的社會性存有。詠史，顯示了人的歷史性感受。遊仙、隱逸、遊覽，則表達了人的超越性追求。詠懷與哀傷，才是個人情志的表現。答贈、行旅、軍戎、郊祀，描繪的則是人在現實世界的活動。這樣的結構，可以看出昭明太子文學類型學的精神旨趣，而飲宴在其中所占地位之重要，不言可喻。

第三，類型區分，理論上應該讓類型與類型之間具有明確的差異，否則容易造成辨識的困難。但因公讌與祖餞，指明的是人的社會性存有，這是人存在的基本狀態。人的其他社會活動必然也就是在這個基本狀態中發生的。因此，這些詩事實上並不易明確地與其他詩歌類型區分得開。不但如前文所說「贈答」類詩中會有宴飲聚會之描述，遊仙、遊覽等各個類型中也都可能會有。這種情況，肇因於飲宴的特殊性質，其他的類型就較不會出現此一狀況，例如軍戎詩中不會有遊仙的主題，詠懷詩也不容易與贈答相混。

對於這一現象，有許多值得申論之處。飲宴既為人社會性存有之特徵，又通貫於超越性追求及現實世界之活動中，當然應該好好談談，但那且慢點說，留待後文處理。此處可以先談的，乃是：昭明太子這樣的文學類型區分，事實上已顯示了一個特殊的文學視角。怎麼說呢？

近人討論中國詩學理論，基本上都認為它主要是個體抒情的。所謂：「詩言志」（《尚書・堯典》），「詩者志之所之也。在心為志，發言為詩，情動於中而形於言」（《毛詩序》）。強調個體抒情之性質。所以詩主要是表達詩人內在的自我，抒情詠懷、吐寫襟臆，如朱熹所稱：「人生而靜，天之性也。感於物而動，性之欲也。夫既有欲矣，則不能無思。既有思矣，則不能無言。既有言矣，則言之所不能盡，而發於諮嗟詠歎之餘者，必有自然之音響節奏，而不能已焉。此《詩》之所以作也」（《詩集傳序》）。既然詩是抒情的，讀詩者，也當然要以透過詩句去瞭解作者內在的情志思慮為目的，此即所謂知音說。創作面的抒情論與閱讀面的知音論，彼此遂形成互動的關聯。

在這樣的觀念傾向下，詩人之間的詩酒酬唱、聯吟疊和，是沒什麼意義的。覺得那些「應酬」之作，要不就是敷衍，要不就是鬧酒時的遊戲之作，非但不足以顯示作者個體內在深刻的情志，而且表現了傳統文人墮落的一面。

近幾十年來我們對中國詩歌的理解與評價，基本上即是如此。但我們都忘了，孔子說詩，曰：「詩可以興，可以觀，可以群，可以怨。邇之可以事父，遠之可以事君。」興感與怨怒，固然屬於個體情志的問題；觀與群，乃至事父事君，卻都是社會性的。所以黃宗羲《汪扶晨詩序》說：「觀風俗之盛衰，凡論世采風，皆謂之觀。後世吊古、詠史、行旅、祖德、郊廟之類是也。孔曰：群居相切磋。群是人之相聚。後世公讌、贈答、送別之類是也。」（《南雷文定》，四集，卷一）

群，原本是詩極重要的功能。但在一味強調「詩言志」「詩緣情而綺靡」的情況下，反而被忽略了。昭明太子的分類，才能讓我們重新反省到：可能詩之可觀可群，比其可以言志抒情更為根本、更為重要。起碼昭明太子的看法即是如此。對於公讌、祖餞、酬唱之類詩，我們也應有新的認識。⑥

三

飲宴酬唱，在詩人之創作活動中占什麼地位，我們不妨隨便找一位詩人來觀察。不必找社會性太強的詩人。像李商隱這樣著名的抒情詩人就很可以說明這個事實了。

李商隱詩集，宋本分為三卷，上卷中，《自喜》即云：「魚來且佐庖，慢行成酩酊，鄰壁有松醪。」又《江亭散席循柳路吟歸官舍》之「席」就是酒席。而酒席又不止此一席，《飲席戲贈同舍》、《妓席》、《杜工部蜀中離席》、《王十二兄與畏之員外相訪，見招小飲》、《席上作》、《三月十日流杯亭》、《飲席代官妓贈兩從事》、《華州周大夫宴席》，都是因飲宴而作的詩。

卷中，《韓冬郎即席為詩相送，一座盡驚》、《評事翁寄賜餳粥，走筆為答》、《妓席暗記，送同年獨孤雲之武昌》、《崇讓宅東亭醉後沔然有作》、《七月二十九日崇讓宅燕作》、《初食筍呈座中》、《韓同年新居餞韓西迎家室戲贈》、《離席》、《夜飲》、《縣中惱飲席》、《南潭上亭燕集，以疾後至，因而抒情》，亦均為飲宴之詩。

卷下，《南山趙行軍新詩盛稱游燕之洽，因寄一絕》、《天平公座中》、《餞席重送從叔余之梓州》、《河清與趙氏昆季燕集得擬杜工部》等，同樣也可以看見飲宴為詩之情況。

這些都是與飲宴直接相關的詩，或為飲宴餞送而作，或緣飲饌興感，或於席上獻技較藝。要看這些詩，我們才能明白俗語中「即席」一詞是什麼意思。韓冬郎即席賦詩，李商隱也在席上或戲贈同舍或代官妓捉刀，或席上命筆，或妓席暗記，不一而足。此類作品，均如書法之即席揮毫。而這個「席」不是別的，正是酒席、筵席之席。

李商隱少年孤露，幸而廁身令狐楚幕府，為令狐楚所賞識。故其酒席經驗，首先是在令狐楚的筵席上，也就是所謂的「天平公座中」。《初食筍呈座中》云：「嫩籜香苞初出林，於陵論價重如金。皇都陸海應無數，忍剪凌雲一寸心。」恐怕就是這位少年雄心壯志的表現。當然，除了令狐楚幕府人士之外，李商隱還有一些朋友，例如羅劭興，李氏寄給他的詩就有「高陽舊徒侶，時復一相攜」之句，自然是酒伴無疑了。這種少年飲宴經驗，對其人生當有不小的影響，所以中年喪偶之後，寓居西溪，便不免覺得：「近郭西溪好，誰堪共酒壺？」（《西溪》）感慨自己性格猶疑，也以不獲酒喝為喻，說：「中路因循我所長，古來才命兩相妨。勸君莫強安蛇足，一盞芳醪不得嘗。」（《有感》）李商隱與女性交往，大概酒筵也是一個主要的場所。前面引了許多他參與妓席的詩題，可以想見其一斑。就是無題詩，如「隔座送鉤春酒暖，分曹射覆蠟燈紅」，不也是筵席上的情事嗎？《曲池》描寫他見到一位女子，令他幾乎不能把持，也是說：「迎憂急鼓疏鐘斷，分隔休燈滅燭時。」⑦

這些詩中，最特殊的是《杜工部蜀中離席》、《河清與趙氏昆季燕集得擬杜工部》。李商隱詩，王安石即曾說它像杜甫詩。《蔡寬夫詩話》甚至說唐人學杜甫，學得最好的就是李商隱。可是李氏學杜，究竟學什麼呢？集中僅有的兩首學杜詩，就都是從飲宴的角度來學杜的。古人對他這兩首詩，推崇備至，如紀昀說它矯健絕倫，葉蔥奇說它遒雋可誦。其中「座中醉客延醒客，江上晴雲雜雨雲」的當句對技法，顯然李商隱本人也甚為得意，因此他另外又用《當句對》為名作了一首。當然，杜甫之吸引李商隱學他，並不只在當句對而已，此寫座中飲宴之情境如繪，想必是老杜「酒債尋常行處有」給他的靈感吧。

凡此種種，俱可見飲宴在詩人生活及創作意識上的重要性。李商隱另有《雜纂》一種，乃自成一格之格言體筆記。每一段講一句俗話，然後舉一群可以顯示這句俗話之意義的事例為例。如第一條叫：「必不來」，什麼樣的情形必不來呢？底下就舉了「窮措大喚妓女，醉客逃席，把棒喚狗」等事作為示例。在這些事語的解釋上，我們更可以看到他對飲食這件事的體會極為豐富，而且經常以它來說明事語。除了上舉「醉客逃席」之外，如「不相稱：不解飲弟子」，「羞不出：重孝醉酒」，「不嫌：饑得粗飯，渴飲冷漿」，「不如不解：僧解飲則犯戒」，「不得已：忍病飲酒」，「失本體：逃席後不傳語謝主人，失賓客體」，「惱人：終夜歡飲，酒尊卻空」，「不快意：鱠醋不中」，「惶愧：醒後聞醉語」，「殺風景：苔上鋪席，妓筵說俗事」，「虛度：好廳館不作會」……⑧

由於李商隱仕途並不順利，因此我們常把他的形象理解為一位清寒之士，像蟬一樣：「本以高難飽，徒勞恨費聲。」同時我們也想像這位詩人是孤峭的，所謂：「共誓林泉志，胡為尊俎間？」（《靈仙閣晚眺寄鄆州韋評事》），一定不會整天與人酒肉酢酬，飲宴諧謔。其實不然。從上面的分析可見李商隱非常重視飲宴會聚。靠著尊俎交際以謀官爵，固非其所願，但與友人飲食歡聚卻是他最喜歡的事，所以《題李上謨壁》云：「嫩割周顒韭，肥烹鮑照葵。飽聞南燭酒，仍及撥醅時。」這些飲宴經驗，對他的人格構成、詩篇創作，乃至事語之掌握，均有極大的影響。

四

以李商隱為說，只是隨便舉個例。前文曾談過《西昆酬唱集》。西昆詩人本來就是學李商隱的，而李商隱之學杜甫，又是以飲宴這個角度切入的。即使不談杜甫，我們讀李商隱這些「近郭西溪好，誰堪共酒壺」一類詩時，不也會想起韓愈「多情懷酒伴，余事作詩人」那樣的句子嗎？詩人對飲宴之重視總是相同的。

不過，這其中可能還是有些差異。

以李商隱「飽聞南燭酒，仍及撥醅時」來說，南燭即道教人士所喜食之物，用它的葉子煎汁浸米蒸飯，就是道教人士所稱之「青精飯」。杜甫《贈李白》云：「豈無青精飯，使我顏色好」，所指即此物。用南燭來製酒，則見《神仙服食經》：「採南燭草，煮其汁為酒，碧映五色，服之通神。」李商隱這位朋友李上謨，想必是一位隱士或學道者，故李商隱希望能訪著他，一齊喝喝這種酒。他用鮑照葵、周顒韭的典故，意義也是如此。周顒是隱士，曾在鐘山西建隱舍，鮑照《園葵賦》則說：「蕩然任心，樂道安命……獨酌南軒，擁琴孤聽。」用這些典故，無非用以點明李上謨的身分。從吃的食物上，讓我們瞭解這是一位求仙學道者。而李商隱為什麼會去找這位隱居學道者呢？無他，李商隱本身也曾是一位入山學道者，與李白、李上謨一樣，亦曾食青精之飯，飲南燭之酒。

因此李商隱詩中談及飲食時，往往所飲所食乃仙家食物，與杜甫、韓愈不同。如《重過聖女祠》說：「憶向天階問紫芝」，紫芝，據《茅君內傳》云，服之可拜為太清龍虎仙君。《歸墅詩》也說：「楚芝應遍紫。」另外，《街西池館》感謝池館主人款待時則說：「香熟玉山禾」，玉山禾指瓊山崑崙之木禾，見《山海經》。他看見石榴時，就想到瑤池的碧桃，垂涎欲滴：「可羨瑤池碧桃樹，碧桃紅頰一千年」（《石榴》）。又在《過白雲夫舊居》時說：

「平生誤識白雲夫，再到仙簷憶酒壚。」

這樣的飲食狀態，跟李白頗為類似。事實上求道遊仙者大抵也均是如此。如唐人曹唐《小遊仙》云：「酒釃春濃瓊草齊，真公飲散醉如泥。朱輪軋軋入雲去，行到半天聞馬嘶」，「侍女親擎玉酒卮，滿卮傾酒勸安期」，「笑擎雲液紫瑤觥」，「青苑紅堂壓瑞雲，月明閑宴九陽君。不知昨夜誰先醉，書破明霞八幅裙」，都是以飲酒宴會來形容神仙生活，其飲饌經驗，與杜甫所描述者頗為不同。

李豐楙《曹唐大遊仙詩與道教傳說》《曹唐小遊仙詩的神仙世界初探》曾專門探討了遊仙詩中大量出現仙宴的現象，認為詩中用神仙飲宴來表達神仙世界富足、安閒、安樂之意味。仙宴、仙廚，是人間用以款待神仙的方式，也是神仙用以相互接待，或接待凡人之神通。所以仙宴、仙筵諸情節，除具有俗世宴飲、宴會的生理滿足感之外，也常具有宗教禮儀的儀式性。

他的觀察很對。遊仙類型詩中多寫飲宴，是它與公讌、祖餞之類詩歌相同的地方，但所吃所喝之食物並不一樣。而這種飲食狀況又非遊仙詩獨具之特徵，凡具有求道學仙氣質或生活傾向者，其詩多半都會顯示類同的飲食內容。李商隱、李白詩即為明顯之例證。⑨

五

李商隱所參加的那些讌席、讌集、讌會，在中唐以後逐漸體制化，變成了文人的集會結社。香山九老，曾傳雅集；吳筠亦有「在剡與越中文士為詩酒之會」（權德輿《吳尊師傳》）的記錄，至宋而蔚為大觀。各地均立詩社，而且這些社都是「河梁會作看雲別，詩社何妨載酒從」（《咸淳臨安志》，卷九六，《次前韻答馬忠玉》）的。

元代詩社更盛，約盟登壇、吟詠為樂，其情景亦如王惲所謂「置酒潭上，邀翰林諸公為一日之娛」（《秋澗先生大全集》，卷四二，《玉淵潭宴集詩序》）。明代此風繼續發展，《明史》說張簡「每歲必聯詩社，四方名士畢至，宴賞窮日夜」，《無錫金匱縣誌》說陸懋成等人「其會則惟論詩。詩成，有燕，肴核數盤、飯一盂、酒八九行而已」，這一類記載，簡直隨處都是。社友們飛箋鬥韻，研席即是宴席，吟席實乃筵席。酒八九行，史乘特為舉出，示其儉樸，則平時社集飲宴之豐盛可以想見了。

要瞭解這些社集飲宴之實況，可以參考公安派袁中郎的《觴政》，或清人尤侗《真率會約》。《觴政》述飲酒時之條約規範，凡五十條，正是古敦煌社邑文書記載社集規條之遺風。但古代是結社而立有規條，規條中以飲宴來說明權利義務關係。現在卻是為了飲宴特別訂了規條。飲宴的意義顯然更為擴大，故有專門的酒糾酒令。⑩

這些詩社酒令，我們在《紅樓夢》中也可以看到。第三七回「秋爽齋偶結海棠社，蘅蕪苑夜擬菊花題」說探春要結詩社，給寶玉去了一函。那函當然是個發起的號召，但她怎麼說的呢？箋云：「風庭月榭，惜未宴集詩人；簾杏溪桃，或可醉飛吟盞」，全是講吃，足證吟席正是宴席。

寶玉得了箋，去找探春，其他一干人也都來了，笑鬧間結成了一個海棠社，每個人取了個號，也各自作了詩。整個敘述中並沒有講眾人如何吃喝，似乎與我們所說「研席即是筵席」不符。但仔細看，我們就會發現：作完詩後，「大家又商議了一回，略用些酒果，方各自散去」。可見作詩說笑時原即是有酒果的。詩社雅集，酒食宴飲乃是必備的，猶如人活動必有空氣一般，故敘述時未能刻意提及，但結尾一筆仍然點明了情況。

後來史湘雲要入社，李紈說：「他後來，先罰他和了詩。若好，便請入社；若不好，還要罰他一個東道再說。」罰東道，就是要史湘雲請客。後來賈寶玉又特別提醒史湘雲：「既開社，便要作東。雖然是頑意兒，也要瞻前顧後，又要自己便宜，又要不得罪了人。」所以替她張羅請大家賞桂花吃螃蟹，遂有第三十八回「林瀟湘魁奪菊花詩，薛蘅蕪諷和螃蟹詠」一段故事。

結果螃蟹一吃，吃到第三十九回。而且吃完後探春對賈寶玉說：「昨日擾了史大妹妹，咱們回去商議著邀一社，又還了席，也請老太太賞菊花。」於是又有了第四十回「史太君兩宴大觀園，金鴛鴦三宣牙牌令」。

大觀園中眾姐妹在這幾回中的身分，其實就是文人。作者借著寫這段無關宏旨的瑣事，要講的，即是文人的基本生活狀態。幾個人湊在一塊，結個興趣與技藝之社，切磋文字，鬥韻唱和。今日我邀一會，明日你來作東，今日我吃你一席，明天你來赴我之宴。高軒蒞止，坐月飛觴。既矜文字之奇，亦競備饌之巧。飲宴之道，從漢魏宗教、地域性結社時擔任社會凝聚劑的功能，發展到文人結社，詩文社同時即是飲啖社，可說是達到巔峰了。

埃利亞斯《文明的進程：文明的社會起源及心理起源的研究》一書，曾針對西方國家世俗上層社會行為的變化，討論文明的進程。其中特別談到一些「禮貌」的問題，例如就餐行為、臥室中的行為、吐痰或擤鼻涕等。⑪用餐本來是一件再平凡不過的事，但就食行為的演變、就餐禮儀的講究，卻代表了文明的進展。

同樣地，用這個觀點來說：飲食本平常之事，凡人莫不飲食。但將飲食視為人之社會性存有卻是不尋常的。中國人的社會中，人必須借著飲食與他人溝通，與社會上人形成生命同體之感受。這就是文明。順著這種文明之進展，人的團體（社或會），從借著飲食來成就其社會性，竟逐漸成為本身就是飲食之社。飲食不是手段、工具或過程，它就是社會。這種文明發展的歷程，最終以文人結社來體現，或許也有其必然之理，中國的「文」本來不就包含了文學、文明諸義嗎？文人詩酒之會，恰好也即在這個地方顯示了飲食性即社會性這個中國社會裡的真理。

同時，西方上層社會的禮儀，乃是在封建君主宮廷中形成之宮廷禮儀逐漸延伸到市民階層或中產階層所致。中國則不然，早期飲宴之禮，當然主要見諸朝廷及卿士大夫之間。但貴族早在春秋時期便已「凌夷」，漢魏以後，飲食禮儀便是由民間之社與會中逐漸發展而成的。到明清文人，會餐有約，行酒有令，定為規條，廣行於社會，乃成為人所共循共守之禮儀。文明的進程、禮儀的內涵，正好足以與西方相對照。

六

文人以飲饌結社的當代代表，是新月社。

所謂新月社或新月派，是指以《新月月刊》社為核心的一個文人群體，也包括了徐志摩、聞一多主持的《晨報副刊・詩鐫》，徐氏與陳夢家辦的《詩刊》，胡適的《努力》

社，《獨立評論》社，陳西瀅參加的《現代評論》社等。這群人聚集為一個可辨識的群體，均源於以聚餐會和俱樂部形式出現的新月社。

聚餐會在先。一群人自娛自樂、聯誼交際，形成了個類似歐洲沙龍俱樂部形式的聚會，後來才正式命名為「新月社」，並在北京松樹胡同七號成立了新月社俱樂部。所以徐志摩說：「從聚餐會產生新月社，又從新月社產生『七號』的俱樂部。」（一九二六年六月十七日《晨報副刊．劇刊始末》）

新月社俱樂部仍保持著聚餐會的沙龍活動形式，一方面，「新年有年會，元宵有燈會，還有什麼古琴會、書畫會、讀書會」；一方面，仍以聚餐為重點：「有一個要得的俱樂部，有舒適的沙發躺，有可口的飯菜吃，有相當的書報看」（徐志摩：《歐遊漫錄．給新月》）。

與新月社同仁來往密切的《現代評論》社，情況也很類似：「每星期有一次集會，大家喝著咖啡，議論著每星期寫什麼文章和社論之類。」（《新月社、新月派、新月書店》）它們也常被歸入新月派之中。

其他文人結社，恐怕也不會不聚餐、不喝茶、不吃酒，但現代文學史上可能沒有另一個社團是由聚餐會發展來的，或如新月社這般典型：本是飲啖之社，遂為藝文之會。

會中諸君，既是因聚餐而群合，對於這飲饌合群的大道理，自然深具會心，葉公超便在《新月》二卷三期發表過一篇《談吃飯的功用》，從《紅樓夢》講起，直說到孫中山的民生主義。大意謂人間的是非爭端，唯有靠著吃飯才能解決：「遇著兩方面都有些難說的話，或是有什麼解決不了的事，大家便到茶館裡擺上茶來說。如果茶的情面還不夠，再吃上一頓酒飯，哪怕兩三代的怨仇，也就煙消霧散了。」

不過，葉公超又認為如此吃飯，不免功利，不能享用著滋味。所以最好的，仍是一種毫無利害關係而又無需聯絡感情的飯。若要談感情，則悲歡離合之飯最可紀念，例如餞行和洗塵。

對於吃飯為何有合群聚眾之功能，葉先生解釋道：一、人人都需吃飯，故此為人性所同。二、人與人之相知相投，推究起來，不過有幾種嗜好相投合罷了，而吃恰好是人人所同，故吃飯乃人與人相投合之開端。三、吃飯時，誰也不會「食不言」，所以吃飯有助於打開我們的話囊，彼此傾談。也只有吃飯時，大家說謊的動機才會比平時少些，故亦唯於此時可多聽到些合乎人情的真話。（一九二九年五月號）

葉氏此文，刊於《新月》，固然未必即能代表新月派之主張，但起碼應說新月中人絕不會排斥這個論調。由聚餐會發展成的新月社，其中同仁，對於吃飯的作用，也應該是都能深有體會的。

不過，像新月這樣的文人結社，畢竟與葉公超提到的《紅樓夢》時代不同了。「秋爽齋偶結海棠社」與新月社的不同，主要是：一代表中國傳統性的文人結社，一模仿自西方資產階級沙龍俱樂部。

新月派人大抵都有個洋文化的背景，不再是《紅樓夢》式舊文人的知識及技能所能範限，因此他們結社的形式直接援用了盛行於歐洲的沙龍與俱樂部模式，俱樂部中也以喝咖啡、躺沙發、看書報、論議文章為主，不再是吟詩唱和、拈題鬥韻、賞風月、行酒令那一套了。

因此，新月社的出現，標誌著中國文人結社傳統的一大變化。文人結社，集結的是一批詩酒名士。沙龍俱樂部，集合著的卻是資產階級社會的紳士。

這些紳士，在歐洲，一些是因社會變動，封建貴族體系逐漸轉向資產階級社會，故不少貴族不再能固守其領地封爵而亦日漸轉變其自身，成為中產階層；一些平民，則利用其貲財，上升為有錢有地位之新興資產階層。這時，新興市民階層要模仿著過貴族一般的生活，首先就要從衣食住行的禮儀及生活方式講究起，接著在言談舉止上練習養成一種具有文化教養的態度。這樣的一類人，跟那些已不甚貴的貴族，合起來，無以名之，便總稱為紳士。

紳士是有身分、有地位、有教養的上流人，俱樂部即為此等人而設。其用以俱樂者，亦與下層老百姓不同，大抵便是啜咖啡、看書報、躺沙發、議論文章、閒話國事，此外則要享受著可口的菜餚。此時，用餐的禮儀、器皿、菜色，也正好從王公大臣貴族那兒流散出來，傳染到這些紳士們身上。所以用餐雖不若封建君王或貴族府邸那般講究，卻也具體而微，比尋常家庭用膳總要精緻豪華些。俱樂部之能吸引紳士們在那兒流連，此亦為原因之一。⑫

新月社其實是在北京這個文化圈移植了這樣的紳士品味。聚餐會、俱樂部，恰是其紳士品味之具體徵象，初不僅因新月社始於聚餐會而已。

當然，在中國的紳士俱樂部也不可能完全複製歐洲紳士格調。在這個俱樂部中，仍舉辦著傳統中國節慶的活動，如年會、燈會之類，也有傳統文人雅集式的古琴會、書畫會，即可見一斑。關於聚餐，除了咖啡以外，我估計西餐固然有，卻未必為主要吃食，或許仍以中餐為主，或以改良式的西餐為主。這應該也是它最不同於歐洲中產階級俱樂部的地方。

新月派健將梁實秋晚期的散文，尤足以印證這個由聚餐會發展起來的團體，至少在飲食方面越來越遠於歐洲紳士，而趨於中國。

七

梁先生是新月諸君子中談吃談得最多的人，且越晚期越多。新月派以聚餐會始，而由梁先生之談吃終，亦可謂適符其性。

梁先生《雅舍小品》中並無談吃之作，《續集》才有一篇《由一位廚師自殺談起》，並於末尾「附帶談談烹飪的藝術」；另一篇《吃相》，頗論中西飲食之差異；還有一篇《請客》。所談僅及吃飯這件事，對所食之菜餚尚未涉及。《三集》才開始談〈醃豬肉〉、〈蘿蔔湯的啟示〉、〈喜筵〉、〈饞〉、〈喝茶〉、〈飲酒〉、〈狗肉〉、〈燒餅油條〉。《四集》則有〈廚房〉、〈窩頭〉、〈啤酒啤酒〉。其中一集刊於一九四九年，續集則刊於一九七三年，三集刊於一九八二年，四集刊於一九八六年。一九八七年時報出版公司另刊《梁實秋札記》，收了〈飲膳正要〉、〈酒壺〉、〈由熊掌說起〉、〈千里蓴羹，未下鹽豉〉等談吃的散文。

一九八五年九歌出版社《雅舍談吃》一書，尤為此道之大觀。自序謂：「偶因懷鄉，談美味以寄興；聊為快意，過屠門而大嚼」，言其著作旨趣甚明。該書收文五十七篇，每篇說一味菜。因此，統計梁氏談吃的散文，當在百篇以上。專寫此等題材，在現代文學家中尚罕其比。

觀察這些散文，可見梁先生雖有不少居住國外的經驗，也對英國文學專精緻意，於歐西飲食卻少評騭品味之談，他常吃且嗜吃的仍是中國菜，且以北京為主。這似乎也可以說：新月派看起來確具紳士派頭，講紳士格調，但其底裡仍不脫文人雅士脾性。腸胃關聯著一切審美品位，那是假借不來的。梁先生的文化質性，大概就顯示著一位老北京有文化的人的狀況，這種狀況，跟英國紳士終究不甚相同。

此為梁先生談吃的散文之可注意者一。其次，是梁先生這些散文多寫於七八十年代。此非老境頹唐，故於飲膳肆其講究，因為所述頗多早年經驗，非老了才來講究甘旨。且此時梁先生繼完成莎翁全集之譯述後，已動筆作《英國文學史》，在學術上仍處於精進期。散文之造意遣詞，更不同於早年的雅舍時期，文言的使用、典故的穿插，顯然都多於早歲，字詞亦越求精練。因此，梁先生專門就吃來寫，我覺得他是有意開發這個題材。如此取徑，當時可謂導夫前路，為九十年代流行的飲食散文書寫唱了先聲。

其三，當時談吃，另一名家為唐魯孫。唐先生文筆也極典雅，敘事亦不蔓不枝，享譽迄今不衰，其所述亦以北平為主，這是他與梁先生相同之處，故二人所說，頗可參互發明。但唐先生乃宗室，所論吃食，不乏宮廷品類及特殊遭際所得，與梁先生談一般市民或街肆餐點不盡相似。而這剛好就是梁先生飲食文學之一特點所在。

我國飲饌，如前所述，與歐洲不同之處，在於歐洲是由王公貴族下衍，形成餐飲禮儀；我國則是由民間的會與社逐漸發展，到明清，才以文人會餐的禮製作為整體社會共遵的禮貌。且不只禮儀如此，飲饌之品味與內容也是如此。西方菜式，只有兩大類，一是貴族的，一是鄉下的。中國亦大別有二：一是文人，一是市井，除了唐代食譜中曾描述過宮廷菜以外，宮廷或王府菜在中國根本毫無位置。⑬

可是清末卻是一大變局。清朝覆亡，民國肇建，人民既已當家做主，從前「逾制」的事，現在就都想來試試。清朝宮廷中都吃些什麼，令人感到最好奇，故也想弄些來嘗一嘗，於是御膳、仿膳、滿漢全席之類，乃不脛而走，不少坊肆打此旗號以為招徠。菜色呢？一半猜測，一半想像，盡往奢華繁複方面去費心思，再配上攀扯的關係、附會的掌故，竟擺弄成了一個新的風潮，撰構出一個新的「宮廷菜」傳統。

另一個新傳統，是新時代混亂的社會中，軍閥、大盜、巨賈崛起者多，其興也暴，其亡也忽。在他忽而崛起，開府執政之際，一時冠蓋，不免恣欲飲啖；待其勢就衰，一些廚師與菜色便流傳坊肆。於是就有了某某公館的「公館菜」。有些公館菜，亦如宮廷菜一般，附會張惶以矜貴盛。有些公館，則因其德業較為長久，故其菜色遂影響廣遠，如稍早的左宗棠「左公雞」，稍晚的譚延闓的譚廚。湖南菜原本在中國幾大菜系中不入品裁，卻因譚府廚藝而躋身上流，故後來所謂湘廚、彭園，都打譚府名號。

相對來說，文人菜在清代本為主流，袁枚《隨園食單》上承陳眉公、李笠翁而氣壓當時官僚富商之席，故尹文端督兩江時，令其平章飲饌事，諸家食單都要由袁枚來品第。其他著名食譜，如李化楠《醒園錄》亦皆為文人士大夫品味。⑭到清末，這種情況卻為之一變。宮廷菜、公館菜崛起而文人菜沒落，因為文人這個階層急遽萎縮，文人清雅的生活品味也不再是新時代所講求的了。

梁先生的飲食散文，放在這個脈絡中看，便饒富興味。

梁先生從不寫宮廷菜、公館菜，但他也不是復興或繼承文人菜那個傳統。梁先生談的主要是市井菜，也就是《東京夢華錄》、《夢粱錄》、《西湖老人繁勝錄》那個路數，如便宜坊的醬肉、北京街頭的豆汁、烤鴨、糖葫蘆之類。名貴的菜或達官顯貴的席，梁先生當然吃得多了，但他筆下主要不是談那些，偶說熊掌，也是在市肆中吃著的。

換言之，他與明清文人基本上是不同的。那些文人大抵強調家庖，故各有秘製之技藝與烹調觀念，梁先生則在家中也在市肆間隨意地吃。文人重清雅，如袁枚主張「一物有一物之味，不可混而同之」；又云在廣東食冬瓜燕窩甚佳，取其「以柔配柔，以清入清」云云。梁先生則不追求這種清雅的品位。又，文人飲饌，對酒之重視，時或在菜之上。故宴會通稱酒席；文人雅集，則是詩酒酬酢，所謂：「詩社何妨載酒從。」《無錫金匱縣誌》說當時人聚會作詩之燕宴，只是有肴核數盤、飯一盂，酒倒有八九行，亦可見酒重於菜，聚會主要是吃酒。梁先生則不甚飲酒，對酒也少品題。

也就是說，梁先生在民國以後，與新月派諸君結社，貌若延續著古代文人結社的傳統，實則模仿著歐洲紳士沙龍及俱樂部。可是這個俱樂部在飲饌趣味及走向上，又並不同於歐洲的紳士，與中國當時的上流社會或資產階層也是有距離的，反而比較接近市民飲食。

然而，所謂接近市民飲食又是有但書的。梁先生的家世和文化修養，均使他並不夷同於市民飲食。他雖以市肆飲饌為題材，但對北京風土的追憶，對市肆人情之描寫，對市肆吃食進行文化點染（例如引詩來論北京的烤鴨如何肥美），卻令市肆吃食洗脫了一層市井煙塵氣，鋪上了風土人情味兒與文化味兒。這些味兒，不同於明清文人的清雅品味，可卻實在是文人飲饌傳統的最好繼承者與發揚者。古代的文人飲饌，本來也就是針對市井吃食的文化加工；梁先生這些飲食文化散文，則是我們這個時代的文人對市肆飲食的文化加工。

在這番加工中，梁先生巧妙利用了時間感，讓市井吃食因其有歷史性而與市井世俗隔了一層。他所談的，很少是眼前街上店鋪裡的東西，多是舊日北平、青島之物。由於時間造成的審美距離，它會使那些再通俗不過的東西，因歷史性而顯得不再通俗，如我們看《東京夢華錄》那樣。彷彿那些飲食，正代表著一個豐饒有人情有內涵的世代，而那個世代已離我們遠去，我們只能咀嚼其餘芳，含詠其滋味。

於是，我們便可以看到梁先生借飲饌「憶事懷人兼得句」（義山詩），吾人則由其所述，而品味咀嚼了那個時代。飲饌的文學社會學，在此另開了一扇窗子，正可供我人深思。

注釋

①一八九五，光明日報出版社，鞠方安譯，第五章。

②一九九八，上海古籍出版社，何高濟譯，第十三章。

③詳見一九八七，江蘇古籍出版社，《敦煌社邑文書輯校》，寧可、郝春文輯校。

④另詳龔鵬程《江西詩社宗派研究》，一九八三，文史哲出版社，第二卷第三章第四節。

⑤均見《中國工商行會史料集》，一九九五，中華書局，第三編第一章。

⑥這樣的分析，也適合來處理台灣詩歌發展史的問題，可以參看龔鵬程《台灣文學在台灣》，一九九七，駱駝出版社，《台灣詩歌的童年》，第四節。台灣早期就是因為它太偏於「群」這一面而遭到貶抑。

⑦唐代士人會飲的情況，可詳李斌城等《隋唐五代社會生活史》，一九九八，中國社會科學出版社，第二章第一節第三、四項。

⑧《義山雜纂》，東坡有仿作。東坡也是個好吃的人。

⑨仙家及隱居者之飲食有兩種類型：一是大吃大喝型，瓊漿玉液、山珍海錯、酒食狂歡。二是服氣型，強調不吃世俗飲食，只吃氣，吸風引露，或只吃一些非世俗人能食之物，如韋應物《寄全椒山中道士》云該道士「澗底束荊薪，歸來煮白石」之類。另詳龔鵬程《一九九七年度學思報告》頁一二七。

又，李白詩的問題，可見龔鵬程《一九九六年度學思報告》之《詩的超越性與社會性》。曹唐詩的狀況，則可參考李豐楙《憂與遊》，一九九六，學生書局。

⑩詳見王仁湘《飲食與中國文化》，一九九三，人民出版社，第十章第五節。

⑪王佩莉譯，一九九八，三聯書店出版，第二章。

⑫詳見朱壽桐《新月派的紳士風情》，一九九五，江蘇文藝出版社。

⑬周履靖校印韓奕《易牙遺意》時甚至嘲笑：「及觀世所傳禁中方，醴醢菰果，靡非飴也。此石家沃釜物耳，豈堪代鹽鼓耶？善謔者至謂醇酒蜜物可用訊賊，快哉」，對宮中烹調手法完全不認同。

⑭李調元序說：「禮詳《內則》……易警臘毒，書重鹽梅，烹魚則詩羨誰能，胹熊則傳懲口實。……近即劉青田之多能，豈真鄙事？茶經酒譜，足解羈愁。」已將其食譜自覺地納入儒家文化體系中去了。

吃垮中國？

在坊間購得一本《吃垮中國？》的書，作者李波，副題叫「口腔文化的宿命」。顧名思義，作者是廷續著魯迅批判國民性的思路，針對中國人好吃會吃的特點大力撻伐之。謂此乃口腔文化之特徵，而這個特徵已把中國吃垮N次了。現在還不知覺悟，依然大吃特吃濫吃，將來中國必然會再度被吃垮，故此為中國之宿命云云。

中國人會吃，歷來均引以為傲。但作者援引魯迅之語道：「中國凡所謂國粹，沒一件不與蠻人的文化恰合」，因此深以此蠻風為恥，立志改革之。著為此書，我想他一定曾想找魯迅作序，可惜魯迅已矣，乃遠托在美國的孫隆基撰序推薦。

隆基亦我舊友。我辦佛光大學時，他惠書云已厭煩在美國了，想回台執教。我即商請歷史系，看看能否延聘。不料孫氏《中國文化的深層結構》之說，歷史系主任李紀祥兄並不認同，李氏師從錢賓四先生故也。於是我乃轉商於政治系孫以清兄，以清欣然歡迎，因此孫隆基即於二〇〇一年到宜蘭來。

日常相與論學，發現他其實已不囿於舊說，正如他在替李書作序時所云：「二十年前得出的結論，至今認識已深化，概念也更精緻，亦即是不把事情作簡單化處理。」二〇〇三年我卸校長任，次年他也即回了美國，隔了一年才再到嘉義中正大學歷史系執教。該系也是我從前待過的地方，因而讀到他替此書寫的序文，頗感親切。

李波是服膺孫氏舊說的，當年孫氏用口腔化、身體化等概念來討論中國人的文化人格，他也沿用之。書中分說：「口腔文化是如何形成的」、「口腹之欲怎麼就成了文化」、「超級美食大國的盛宴」、「饑民社會」、「讓我們吃喝，因為明天我們就會死去：中國國民吃喝風透析」、「吃是一種秘密武器：吃異化了中國人的人際關係」、「吃等於立場榮譽」、「中國已經被吃垮N次」、「在魔鬼炮製的液體裡迷失：可悲的中國酒文化」、「多好的材料，卻用去做了馬桶：我看美食家」、「誰來養活中國」、「誰來捍衛動物的權利」、「中國人吃得安全嗎？」、「我們還有多少家底可吃？」最後的結論是：「素食主義救中國」！

這書中其實也不乏有意義的部分，例如糧食問題、食品安全、環境保護、動物生存權等，都引人深思。可惜作者缺乏學術訓練，僅以類如報導文學般的筆法，加上焦灼的呼籲，夾雜於痛詬中國文化的語境中，毫無說服力，反不如他自訴在四川開火鍋店的不美好經驗（十二章）那樣令人感喟。

他的問題是根本不會做文化分析。文化分析不是拿著一種文化現象找碴，而是要分辨其優劣是非的。優劣是非須有相應之比較，比較則須有方法。他完全不懂。所以，例如說到中國人喝酒，他有一章，題為：「在魔鬼炮製的液體裡迷失」，說中國酒文化可悲，大罵了二十三頁。但西方人一樣喝酒、一樣講酒文化，甚且更講究，「酒神文化」亦公認是西方「日神文化」之外另一精神泉源，為何西方不可悲，中國就可悲？此書無一言及之。這是無比較，故亦不知如此厲詬中國文化，到底標準何在。

他也有比較了的。但其方法是這樣：例如，第二章講中國口腔文化如何形成，討論中西不同，說中國重味覺、重烹調，西方人重營養，故「每一樣食物及其佐料都精確到毫克，而能量供應則按照每個成人或兒童每天所需卡路里給予補充，絕不多吃一卡路里，也絕不浪費一卡路里」。

這是什麼比較呢？凡到過外國的人見了必哈哈大笑，視為天方夜譚。沒出過國的，也會曉得麥當勞、肯德基、必勝客等西式速食店的垃圾食物，夙為健康之大敵；即使是正規西餐廳的烤牛排、德國豬腳、乳酪、馬鈴薯球等，對健康也是極為不利的；肥胖症更非中土專利，歐美恐怕更為常見。

作者又在第七章大罵中國人的餐桌禮儀，說它異化了中國人的人際關係；而「和中國相反，西方操取的是自助餐形式，西方那種民主、和平、博愛等觀念，在餐桌上就凸顯無遺」。這不也是笑話嗎？柏拉圖就有《饗宴》篇，古羅馬亦盛行歡宴（convivium），就是基督教也講究其聚餐禮儀，著名的《最後的晚餐》就是畫他們的餐儀。

文藝復興以後，宴會的貴族儀式擴大流行於市井，所以今天我們去吃西餐，才有那一大堆繁文縟節，服飾、座次、刀叉、菜序、說話方式、杯盤用具，無不講究，乃舉止行為之全面儀式化。中國人之禮儀，比之恐怕還要瞠乎其後。原因是中國餐飲的皇家禮節久已不存（今見者均為杜撰以哄老外而已），社會上流行的只是文士餐飲之儀，故簡素了許多。李君對西方毫不瞭解，以為西方採取的只是自助餐形式，實乃大謬。此等事，查一下斯特朗（Strong R.）《歐洲宴會史》（陳法春等譯，二〇〇六，天津百花文藝）等書，很容易就可知道了。

這是有比較但亂比一通的例子。還有一類問題，出在引證只挑半面，光撿對自己有利或有用的講。如他提倡吃素救中國，舉孔子「飯蔬食飲水」，顏回「一簞食，一瓢飲」為說，卻忘了顏回因此早夭，孔子更是「食不厭精，膾不厭細」的。又引東坡《菜羹賦》說他宣導素食，也忘了東坡還發明了東坡肉。東坡另有一篇《老饕賦》說：「嘗項上之一臠，嚼霜前之兩螯。爛櫻珠之蜜煎，瀹杏酪之蒸羔。蛤半熟而含酒，蟹微生而帶糟。蓋聚物之夭美，以養吾之老饕」，似此自誇知味者不知凡幾，又豈可忘卻？他還舉李漁《閒情偶寄・飲饌部》替素食主義張目，卻忘了李漁最愛吃螃蟹，每次可盡數十隻，其「尚真味，主清淡，忌油膩，講潔美」之訣，最能體現之處，亦即在他強調蟹只能清蒸，絕不能伴油、糖、醬、蒜、麵糊等等去炒上。如此論證，能不成為笑話嗎？

作者論史，尚有一誤區：凡事總說自己錯、自己作孽、自己不好。替民族文化找病根，此固為一法，但亦須有個限度，看是什麼情況。像第九章說鴉片戰爭是中國人好吃吃出來的，恐怕就自我懺悔得過了頭。不責怪那販毒的誘人吸毒，別人不想吸食時還持槍去砸屋燒劫、勒令再吸，且還要賠償他車馬費、槍械費等惡行，反責怪被誘引吸了毒的人導致了戰爭。邏輯不明，是非不分，豈如是乎？

李君是素食主義者。人欲素食，很好，我很支持。但素食主義就令人不敢恭維，凡事一旦主義化，便即可怕，往往要千萬人頭落地，馬克思說他不敢做馬克思主義者，便是此義。

若一定要做個素食主義者，推廣素食，以素食救中國，其志甚大，我也不敢反對。可是千萬要在學力上加強，否則這樣的書或論調，是會把素食主義弄垮的。

閒話西餐

為了籌畫「俠文化節」，我跟武俠文學會一群人去了趟山東萊蕪。在雪野湖農業科技園區得晤主事者翟君。俠武縱談之餘，送了我一大包蠍子，讓我帶回來下酒。

女兒看我又帶這些奇奇怪怪的東西回來吃，不免咕噥，說老外看中國人總喜歡吃這些東西，無怪乎要咋舌了。

我哈哈大笑，說：「你這是拘墟之見，不知西歐飲食亦甚複雜，許多吃食，不唯今日歐美人士一般不太知道，就是中國人見之亦要咋舌哩。例如古希臘人就吃狗和馬，至於豬、羊、驢、鹿、狐狸、獅子，及鴨、鵝、雉雞、鵪鶉、畫眉、百靈鳥也都是吃的。現存最早的一本羅馬人食譜：亞比修《論烹飪》，還有剝製睡鼠的方子。羅馬人宴會祭神，更常用懷了胎的牛。若是皇帝擺席，駱駝掌、孔雀頭、雞冠、畫眉腦，也都是有的。孔雀尤其常吃。中世紀人吃天鵝、孔雀、鷓鴣、野雞，久成風俗。」

她悻悻然道：「孔雀跟隻大雞差不多，又沒什麼好吃。上次跟你去四川，吃老鷹吃孔雀，還差點吃死了！」

她講的是某年在成都吃野味，先吃了各種蛇及老鷹，尚不過癮，又與店家約了另一日再來吃孔雀。屆時服務員好意，把孔雀膽跟血分別如喝蛇血、蛇膽、蛇毒時那樣，用酒調了來讓我喝。我怪詫道：「孔雀膽能吃嗎？武俠小說都說它跟鶴頂紅是劇毒呢！」服務員說：「沒事，好吃的！」我不放心，又去找殺孔雀的廚子問，廚師說：「那怎麼吃？有毒的！」這才避免釀成悲劇。

依她看，如我真喝了，就不是悲劇而是滑稽劇，將來在年譜上記一筆：誤飲孔雀膽而死，足供後人恥笑矣。所以她又把那杯孔雀膽酒用小瓶子裝上，揣了回來，隨時準備用來提醒我勿亂吃野味。有時她也以此威脅，說我若虐待她，她就找天把膽汁下在我飯菜中：「哼哼，看你怕不怕！」

「孔雀當然不太好吃，所以那時人也有保留孔雀開屏皮相，而在羽毛下填充烤鵝的，」我說，「可是孔雀無論如何談不上令人咋舌或噁心，中世紀流行吃的另一些東西才稀奇呢！比如現在歐美人士大抵不吃動物內臟，但當時人卻對之大感興趣。如鼻子、眼睛、屁股、肝臟、腸子、頭、腰子、肚、舌、百葉、雞冠、魚腹，乃至各種動物生殖器，什麼都吃；而且烹飪之法繁複，光舌頭就可有四五十種做法。到文藝復興以後，義大利還有用雞冠、睪丸和醋栗果作餡的糕餅；裝著羊眼、羊耳、睪丸的餡餅；去骨填餡的小牛頭、山羊腳等菜色。」

「有吃豬頭的嗎？」她問。

「當然。十五世紀，噴火豬頭還是道名貴的菜哩！豬頭裡塞了填料，點起火來，外邊飾以旗幟及貴族紋徽，很是炫麗。」

「照你這麼說，古代歐洲人吃的東西也很豐富，為什麼現在這麼單調？去吃西餐，基本上是先吃一堆草，沙拉拌生菜，再一片生肉，然後補一塊甜點就完事了。」

「古代人沒那麼愛吃肉。希臘主要是水產，吃各種魚。肉很少，大抵是上供祭神後烤熟了分成若干等份，人們抽籤取肉。魚則不用作犧牲，故可隨意取用。地中海漁產又盛，所以對肉沒那麼大的興趣。歐洲吃肉、喝牛奶的風俗，其實起於所謂北方蠻族。在中世紀攻伐掠奪的年代，『肉食者』又成為統治階級的代稱，只有貴族才能擁有土地、畜養牲畜；也只有貴族才有權狩獵。所以像英格蘭的亨利一世就被讚美為『卓越的肉食者』。吃肉代表身分、權勢，肉的地位才越來越高。但基督教對此並不以為然。基督教本來就不希望人沉湎於食欲中，齋戒日更不准吃肉，把吃肉跟暴力、死亡、肉欲關聯起來看。根據《聖本尼迪特條例》，修士除了病弱者外，根本禁止吃任何四足動物的肉，似乎有點像佛教徒，以水果蔬菜為主。」

「那太慘了！中世紀教會的力量那麼大，一般人豈不也都要吃素？」

「不然，凡事總是上有政策下有對策。既不准吃肉，那就再回去吃魚。教會規定了一大堆齋戒日，包括復活節前四十天的四旬齋，老百姓也就要吃大量的魚，有新鮮的，也有曬乾、煙燻跟醃製的。當時做法也甚多，例如吃魚的醬汁可能就有用魚血調配的，如今不經見啦！」

「現在好像主要是牛排，魚肉只是輔助性的，飛禽更少。」

「這是十七世紀以後的情況。孔雀、天鵝、仙鶴、蒼鷺、鰻魚、鯨魚都不再時髦，改以獸肉為主食，配以青菜。肉中又以牛肉、小牛肉為上，羊肉次之，認為滋味較少。豬肉更次，大多只是烤乳豬或製為火腿，再不然就絞成肉末做餡或做豬油。這種情況，是法國菜系走俏的結果。中世紀時，孔雀、野雞、鴛鴦及家禽是上等人吃的，小羊肉、鮮豬肉也一樣，牛肉跟醃豬肉才是僕人吃的。」

「法國菜為什麼有這麼大的勢力？」

「沒什麼，歐洲人的飲食習慣本來就歷經多次變遷，希臘是一期，羅馬是一期，中世紀受蠻族影響，又受基督教影響，然後是文藝復興。文藝復興時期義大利菜大為風行，瑪律蒂諾《烹飪藝術典籍》、普拉提那《論可敬的饗宴》都銷行全歐，上菜的方式也學義大利，涼菜熱菜交替著上。十六世紀以後，法國菜才逐漸由義大利菜中分化出來，但差異不大。十七世紀，在路易十四、凡爾賽的聲華輻射之下，法式烹飪風格才重要起來。加上園藝進步，松露等蘑菇之栽培、豌豆之利用，豐富了食材；又發明了香檳酒，引進了巧克力、咖啡……遂使法國成為歐洲美食中心。」

「什麼，香檳這麼晚才發明？歐洲人不是老早就喝葡萄酒了？」

「有什麼好大驚小怪？中國白酒也差不多要到金元之間才發明出來，比香檳早不了太多。而且你要知道：古代歐洲人固然喝葡萄酒，崇奉酒神，但對酒的品賞其實遠不能跟中國比。葡萄酒本來就淡，古希臘人喝起來卻還要加水。宴會伊始時，把水兑進酒裡，宣佈會飲開始。酒會主席最重要之工作，即是要決定酒水摻和的比例。若不兑水喝，就會被視為野蠻人。羅馬人喝酒也一樣，且是加熱了兑水喝。所以喝酒時有像我們喝黃酒時那樣的盛熱水之罐盂，把酒水混合後的容器放進去燙。在喝之前，一般要將家庭守護神請出來，貢在桌上，奠酒祝拜一番。再自座中推舉一人主酒，負責決定酒水的比例。現在我們一些閪人，附庸風雅，豔說歐洲葡萄酒文化如何如何，對此古風，大抵茫然。」

「可是我知道他們的葡萄酒也不全是用來喝的。中世紀人吃早餐常在粥裡調上葡萄酒，或用麵包蘸著葡萄酒吃。聖女貞德喜歡喝一種濃湯，其實也是把酒倒進碗裡，兑一半水，再放幾片麵包進去就可以喝了。還有些人煮魚、做沙拉、做雞肉羹都要放葡萄酒，似乎葡萄酒也常用來做調料。」

「那是因為葡萄酒本來就有優劣，好的才能上席，差的做調料或做成醋。還有些直接代替水，做飲料。喝什麼樣的酒，就代表什麼樣的階級。例如白葡萄酒適合用腦的上層階級，紅酒則是下層勞力人士喝的。選酒配菜的觀念，如今人說紅酒配紅肉、白酒配白肉，是很晚才出現的。香檳則到十七世紀末才有。」

「你說什麼階層的人吃什麼喝什麼，好像有點道理。但那是自然形成的，不是誰規定的。」

「誰說？中國才這樣，歐洲可不然。羅馬於西元前一八二年頒佈法典以來，就屢有關於飲食之禁制。例如前一六一年的法令禁止吃肥母雞，前一一五年立法禁止吃睡鼠、扇貝和進口的鳥。基督教曾禁食獸肉。許多家族也有類似的自我規定，英國則在一三六三年規定僕人、雜役、工匠每天只准吃一次肉食，其他乳酪、黃油等亦都有規範。中國的封建制度早在春秋以後便已廢弛，歐洲的封建卻源遠流長，而封建階級觀就體現在飲食上。」

「哼，中國還不是一樣？吃飯也不平等！像我們小時候，若有客人來，你就不准我上桌；去吃酒席時，女人跟小孩也要另坐。」

「那你是沒見過厲害的。在希臘，宴會根本只有男人才能參加，小孩、女人、外來者、奴隸，怎能與之共食？基督教則是讓有錢人單獨進食。吃飯的方式也不一樣，希臘羅馬男人吃飯都斜躺著吃，女人小孩則只准坐著吃。」

「躺著吃？」

「對！早期躺椅可躺兩三人，後來可躺七八個人，躺椅有圓的，也有長方形的。躺下後，先洗腳、修腳趾，當然都是奴僕們服侍。男人十七歲以後就有權如此斜躺用餐了。此法，中世紀還流行於教會及某些王宮中。但基督教修士基本上是聚集在食堂裡吃飯的，情形類似我們看過的『最後的晚餐』畫面，大家依長條桌坐著吃，所以斜躺吃飯才漸漸廢了。」

「坐長條桌吃飯也不好，不如我們的圓桌子。」

「我們從前也不儘然都用圓桌聚食，甚且古代以分食為主，一人一席或一人一案，各吃各的，只是在一個場合共同吃罷了。清朝皇宮裡婚慶或賜宴時還是如此。圓桌是小家庭用的，大抵適合八至十人。餐館提供一小群人聚餐也適用，所以才流行，年代在明代以後，歐洲中古時期聚餐有長條桌，也有半圓形的弧形桌和圓桌諸形式。貴賓本來坐在最左邊，後來移到中間。十二世紀後圓桌漸不流行，長方形桌乃成主流。我看過許多人在圓桌方桌上做文章，說中國人圓桌聚餐，故國民性與歐洲如何如何不同云云，都是不知歷史變遷而亂發議論的。」

「你就是喜歡找機會罵人。我不跟你爭。好，那我問你，你到底喜歡吃西餐還是中餐？」

「我又不傻，當然喜歡中餐。可是我跟你講這麼多，就是告訴你西餐也自有其傳統，不可輕視。其烹飪也有巧思，有時我們就想不到，例如牛骨髓，我們某些省份也吃，但歐洲中古時期很多地方都會做一種牛髓酥。用黃牛骨髓一條，在開水中汆一下，瀝水後撒上粉，加上香料、椒鹽等，放入麵團擀成的麵皮裡，裹起來，下油鍋炸。炸成金黃色，撈起，撒上粉糖，就成了好吃的點心。咱們中國就沒這種做法。」

「聽起來不錯。可是你不覺得西餐常常是聽起來不錯，吃起來一般嗎？」

「嘿，那是因為西方飲食觀跟中國不太一樣之故。我國人談吃，首重滋味。許多小店破攤，衛生環境跟桌椅瓢盆都很差很髒，卻仍是人滿為患，食客盈門。西方人對吃，滋味倒在其次，或竟是第三位的，前兩位是衛生觀及享樂觀。」

「什麼是衛生觀呢？」

「其一類似中國人講食療。例如古希臘人把飲食當作預防跟治療疾病的方法，其理論是說：人體有四種體液，血液熱而乾，黏液寒而乾，黃膽汁熱而濕，黑膽汁寒而濕，所有食物便都被分門別類附會到這四種性質上。飲食即是要達到讓身體平衡的手段。比方老人不該吃澱粉或煮得很硬的雞蛋，冬天要吃得比夏天熱、稠、乾一些，每個人也都應依自己體液的特徵來挑選食物。

「羅馬人也相信這一套，同時還認為只有新鮮原料才乾淨，所以腐肉、乾肉都很危險，容易致疾。他們反對女人小孩躺著吃，也是因認定了女人小孩的胃不如男人強健，故不能躺下來放鬆地吃。這種飲食傳統後來又受到阿拉伯藥膳思想的強化，糖、香料如藏紅花等都因具醫療作用而被大量使用。十三四世紀的食譜因此看起來更像藥典，想用食物去平衡體液失衡狀況。像牛肉為什麼多用烤的，就因牛肉屬濕。魚也寒濕，故一般要炸了吃。後來西方人寫食譜，什麼東西多少克、煮多久，都記得一清二楚，彷彿烹飪是在做化學實驗或調製藥物，就源於這個傳統。」

「喔，怪不得中古時期抓女巫，老是把煮菜的家庭主婦誣指為配製藥物的巫婆。」

「對呀！中古烹飪術本來就跟煉金術有關，如黃色食物類似黃金，吃了就可以跟吃黃金一樣長生不老，所以染黃或用蛋黃糊在牛肉、兔肉上烤，蔚為流行。紅色、白色則與朱砂、辰砂、水銀相似。中國的染色食物就少得多。桌上的色彩搭配也遠不及他們鮮豔。」

「那是阿拉伯的影響吧？」

「嗯，色彩跟香料當然受阿拉伯影響，但把烹飪跟煉金術、占星術、宇宙論混在一起，乃是那個飲食衛生觀的大傳統。這個大傳統要到十八世紀才改變。工業革命、機械宇宙論興起，烹飪跟體液、煉金術的關係始漸淡去。但直到現在，西餐廳都遠比中餐廳乾淨衛生。」

「可是你說的這個大傳統怎麼聽起來倒像是異端？西方占主流的應該是基督教文化，你講的卻是基督教流行以前，及基督教流行期間巫婆啦，阿拉伯啦，煉金術啦什麼的。」她總是對我說的不以為然。

「衛生觀本來就可分成兩類，一是剛剛講的，另一種就是基督教所奉行的，由衛養身體改為昇華精神。希臘飲食衛生之目的是維持身體健康健美，基督徒則提倡節欲、苦行、齋戒，饕餮無異犯罪，養生亦無價值，吃飯被當成敬事上帝或耶穌的一種自我犧牲儀式，而非品賞其滋味。乃是衛生觀的另一類，本於不同的生命觀。」

「那又怎麼還會有你說的飲食享樂觀呢？既要享樂，又怎麼說並不重視滋味？」

「享樂的是希臘羅馬貴族及中世紀王侯，這些人怎麼會切實養生或遵守基督教戒規？歌舞饗宴，窮奢極侈，旨在享樂，自然另成一大傳統，今天西餐許多儀式和菜色，仍可見其流風遺韻。但闊佬吃東西，大似豬八戒吃人參果，難得知味，基本上是擺譜，用以顯權勢、誇豪富。因此所重非食物之烹調，而是食材之珍稀、數量之繁盛、排場之闊闊、儀節之講究、歌舞之歡愉、場地之奢華、宴會設計之別出心裁等。」

「這豈不是買櫝還珠？」

「你還是好吃，只固執吃的樂趣，不知貴族饗宴之樂乃是這些總體合起來的。就算是今天的宴會，菜也都不會好吃，賓主盡歡者，其實在櫝而不在珠。何況櫝本身也確實有可觀之處。例如宴會的餐具、擺設，賓客的服裝，乃至餐廳均是。像餐廳，中國人一般並無專門的餐廳。舊式屋子，正廳就是餐廳，皇室大宴也常在大殿舉行，西方則早在西元前七世紀就有專門為宴會或進餐而修建的房屋。餐廳建制，也與一般屋子不同。

「羅馬人以餐廳天花板象徵天，餐桌及桌上食物象徵地，地板象徵冥府，故餐廳門口常鑲嵌有冥府守門狗的形象，屋頂有時可依日月晝夜而旋轉。餐廳的長寬也有規定，大約長是寬的兩倍。而且要有兩個，一個春天用，一個秋天用，一朝東，一朝北，以與太陽的運行相呼應。

「文藝復興時期的建築著作，如《建築志》仍延續這類觀念，不僅要有專門的餐廳，還主張應分別有供夏、冬、過渡季節用的。中國可沒有專門對餐廳建築的論述。羅馬一些主題式宴會也與他們的餐廳有關。多米提安皇帝就辦過一次以地獄為主題的宴會，每位客人前面放一塊墓碑，食物都是黑色的，上菜和歌舞的僕役也都漆成黑色，照明則用墳場的還願燈，賓客均不准出聲，只有皇帝本人發表談話，討論死亡。你看，這不是挺有趣的嗎？」

「是很好玩，但這些仍然跟食物或烹飪無關啊！那些被皇帝惡整的來賓恐怕也毫無食欲，根本吃不下去。」

「其實還是有關的。像我們常吃的一類套裹菜，烤豬肚子裡裹一隻雞，雞裡面再裹一隻鴿子那種，在西方大宴中就很常見。例如以麵粉裹成個大雞蛋，用油炸了，客人剝開雞蛋則發現裡面還包著啄木鳥。或烤豬上桌後，廚師走上來用刀刺開豬的兩肋，就有一群畫眉鳥飛出來，不然就滾出一堆香腸。噱頭固然是噱頭，烤豬畢竟也還是好吃的。」

她這才高興起來，說：「被你說得我都餓了。下次找個人家來合作，烤隻豬套鵝、鵝套鴨、鴨套雞、雞套畫眉鳥如何？」

西餐雜說

在北京公車上，見一婦人帶一小娃，路過北海公園。婦人指著白塔告訴小男孩：「你看，那是佛塔！」孩子說：「哦，佛塔呀，我還以為是火鍋呢！」旁邊聽著的人都忍不住笑了起來。

回家去，和女兒談起，說：「這小孩之好吃，跟你可有一比！」她在北京讀博士，有次喊她起床看雪景，她竟形容地上石墩子被雪蓋住了，像個胖胖的鮮奶油蛋糕；又說太陽在凍雲裡，紅紅的，猶如蓮蓉月餅裡的鹹蛋黃；還說庭院和房子遭雪封了，像薑餅屋上撒滿了糖粉，令我頗為懊惱。古代女子形容雪，常有詠絮之高才，而我這女兒卻只想到吃。

她常聽我取笑，故也不以為意，反而笑道：「火鍋本來就好吃嘛，西方就沒有火鍋！嘿，對了，你說西方燒烤燉煮之法也頗齊備，可為啥就沒有火鍋？只有一種號稱『巧克力火鍋』的，把餅或果子放進鍋裡去沾煮融的巧克力吃，那跟咱們的火鍋畢竟還不一樣。」

「原因很簡單，西方人沒有筷子。早期都用手，用刀叉的歷史至今也不過三幾百年。用手指或刀叉能夾著肉涮燙嗎？能在火鍋裡翻揀取食嗎？因此西方用鍋子熬煮之法雖多，卻無火鍋，尤其沒有『白塔式』的銅爐炭鍋。飲食之道，工具往往決定了形式，此即一例。」我很得意，立刻向她開示。我精通飲膳史，豈這小妮子所能測哉！

「怪不得中國的麵條到了西方就成為義大利麵。中國麵條多半盛在湯碗裡，吃時拿筷子一夾，就嘴吸撮起來，呼嚕呼嚕的好不快意。麵好不好吃，主要看湯頭。義大利麵則大抵把麵條撈到盤子上，用刀叉拌著醬料吃。若是湯麵，義大利人就沒法吃了。」她果然頗為認可我的說法。

所以我繼續發揮道：「義大利麵，是否由馬可·波羅傳去，現今仍然待考。許多歐洲人不喜歡這種說法，要爭發明權；甚至還有人說中國的麵條是由義大利傳來的。不過我以為：說義大利麵是由馬可·波羅傳去，恐怕還抬舉了它，因為它之出現根本沒那麼早，且由演變而來。

「義大利麵統稱 **Pasta**，原意是指經搓揉過的麵團。古代阿拉伯商隊為了在沙漠中行旅方便，把麵粉用水揉合，乾燥之以便攜帶。其法傳到了歐洲，才漸形成義大利麵。時在十三四世紀。可是現代義大利麵配上番茄、大蒜、酸豆、橄欖和鯷魚等醬汁的做法，卻又要到十七世紀以後了。

「相較之下，中國吃『湯餅』，也就是麵片和麵條的歷史可推到漢代，且歷來均以湯食為主流。不像『餅』，後來受印度影響，改以烘烤為主。因此從源流上看，中國和義大利的麵條，或許不是一個系統。而其不同，則跟我剛才講的用筷子和用手之分頗有關係。」

她說：「你講的東西，我向來存疑。不過好像歐洲確實是餅多麵少，除了義大利以外，其他地方亦並不太吃麵。義大利麵也以乾拌為主，不像日本就跟咱們一樣用筷子吃拉麵。」

「日本倒是承認吃麵之法係由中國傳入，但早期歷史難以追蹤。現在只曉得明末大儒朱舜水避居日本長崎時，水戶藩第二代藩主，亦即德川家康的孫子水戶黃門曾親自下廚煮麵招待他。朱舜水為表謝意，也自做了藕粉扁條麵回敬，湯頭是用豬肉火腿熬煮成的。朱氏是浙江餘姚人，這麼煮，想必就是家鄉口味。

「但江戶時期除了這一佳話之外，麵條史沒太多可說的。現代日本拉麵也與古代無關，是清末才漸漸形成。

「東京橫濱地區由廣東人麵食形成的拉麵，是以雞骨、豬骨作湯，配上青菜、叉燒肉、筍乾等，口味是適應關東地區的醬油味。一九二〇年代以後，北海道地區才又有由山東肉絲麵改造成的清湯拉麵。二次世界大戰以後，札幌的味噌拉麵、博多的豬骨拉麵亦漸嶄露頭角，形成拉麵四大系：醬油、味噌、豬骨、清湯。

「其實拉麵的材料很複雜，也有用魚板、紫菜或煮蛋的，麵更是各式各樣。但口味之分，似乎主要仍就湯說。一九五八年日本人安藤百福發明的『速食麵』，也命名為雞湯拉麵。現在市面上速食麵種類千百款，內容都是乾燥麵條。其所以叫牛肉麵或雞絲麵，也不是由於它裡頭真有牛肉或雞絲，而是那小小包的配料可讓你彷彿嘗到點雞湯味或牛肉湯味而已。」

「可是我們吃麵也不盡是湯的，也有乾麵。尤其涼麵好像都是乾拌著吃！」

「對，熱的湯麵和冷的乾麵，恰成一對比。但也不一定，日本、韓國的涼麵就多有湯。如日本著名的盛岡冷麵，源於韓國平壤冷麵，用藕粉和麵粉做成，湯也是冰的，吃時還可配上泡菜。

「我們古代，如杜甫說的『槐葉冷淘』，用槐葉取汁和麵煮熟了吃，是否帶湯，我不曉得。可是蘇東坡《食槐葉冷淘》詩中講：『青浮卵碗槐芽餅』，則似乎是有湯的。清朝《帝京歲時紀勝》說北京夏至時家家吃冷淘，『俗稱過水麵，乃都門美品』，才明確講它只過水、不盛湯，現在各處涼麵、涼粉也多是如此。

「熱麵乾吃的則較少，比較好玩的是四川宜賓之燃麵。做時先將芽菜洗淨，滴乾水分，切細炒了，再化豬油炒香，配上醬油、醋、辣椒油、蔥花、碎花生等。麵煮起後拌起吃。因油溫高，且伴著油脂，可以起燃，所以叫燃麵。這是熱極了而乾吃的。」

「好可怕！我不吃辣，所以你別想騙我去吃！」她說。

「哼！你既愛吃，那就該什麼都吃。這也不吃，那也不吃，豈不顯得偏執？你看電影《臥虎藏龍》裡形容玉嬌龍在野店喝茶時，人家問她與江南鶴、李慕白的關係，她回答：『什麼雞呀鴨的，我從來不吃兩隻腳的東西。』只這一句，就把她刁蠻的大小姐個性描繪透了。你偏食的這些話，在家裡跟我說說倒也無妨，出外可得少講，免得人家嫌你爹對你少了管教。」

「笑話，你就愛趁機教訓人，誰吃東西沒有偏好？有的地方偏於酸，有的地方偏於甜，有偏好才有特色，」她很不以為然，昂起頭、挑起眉，抗辯道：

「像你剛剛說的義大利麵，我就知道義大利北部跟南部的偏好也是不一樣的。北部 **Piedmont** 等地，由於緊臨法國，深受法國影響，常將白松露和奶油一起烹調。北部 **Friuli-Venetia-Giulia** 則受南斯拉夫、奧地利影響，以米，或玉米、大麥、栗粉等煮成的粥（**polenta**）也比義大利麵流行。而且，人家的不同，也不是因你說的工具有異，根本就只是口味問題。所以南方人比較偏好吃煮得稍微乾而硬的義大利麵，北方人喜歡吃起來較軟的。**Ziti**，這種水管狀的短義大利麵，主要在南方吃。」

「倒也是。口味又影響著做法，所以比薩源於佛卡夏麵包（**Focaccia**），用小麥粉、鹽、橄欖油、酵母等混合發酵後火烤。拉丁語 **Focas** 指火，**Focacia** 指用火烤的東西，恰好甚似中國把燒餅稱為『火燒』。但比薩把料都放在餅上，火燒則大多把肉菜等夾在裡頭吃，許多地方稱此為『肉夾饃』，而實際是饃夾著肉。現今的 Focaccia，也仍常將蔬菜火腿夾入兩片 Focaccia 中吃。從材料上說，都是餅跟肉，但吃起來口感先吃到餅還是先吃著肉並不相同。猶如麵包與比薩都是烘焙的，麵包較蓬鬆，比薩較板實，而比薩只流行於義大利，歐洲中北部便以麵包為主。義大利北邊，俗近法國，亦以麵包為多。」

「為什麼不蒸饅頭？」

「呆子！歐洲人不會蒸炒，烹飪之術僅限於煎煮烤炸。煎為烤之一類，炸又為煮之一類，入水為煮，入油為炸。因此義大利、法國之不同和他們跟中國的不同不一樣，他們是系統內的差異，他們和中國則是不同體系間的區別。」

她很不以為然：「系統也沒那麼大的差別吧？歐洲跟中國還是很多地方很像的。許多人在中西不同上做文章，我看是瞎掰的居多。比如說中國人喝豆漿，歐洲人喝牛奶，所以中國人溫良、歐洲人強健之類。其實，我剛查過書，古代中國人也喝牛羊奶，孫思邈《備急千金要方》裡面就記載了一大堆奶品，認為都是滋補品，宋朝還有『乳酪司』這類官署；更早，周朝郯子還扮過麋鹿去取鹿奶奉親。日本則從飛鳥時代開始陸續禁肉食，但亦仍繼續吃酥酪等乳製品。像這樣相同的事例多得很，更不要說西方傳進中國或中國傳進西方的吃食了。」

「交流當然不少，相似之處也很多，但不能說就無體系之異。以你舉的例子看，中國人日本人都喝奶、吃酥酪，但起司（Cheese）之用絕少，在其飲食體系中並不占重要地位，在歐洲卻不然。比薩也有說是中國蔥花餅傳入義大利形成的，但蔥花餅上絕對不會放一塊起司去烤。歐洲各國商場裡堆積著各式各樣的起司，有些長毛，有些如煤塊、如馬糞，其盛景也絕不見於中國。這就叫體系之異。

「你剛說到羊，中國還有種『羊羔美酒』呢！它既不是羊奶釀的，也非形容酒美如羊羔，乃是以羊肉直接配酒麴發酵而成。高濂《遵生八箋》、李時珍《本草綱目》都記載過它的做法，《鏡花緣》《金瓶梅》《紅樓夢》也都描述過其吃法，可見明清仍流行於時。這就不是以糧食、水果釀酒的歐洲所能有的了。因為關鍵是用酒麴，而用曲正是中國製酒之特點，猶如剛才說蒸炒是中式烹飪之特點那樣，以曲或酒糟入菜也是歐洲罕見的。」

「對呀，不但義大利的麵，比薩、醬料都用起司，歐洲北部也一樣。我聽我瑞士同學說起司乃瑞士美食的靈魂。其中一種叫艾蒙塔爾（Emmentaler），重約九十公斤，像個大車輪，表層有許多乳酪發酵過程中由碳酸形成的氣孔。還有種叫阿彭策爾（Appenzeller），是加了蘋果酒和白葡萄酒的；斯勃里恩茲則是最古老的，既可搓成細末做配料撒在湯或菜上，也可切薄片夾在麵包裡做三明治。法國的起司也是種類繁多，有新鮮而硬的、半硬的、硬的、藍莓的和煙熏的，配著麵包、乾果、葡萄等吃。啊，聽起來真讓人流口水……」

「你別饞了，中國人絕對搞不懂歐洲千奇百怪的起司，更不能欣賞許多怪味怪樣的起司。那些腥的、膻的、酸的，真拿給你吃，你可未必敢嘗試！」

「中國不也有許多臭菜是老外不敢向邇的嗎？如各地的臭豆腐。上次被你拉去吃的湖北臭三鮮、紹興徽千張，我就不敢吃！」

「那不一樣。徽菜、酸菜、臭菜、腐菜，其實中西各處普遍都有，口味側重點不同或材料不同而已。那還不足以構成體系上的差異，體系性差異乃是因烹飪技術、觀念等等形成的一連串關聯性的不同。像剛才我們說歐洲人用起司，是遍及麵、餅、飯、湯、醬料中的，或單吃或雜用。我們的臭菜便只是菜中一小類，不可能延展那麼廣。若要比擬，則豆腐在中菜裡的作用或許差相彷彿。」

「豆腐本來是我們發明的嘛！」

「對，但是材料本來就有兩種，一是天然的，一是製造的。天然的，是靠山吃山、靠水吃水。像歐洲南部西班牙、葡萄牙多吃海鮮，北部丹麥、芬蘭也如此；中歐才以獸肉為主，有牛肉、山羊肉和野味，或燉煮，或用鐵叉叉起來烤，或直接放在架上烤。一國之內，義大利南部多用魚蝦，中部便多吃肉，如佛羅倫斯式牛排和野豬肉、鹿肉、兔肉等，這是天然物產決定的。

「東西產得多，易於取食，通常就會成為主要吃食品，罕見者則或視為珍饈或視為禁忌，根本不敢吃。如中世紀歐洲貴族吃天鵝、吃孔雀、吃鶴，都是常事，《布林倫詩集》拉丁文抄本中即有油炸天鵝之歌。當時或許也不多產，故僅王公貴族才能享用；現在天鵝、仙鶴更是稀罕，哪還能吃到？

「這是珍饈類的，還有變成禁忌，不敢取用的。如癌症的英文名字 Cancer，源自拉丁文，意思正是螃蟹。可以想見當時對螃蟹這橫行的無腸公子或許心懷畏懼，未必敢吃。現在西方諺語還常形容勇敢冒險者是『第一個吃螃蟹的人』。其實我在台灣宜蘭山裡就看見過猴子吃螃蟹。用石頭砸開蟹殼，大吃特吃。可見吃螃蟹是猴子就已經懂得的事，只不過某些地方人少見多怪，懼不敢食罷了。其他許多罕見物亦往往如此。」

「嗨，這些我都知道了，」她不耐煩地打斷我，「你不是要講製造物嗎？怎麼談了老半天自然物產？自然物產有什麼好講？中國南檣北馬，故南方吃魚米，北方多食牛羊，誰不曉得？」

「誰不曉得？哼，我告訴你：天然物正因為是天生的，所以被許多人認為是正當的；非本地之自然產物，便常遭排忌，覺得吃那種食物的人野蠻。而其實另一些食物在當地亦是最常見的。譬如閩粵人吃蛇，北方人或歐洲人視為噁心不開化之象徵。實則閩字即是門裡面窩著一尾蛇，蛇在閩粵乃最常見之物，取食再正常不過了。古代歐洲人吃馬、吃狗、吃驢、吃鹿，亦是如此。

「正常物產會形成一個地方的基本飲食習慣，研究飲食的唯物論學派，便依此立論，說飲食非道德問題，也不是文明或野蠻的問題。熱帶地方，昆蟲類多；叢林或大陸地區，大型脊椎動物多；平原則穀物家畜多，當地人的飲食習慣即依此而定，這一派也稱為『最適採集論』。

「這雖是最簡單的道理，但一般人卻最難體會。因為該地之物產既成為我們生存及飲食的憑藉，它同時也就局限了我們。一個地方的基本飲食習慣形成後，即封閉了該地人的飲食思維，令該地不能瞭解異域殊方之飲食，異鄉人也不能進入它的飲食天地。因此最適採集論還該補充一個角度，即『最易蒙蔽論』，是人類飲食偏見的主要來源。

「另外，這派論者純從物質角度看，只能見到某物多不多，以為多者就適於採集。未考慮到有時物產還不是多不多的問題，而是好不好。如某些地方產蠍子，某些地方產蜈蚣，但吃蠍子的多，吃蜈蚣的少，何以故？嘿嘿，因蜈蚣並不好吃。金庸《射雕英雄傳》講丐幫幫主洪七公烤蜈蚣，把殼剝開，裡頭有白胖胖的肉可吃，至為美味云云，乃是他老先生沒真吃過的想像之辭。我吃過，蜈蚣濕土氣太重，殊不可口。同理，德國豬腳是名菜，其他地方吃豬腳就不普遍。而在德國，吃牛排的人卻少。我問當地人為什麼，都說德國牛不好吃，不如奧地利，故多捨牛而啖豬。」

「得了，別又賣弄你吃怪東西的歷史！你還沒說製造物哩！豆腐乾酪可都不是天生地產的！」

「你就喜歡跟我鬥口。製造物大體是補天生物產之不足而生。一種是依料加工，乾酪起司或納豆香腸之類都是；一種則是本無其物，創造出來，如豆腐，或素食者吃的素雞、素鴨、素火腿。

「豆腐，東坡曾形容是：『煮豆為乳脂為酥』，因此你不妨把它看成是中國式起司。陸放翁說：『旋壓犁祁軟勝酥』，則可證明中國人認為它還勝過酥酪起司，犁祁就是豆腐。至於素雞、素鴨、素火腿、素蹄髈更不是天然的，材料大抵只是豆皮，可是能作出雞鴨魚肉般的滋味，乃是比豆腐還複雜繁難之技。

「無論難易，這些材料都不是忽然被製出的，仍與該地原先因物產而形成的飲食體系有完全結合的特點。也就是說，豆腐固然是我們發明的，但之所以發明豆腐並用之於烹飪中，亦是因我們本來就有此傾向或需要，否則不會發明，發明了也沒有用。像歐洲固然沒有豆腐，亦不會有素雞、素鴨，因歐洲無漢傳佛教徒吃素的傳統。即使現代歐洲的素食主義者，也無素雞、素鴨，因他們亦無『素菜葷做』之觀念。日本也少素菜葷做之習慣，僧侶寺院要不就徑行開葷，要不就以豆腐席矜示清雅，如京都南山豆腐之類，沒有中道路線的素雞、素火腿。」

「哈哈哈，『素菜葷做』？上次你去貴州，在黔靈山廟裡吃齋，一桌醬腰花、紅燒蹄髈、魚翅羹、東坡肉、人參雞、清蒸魚，全是豆皮，吃得你把阿彌陀佛都罵翻了，你還敢講『素菜葷做』？」她大笑起來：「再說，你講來講去，都在講體系。體系到底是個什麼東西，不可能先有體系才因這個體系去製造什麼或形成口味、器具、技術的偏嗜吧？似乎應該是倒過來，由於物產不同、風土有異、口味互殊、技術不一，故產生了不同的體系。」

我悻悻然道：「體系正是如此形成的。但體系也有發展有變化，會順著這樣的體系不斷發展其技藝或創造出許多器具、物料來。體系形成雛形後，對口味、技術等也就自然會形成其制約。」

「麻煩你舉幾個例子好不？我最討厭你理論一大堆了。」

「嘿，那還不簡單？日本文豪芥川龍之介一九二一年由九州到上海，旅遊了四個月，回去寫了本《中國遊記》。裡面記載他剛到上海，朋友帶他去一家『牧羊人』館子吃飯，他覺得這『菜的味道，比起郵船公司船上的伙食要好上三成』。這即是他對中國的第一印象。該餐廳乃是西餐館，故『牆壁、餐桌還算整潔』。此後芥川旅途上碰到的各式中餐館，卻都是吃雖好吃，吃東西的環境則令他不敢恭維。因此他說：『總的來說，上海的菜館環境都不怎麼舒服。……味覺以外的其他感覺，與其說得到基本滿足，不如說處處受到衝擊。』比如有次在雅敘園吃飯，他問跑堂廁所在哪裡，跑堂竟要他直接就尿在廚房洗碗池下的水槽裡。

「這就像我於八十年代坐船走大運河，在船上吃船菜，感覺甚美。後來再坐，走到船尾廚房處，看見廚子『拍搭』一水桶扔下黑糊糊的運河裡去打水上來煮菜做飯，嚇得不再敢吃了。

「你可以說這是一般民眾不重衛生之表現，但也不妨從飲食觀念上觀察。咱們中國人之於飲食、烹飪，確實如芥川龍之介所說，只重味覺。雖然有時也強調色香味俱全什麼的，實仍只以味為主。香色云云，皆僅就菜說，以其為滋味之輔；此外就餐環境、氣氛等等，卻不講究。一些小吃，強調庶民性質，更以粗率為豪放，如四川樂山的『蹺腳牛肉』，竟以食客多把腳蹺在板凳上吃而得名。文人飲饌，稍為風雅一些，但若跟日本或歐洲貴族之飲宴相比，那又依然瞠乎其後。

「因此今天世上說美食，推崇法國。法國總統薩科奇近且宣佈：法國將以其美食向UNESCO（聯合國教科文組織）申請世界文化遺產。UNESCO開放非實體性文化遺產登錄至今，尚未有美食項目的登錄。墨西哥是第一個以美食申請文化遺產的國家，但其申請在二〇〇五年被否決了，法國現在則顯然雄心勃勃。可是法國菜或歐洲任何一個菜系，就味覺方面看，能跟中國比嗎？他們最多只進化到咱們唐朝以前的階段啊！

「但歐洲菜之特點，恰好就不在味覺上。一條餐巾，有幾十種折法，中國人既不可能懂，也覺得無此必要。餐廳佈置、擺設，成一專門建築領域，中國人也不盡了然。

「莫內（Claude Monte）即曾把他的飯廳，髹成黃色，彷彿一顆大芒果。牆上不用牆紙花飾，只掛些日本畫和進口藍花瓷碟。桌椅都用諾曼第式傢俱，椅背采麥束圖案，桌上餐碟設計成白底黃邊藍細框邊，湯匙則俯伏桌面，那是優雅的擺法，以免纏碰到客人衣袖的花邊。他之所以刻意如此，乃是要跟十九世紀末那時流行的厚重窗幃、繁花牆紙、各式流蘇邊飾相區別。他是畫家，有此創意並不稀奇，但反觀中國畫家，有誰如此經營其餐廳？

「畫家中精於飲膳者甚多。溥心畬愛吃蟹，從前兩岸不通時，每年都由台灣專程搭機飛去香港吃大閘蟹，一啖可盡數十隻。但唯踞坐大嚼而已，莫說不曾設計過什麼餐廳，或許連在哪兒吃蟹都不考慮，眼中只有蟹及其滋味而已。張大千更是著名的美食家，然亦一樣。他們能提點菜單、指揮炮製、精於品鑒，而從不曾把色彩感、空間感、造形感表現於用餐環境中。

「這說明了什麼？中菜以味為主，愛吃的人叫饕餮，會吃的人叫知味。饕餮只有一張大嘴，沒有身體其他部位。也就是說其他感官均不重要，吃只是齒頰留芳、大快朵頤之事。凡中國之所謂美食家、美食散文，講的必定都只是滋味。可是法國米其林的餐廳評鑒，絕對不會只就菜好不好吃定甲乙，必然包含用餐環境、衛生、氣氛處理等等。法國餐廳講究精緻，強調優雅，在乎氣氛；外場服務專業周到；每道菜都是有香氣有美感的，即便是一把刀叉一盞酒杯都蘊含了所有對法國文化生活藝術情境的意象與想像。所以歐洲人看中式菜餚的特點亦是『厚滋味』，感覺太油太膩，環境乃至杯盤則不講究太甚。在歐洲旅行的中國人常吃不慣歐洲菜，滿處找中華料理；但吃後更不習慣，因為大抵為適應歐洲人口味而簡淡了許多。」

「阿爹，你講得很精彩，但我不曉得這跟你的體系說有何關係，重視滋味頂多只能說是我們一項特色吧？」

「不，重滋味而不重吃以外的感覺，當然只是觀察中式菜系的一條線索，不能涵蓋一切，但中國菜之發展顯然即循此前進。因而從口感、刀功、火候、炮汆炒蒸燙膾炙等各種與味覺相關之技藝來看，中國都是發展得最好的，飲膳即是個吃的體系。

「在中國人看來，這亦理所當然該是如此。可是在西方，飲膳或許並非吃的體系。例如早晨中午之果腹，固然重在吃的愉悅，但一般對此均不講究，一杯飲品，伴以粗糲麵包即可打發。正餐或宴聚，則可視為一種社交的體系，時間既長，吃東西又幾乎只是個由頭，重點在於交談或娛樂。」

我從書架上翻出一本德國約阿希姆・布姆克的《宮廷文化：中世紀盛期的文學與社會》給她看。她老不相信我所說，非找個別人的書作證據不可：「書裡說得很明白：『在宮廷社會看來，過分詳細地談論食物顯然有失體統。詩人們曾多次拒絕對食物進行詳盡描述……』」「假如我在此把所上的每一道菜都品評一番，完全是無意義的聒噪。」「如果有人問我貴族們當時吃的什麼，那他最好去問其他饕餮之徒，他們會津津有味說一大串食物。」R．V．埃姆斯的結論更是簡明扼要：只有貪吃者才會對食物津津樂道。

「宴會的主體，中國人當然以為是指吃了些什麼，可是這些詩人的敘述表達了另一種態度：只關心食物與滋味是可笑或有失體統的，宴會主要目的並不在品嘗而在交換。交換友誼、權勢、知識、訊息或愛情。故宴會常結合著談話、演說、表演，食物只扮演著媒人助興的作用。中國人的聚餐，也同樣會有這類交際功能，觥籌交錯之頃，眾聲喧嘩，其興亦不可謂不豪。但對於菜品食物之關心，卻是與歐洲迥然不同的。吃喝了什麼，吃喝得好不好，乃交際成功與否的關鍵，誰敢說『只有貪吃者才會對食物津津樂道』？」

「喂！喂！喂！你別越講越高興，你的比較好像不太公平，拿歐洲中古宮廷的情況跟我們市肆飲食比，當然是這樣。可是那時歐洲一般人呢？十四世紀義大利人大抵都還只是夫妻兩人共食一盒，就餐時還沒有凳子哩，一家大概也只有一兩件飲品器皿，哪談得上什麼交際體系及飲食環境？」

「不錯，西方菜式分為三大類，一是農民粗食，聊堪充饑而已，談不上藝術，跟現在的西餐概念也毫無關係。因為番茄、馬鈴薯、辣椒這些現在西餐常用之物，當時都還沒有；香料、糖、鹽又是奢侈品，多恃進口；狩獵吃肉，則是貴族之特權，故農民所食，十分粗簡。現在各地所謂『鄉村菜』，都是改良過的。第二類是寺院等基督教體系的餐飲，強調簡樸，菜色未必精緻，但十分注重集體性，吃飯正是交流的儀式。第三類就是貴族宴飲。貴族宴飲基本上是為了交際，上菜旨在炫耀，不是為了滿足其口腹之欲，而是要激發讚歎。但貴族菜顯然是主流，法國圖珊・薩瑪《布爾喬亞飲食史》甚至稱它是『唯一值得回憶的美食學』。既如此，我說西餐可視為一種交際體系有什麼錯？」

「布爾喬亞不就反對貴族，形成革命嗎？」

「才不呢！布爾喬亞市民階層興起，在政治經濟上是取代貴族的，但在飲食等生活品味上卻模仿著貴族。炫耀式消費起於十五世紀中，城市裡經濟比較好的所謂布爾喬亞便紛紛如貴族般佈置其餐具櫥了。餐具櫥本是大小貴族家中必有之物，在布爾喬亞，那就是最珍貴的東西啦，裡頭要擺放銀的，或至少是錫或鉛的餐具，在聖體瞻禮節時抬到街上去展覽。為啥要展覽呢？你可注意到我們前面講到過的一個關鍵字：『炫耀』。

「另外，當時認為每個布爾喬亞家庭都該有一定數量的桌布、餐巾。西式餐飲之所以要備大量餐巾，是因當時連刀叉也沒有，都用手抓，故得用餐巾擦手。但刀叉流行以後，餐巾依然被採用，仍被噴上玫瑰露、迷迭香，讓人圍在脖子上或腰上，一餐還要換餐巾、桌布若干次，則是對舊日貴族盛宴的模仿。餐巾可折成花、野兔、天鵝等幾十種樣式。所以蒙田批評道：『我剛開始學國王們過日子的排場。可是像換碟子一樣換餐巾，我又覺得太奢侈、太無必要。』

「可是布爾喬亞之發展卻不是蒙田想走的簡樸之路，而是朝更繁侈走。本來即使在中世紀，宴會也都是把菜先預備好，在開席時就都擺上來，賓客們自己挑著吃就好了，可是後來就受俄國的影響，菜也要像碟子餐巾一樣，一道道換著上了。

「當然布爾喬亞不能真像貴族般，經常舉辦宴會；但他們也要勉力效尤，因而竟每週還要排出一個『接待日』來，招待賓客來家飲茶、吃蛋糕、打牌、聊天、唱歌。餐桌上的餐點，這時自然也仍扮演著助興的角色。財力招待不了太多賓客，則要限制人數。例如只準備招待三人的，若來了第四位客人，那就難辦，小說中常以此窘狀為談資。

「還有那些無力備辦餐廳的，也不能不宴請，於是城市餐館即應運而生。此類餐館大盛於十九世紀，但鮮少有一家人上餐館去就食之例。因餐館之目的即在交際，裡面交際花林立，男士若帶女人去，大抵也非老婆而是『外面的女人』。」

「之前貴婦人主持的沙龍，性質是不是也差不多？」

「早期宴會，有時與交談、演說並行，有時略吃畢，即到別室聚談。沙龍就類似這種闢室聚談的。就算不在沙龍談，歐洲人習慣把酒分為餐前的開胃酒、餐中的佐餐酒和餐後的餐後酒。所謂餐後酒，是餐後大家一人一杯，用手掌托著，以手心的溫度微微暖燙著酒，邊聊邊喝。在台灣被大家拿來乾杯猛灌的XO白蘭地，其實即是這種餐後酒。重點在交流而非品酒，更不能狂飲。」

「但你講的這套，應該是貴族們裝模作樣搞出來的。酒被造出，本來就是讓人滿足醺醺然之快感的，啜酒談論，不是越談越糊塗嗎？何況早在希臘時期就講酒神文化，歐洲人之酗酒更是一大傳統，比中國人更甚。早期基督教傳教士提倡喝咖啡，即因喝咖啡可使人清醒，與酗酒者之胡鬧成一對比。工業革命以後，工人及貧民酗酒問題，也一直是社會之瘤，至今無法解決。所以你講的，不脫貴族意識，至少也是小資情調，小老百姓或下層人之飲食絕對跟你講的不同。」

「嘿，我的小馬克思，你講得很有道理。飲食本來就分階層，而且上層壓迫著下層，所以貴族、布爾喬亞鄙夷那些對食物津津樂道的人。他們吃得太多太掙，故要想出另一些可以耍樂的法子，讓單調的飲食增加些趣味；窮人才會大啖麵包、無暇開口。可是社會本來就被這主流階層霸佔了話語權，低階層者若想不受鄙夷，那就只好模仿上層社會努力往上爬。

「就是馬克思，也不脫此意識。他住在德國萊茵省，是著名的酒區，他父親就有一片葡萄園，因此他可稱得上是座葡萄園主。後來他結識了恩格斯，恩格斯也好酒，酒量好像還在馬克思之上，一次兩人狂飲，馬克思竟大病了一場。馬克思窮，恩格斯也常寄酒給他。一次寄酒人病了，恩格斯還自己去打包，用竹筐子寄酒。馬克思服膺馬丁・路德所說：『不會喝酒的人，永遠不會有出息』，恩格斯也一樣。妙在兩人對考茨基本來頗為厭惡，但發現他酒量很大時，二君居然立刻為之改觀，覺得他是個可愛的人。

「他對葡萄酒的這種態度，雖因嗜好，或許也與出身有關，畢竟是個園主嘛！認同馬丁・路德，更與其反宗教之立場相左。在喝酒這件事上，教會可是主要的推動者吶！果園本多是教會經營的，基督教徒更宣傳飲葡萄酒是跟上帝、耶穌神靈結合之重要方式。這和伊斯蘭教禁酒的態度是截然不同的。馬克思在社會理論上站在勞工這一邊，可是在飲酒這方面，不知不覺就站到了小資產者和教會那一邊去了。

「至於酒神崇拜，其實是誤解。**Dionysus**（狄俄尼索斯）乃豐收之神，在祭祀時是用男性生殖器來代表的。人們因豐收而狂歡，故他後來才又被視為酒與狂歡之神。這項祭祀，由義大利南部傳入羅馬時，本是秘密祭祀，只有婦女才能參加。大約豐收之神的祭祀本有祈子之意，後來才以酒神之祀的名義，讓男子也加入，而整個節日仍有非理性、放縱之意。酒神之來歷如此，因而酒神信仰中頗含有性意味，你女孩子家不要知道得這麼多。」

「哈哈哈，」她拍手大笑，「爸比，你講輸我了就賴皮。不管，我餓了，你帶我去吃火鍋！」

飲食錄

飲食之書，無非編排菜譜、盛誇滋味。但有些吃食之所以值得談談，未必是因菜好，多半還是由於情境有趣、同伴可念。我論飲饌，所重尤其在此而不在彼。故摘錄近年日記中有關食事者數十則，以備掌故，以見飲食之道。此猶如論詩者，不只在賞那一兩句詩，而更應重其詩情、詩心也。

自在江湖　2004.08.02

「北京論壇」在皇冠假日酒店開，吃住賽過皇宮，而會議乏善可陳，不說也罷。會後我抽空溜到保定去玩。一人踽踽獨行，孤孤涼涼，甚妙。此為近日行止之大概也。

現在，則在香山飯店開「中文電腦資料庫」的會，不贅述。若問近日快事，則吃了三餐狗肉火鍋、驢肉火鍋、兔肉火鍋而已。

登泰山　2004.09.29

今年九月廿八，既是孔誕，又是中秋節。中秋該怎麼過呢？我決定一個人上泰山。下午抵泰山腳下，觀岱廟，然後驅車上山。至中天門，乘索道上南天門。到了已暮靄四合，但見雄山壁立於斜陽雲氣中，景象蒼茫。

宿在南天門風景區的管理人員宿舍中，四床一室，無廁浴。夜則與沒回家的管區員警們聚餐。

飯畢，他們去巡山，我把醬牛肉裹了一包，另包了四個月餅、一壺酒，乘月經「天街」上玉皇頂去對月獨酌。四山悄立腳下，雲高月亮，風寒砭骨，而興致甚豪，乃又往碧霞祠。

此乃碧霞元君祖廟。廟門未開，我由側壁甬道竄入，坐殿前條椅上，聽道士做夜課。誦聲琅琅，夾以磬鐸，竟爾睡去。醒來已無人，遂出，拾階而下。月明四照，如在水波中行。

金色瀋陽　2004.10.12

抵瀋陽時，氣溫正下降中，空氣冷肅，但尚不刺骨。可是木葉已微脫。沿機場入市區公路邊上的爬藤荊蔓都變成了一片紅色氈毯。白楊則因尚未掉葉，長在樹上的葉子全已發黃，在斜陽金黃色光線映射之下，一樹樹閃著光，彷彿無數金幣，讓人在這金黃姹紅的色調中，忘了天氣已寒。

夜飯後，一個人溜去太原街夜市閒逛。見一小店有狗肉燉豆腐、紅燒驢板腸，不免又喊了一份來嘗嘗，幾乎撐破肚皮。念前此來瀋陽，已在六年前，雨雪泥塗，宿在東北大學，亦單獨一人，且由此更去黑龍江。途中聞友人周安托酒後一暝而逝，大慟，曾作二詩。如今詩似可不必作了，生活中無大悲歡，只是吃肉喝酒，有何好寫的呢？

江南旅中雜記 2004.11.01

由富春出，再去龍門古鎮。鎮號稱孫權故里，其實非是，乃孫權後人遷居於此，故居人皆姓孫。孫中山則為孫權弟孫匡之後，不知何代遷至廣東。鎮多明末建築，修深可喜，曲折通幽。我見有一酒鋪正製酒，遂向老者賒了一碗紅高粱新釀的酒喝了，才出往「龍門客棧」午飯。這種古鎮，農家菜模式，也是大陸近年普遍的現象。城市周邊的農村小鎮，藉此發展經濟，但樸素與粗俗，水準不一。富陽算是樸茂的了。

由富陽返杭州乘火車，經上海、蘇州，抵南京，已夜八時，再乘車三小時達淮安。此地我九月初才來，此番再臨，乃應「第二屆海峽兩岸中華文化與現代化研討會」之邀。……我為人情所困，不得不跑此一趟，風塵僕僕，所為何來？唉，為的不是這宏偉的主題，而是那秋風中的大閘蟹呀！

元日清趣　2005.01.08

八日到蘇州……一個人去東園、耦園玩。東園已與遊樂園、動物園相混，涵碧樓等均沒啥可看，僅一明軒尚存。這也是蘇州園林中最具風格的軒子，我以為勝於網師園、殿春簃之明軒。

東園後為耦園，園不古，清末始建，但朱疆村、龍沐勳均在此盤桓過，有詞記之，今已列入世界遺產。三圍環水，格局端方。園內自有東西園，其城曲草堂、補讀舊書樓、聽櫓樓、還硯齋均妙，而尤妙在遊人絕少。獨坐雙照樓茶座上，喝茶，聽窗下遊船一一劃過，船娘唱歌笑語弗斷，便覺人間清趣莫過於是。獨惜船娘唱來唱去，都是「歎十聲」。大概旅遊單位培訓時只教了這個曲子，所以一船蕩來，歌聲如此，一船蕩去，又是如此。幽怨唱歎，縈回不斷，符合倒是符合曲意了，無奈其單調何！凡事，造作的總不及自然的，此即一例。

重讀姚際恒

……夜看電視，見杭州劇團演新排大戲《蘇東坡》，啼笑皆非。全劇大肆採用舞台劇形式，服裝、動作、化妝，皆不倫不類。劇情尤其荒謬。云東坡在杭，創東坡全宴，包括麻辣燙、西湖醋魚、東坡肉等，且有東坡酒。實則東坡不能飲，略飲即醉，故自製東坡酒，極淡，友人喝之，以為是惠山泉。今竟說東坡創製了什麼名酒。辣椒於十七世紀才傳入中國，麻辣更非浙江能有的口味，如今胡亂編排一氣，豈非與古人作耍？說東坡在西湖修了蘇堤，故被貶去海南修海堤，更扯。

假亦真來真亦假

晚與田青約，卜鍵、張慶善俱至。他們都是文化部藝術研究院的。田青曾至佛光大學半年；卜鍵為大陸武俠文學會負責人，近離開藝術研究院，任中外文化交流展覽公司老總；慶善則原為紅樓夢所所長，今為副院長矣。三人見面，我提議去吃羊蠍子，眾皆稱善，遂盡興而歸。羊蠍子即羊大骨，以脊髓骨為主，熬煮火鍋，在這大冷天，配上烈酒，比涮羊肉更妙。且是庶民風味，比上大館子自在。

遊高淳

因時間有限……只去了縣城老街。這是南京地區僅存的一條明清古街道，約三百餘米，建築具徽州特點。但亦僅是略存古意而已，無甚足觀。關王廟全是新的，年輕道士除習唱道曲外，看不出道法如何。街上土產，以羽扇、筍乾、糕餅、鹹魚為主。除了大冬天一家家店鋪都賣鵝毛扇之外，亦乏特色。倒是中午炒了幾道當地土菜來吃，大好！

清華國學院傳奇　2005.04.22

昨夜歸來甚晏，且因先下了車，故酒後杜潔祥等人到底如何亦不甚知。今早去參加清華國學院八十周年紀念會，中午回來才找到潔祥，聽他說起，不禁大笑。

原來昨天之聚會，是葉士珍兄召集的，其夫人及親戚數人由台灣來，故約了從機場直奔順義。車子過了一驛又一驛，直抵密林深處。暮色蒼茫中，定睛一看，竟是一葬場，三座靈骨塔聳立於長楊之間。塔畔有蒙古大帳。入而視之，有劉君者，熱情歡迎之。介紹曰：此劉館長也。杜潔祥曾擔任佛光圖書館館長，見對方亦是館長，大生綢繆之感。然細詢之，始知是殯儀館館長。不過既皆是館長，便不妨暢飲，結果喝了十二瓶順義二鍋頭。葉君諸親友均席中即呼呼睡去。潔祥上了車，一路酣歌，後亦沉沉睡去。張武順最慘。江湖上都稱他「八七」，因有一百八十七公分高。如今玉山頹然，我們幾個人都扛他不動。所以返回北京市區後，我在半途下車，告訴司機將潔祥送回旅店。但可能實在搬不動武順，所以送好潔祥後，司機只得再將車開回去，就讓武順在車上睡了。武順清晨醒來，才發現自己「今宵酒醒何處」，原來是在殯葬場。四野無人，殯葬場曉風殘月，平添了一段佳話。

五四遊半塘 2005.05.04

過揚州大學柳湖路校區，半塘依舊。一池浮萍，宛若一大碗日本抹茶。菡萏未開，頗見蕭散之趣。這個池塘，是揚州大學為紀念任中敏先生而闢的，連接著瘦西湖，取名半塘，即是用任先生的號。

任先生早年治詞曲，號二北，取北宋與金元北方之學的意思，編了《散曲叢刊》等書。乃吳梅弟子。後從胡漢民入仕，又轉去辦學，一九四九年時，正在桂林辦漢民中學。因政局劇變，學校不能辦了，流落四川。在成都生活無著，靠老婆做熏豆賣。每天他老婆做好了熏豆，他擔去市肆叫賣，扯一個布招，上面由寫過《中國大文學史》的謝無量寫一個毛筆招牌：「江蘇筍豆」，四處販賣以糊口。後來友人介紹入四川大學，做資料管理，又迭遭批鬥，不准上講台。無奈，只好在校門口擺攤。

改革開放以後，任老學生蔣南翔做了教育部長，才將他調至北京中國社科院。後知他想返回故鄉，就問揚州師院意下如何。揚師院大喜過望，立刻派人去接了來。不久，國務院開辦博碩士點申請，揚師院遂以任中敏為碩士導師申報了上去。不料，批下來竟是博士點。據說揚師院裡的人高興地說：「天上掉下了個林妹妹！」揚師本是個小學校，豈敢奢望博士點？迎來一位大老，對學校之助益，乃竟如是！任氏過世後，該校闔地紀念他，原因即在於此。

……

揚州遊 2005.05.11

在揚州，本為度假而去，故無任何友朋酬酢與學術行程，日與湖山為侶。大清早起去買一桶生磨豆漿回來煮了喝，一元二元即可煮成一大鍋，又濃又香。然後泡一罐茶，出遊園林。中午回來小休，下午再找地方去玩。玩得累了，夜間納頭便睡。不識不知，任天而動，不亦快哉！閒時則坐窗前，讀近人筆記數帙而已。

……

九日赴南京，回南師大清理什物。書籍皆打包，送吳穎文處保管，夜再驅車返揚州。十日則去揚州大學旅遊烹飪學院演講。

我之好吃好玩，那是不用說的，與旅遊烹飪學校卻也另有些緣分。佛光校長卸任後，適逢高雄旅遊餐飲學校在找校長，有人來活動我，我正貪圖不幹校長的快活，豈能又入囹圄？因此就沒去。但我長年旅泊，於此道久具心得，見此等學校，自然便感親切，所以黃俶成來邀，立刻就同意了。

講什麼呢？講台灣的旅遊資源與旅遊事業。我曾出版過《遊的精神文化史》，也規劃過南華大學的旅遊事業管理學研究所，故能隨意扯扯。謂台灣旅遊事業有六大特點：（1）國民旅遊與休閒產業之結合；（2）社區總體營造與旅遊事業之結合；（3）原住民經濟發展與旅遊事業之結合；（4）生態環保與旅遊事業之結合；（5）民俗宗教活動與旅遊事業之結合；（6）旅遊與教育之結合。其實有點往自己臉上貼金，揀好處說之嫌；台灣旅遊界之亂七八糟，不堪聞問處，正與祖國大陸相彷彿哩！

四庫全書故事之二 2005.05.28

今日去北京商務所辦涵芬樓書店的講座演講。這是商務辦的一個大書店，有點台灣誠品的風格，每週均辦講座，這次是《萬象》與他們合作辦的。王瑞智來找我去講「旅行中的文化觀察」。

講前，王瑞智帶我去吃鼓樓魯菜。吃完出來到地安門去看改建街景的規劃，循胡同去找李蓮英的舊宅。找來找去，不得門道，便問胡同裡聚坐聊天的人：「老大爺，這李蓮英故居在哪兒？」「吶，前面堆磚土的就是。」另一人說：「不，不是這門，是那門。」我們道了謝，正要走，旁一人卻問：「那李蓮英，是幹啥的呀！」我們愣了一下，旋即哈哈大笑而去。

巴渝雜事詩數首 2005.06.18

一、張公祠聯掛鍾家，搜並叢殘古意加。今日無磁磁器口，茶樓櫛比賣麻花。

【注】往遊磁器口。此地林森嘗題碑云：「小重慶」，今則併入市內，已無磁器行，唯以龍隱古鎮名義，號召觀光客耳。龍隱者，謂昔建文遜國時嘗隱於此，鎮有寶輪寺，即其隱居之地。此乃訛傳，不足信憑。寶輪寺大殿塑佛陀與阿難、迦葉像，背則為西方三聖。導遊不知，云為觀世音。殿陛鐫龍紋，乃寺廟慣例，亦附會為建文帝事。鎮中星卜命相者甚多，皆自稱諮詢顧問。餘則售土特產者，又皆自稱陳麻花，然僅一家生意興隆，餘多冷清。入一鍾家舊宅參觀，大廳立一鍾氏神主牌，兩旁懸木對聯一副：「兩銘儆世垂前範，百忍傳家裕後昆」，竟是張家祠廟之物，不知由何處搜羅輯並於此，幸而遊客大抵亦無明白人，否則豈不笑煞？於偏堂一破篋中，撿得徽爛殘書數種，一為某氏評注孟子，一為大足縣誌，一為算術書。

二、霧都之霧汗騰蒸，六月山城欲臥冰。幸至縉雲山上坐，蒼松碧竹偶逢僧。

【注】重慶師大邀下午演講，忽又改為夜間，因思日間無事，遂獨往北碚，轉三花石，再坐摩托車上縉雲山。山多松竹，幽不減青城，而涼爽特甚。重慶，號稱霧都，濕氣蒸騰，而半為人身所揮之汗。時才六月，而酷熱至此，南京、武漢咸不及也。唯此山清涼獨絕，山下為北溫泉，山上有縉雲寺，太虛之塔在焉。太虛於抗戰時，曾於此設漢

藏教理學院，栽成人才甚多，印順、巴宙、趙樸初等皆在此處，乃一大叢林。寺則為劉宋以來之古剎，今茲殘敗矣。然落葉蒼苔，彌滋古意，令人塵鄙都消。由寺下行至白雲竹海，坐竹海間，烹茶一甌，飲而返。

問雪何所似 2006.01.02

卅一日，晨起，忽見簷外如有物下墜，睇視之，呀，是雪！大驚喜，這是今年第一場雪，也是最後一場。

忙把女兒喊起。她迷迷糊糊站到窗口看了一眼，說：「比去年小多了。」我問：「去年如何？」她說：「那時你去了南京，我一個人去未名湖上，大雪厚厚積了一層，走在路上，彷彿踩著一地麵粉。湖上石墩子被雪覆蓋了，胖胖的裹成一個鮮奶油蛋糕。」我說：「唉，人家古代稱讚女孩子，都說是詠絮才高。把雪形容成撒鹽，已經夠令人恥笑的了，我怎麼生出你這樣的女兒，居然老想到吃，不是說雪像麵粉，就是說像蛋糕？」她說：「誰叫你把我吵起來？我正夢到吃烤豬排呢！再說，那天我看太陽，就在凍雲層裡，紅紅的，猶如蓮蓉月餅中的鹹蛋黃。」我呵斥道：「又是吃。別吃了，快起來，我們出去賞雪吧！」

她咕噥著，不情願地穿好衣服，兩人一道跑去國子監。

來國子監，是個好選擇。假日，別的地方都人多，唯有此處必然冷清。至則果然。空庭寂寂，殘雪遍地，愈覺清寒。辟雍裡沒有取暖設備，凍得服務人員捧著暖手袋跳來跳去，因為若不老跳，可能就凍死在那裡頭了。但正因冷清，故感覺好。老舊的簷溜、屋頂，蓋上薄薄一層雪，寒鴉數點，上接著灰陰陰的天，自有寥廓蒼古之意。……

悲喜交集 2006.02.03

《中華詩學》去歲冬季號，新春假期中才收悉，開卷即是龔嘉英、馬鶴凌二老去世之各哀輓詩文聯語。龔嘉英先生乃我江西耆宿，且為同宗，於我獎掖甚至，嘗序我詩集云：「吾宗世代出奇才……儒道兼含金粟影，當年筆底動風雷」，馬鶴老則為馬英九尊翁，於我亦多提攜。二公皆中華詩學研究所副所長，秋間遽逝，我在大陸，遂不及吊，憾甚。

於刊中又見春人詩社社長廖從雲等亦逝世，老輩凋零，誠如龔稼老所云：「蓬嶠豈少紅唇族，詩苑偏多白髮人」，益多感歎。今日詩壇當然仍多吟事，但多不成語，如「天下興亡人有責，家庭和睦弟兄扶」、「口齒清新情態好，良師自是意中人」、「今日正是中秋節，泉州兄弟共嬋娟」之類，劣於薛蟠體矣。一些聯語，如「落山風，風落山，山風落；瘋狗浪，浪瘋狗，狗浪瘋」、「金絲猴，金絲燕；白烏龜，白烏鴉」，品格尤下，讀來令人笑也笑不出。聞陳冠甫兄頃於淡江設立楹聯研究所，期望能稍挽頹風。

……大過年的，講這些死生契闊的事，未免大煞風景，沒什麼好吃好玩的事嗎？啊，當然有的。……還有什麼樂事呢？一時想不起來，只記得在馬來西亞時，要去吃鱷魚肉沒吃著，僅吃了蝙蝠、松鼠等等。此番在台找著一處，吃了鱷魚掌、鱷魚尾、鱷魚腸等，吃畢還把鱷魚頭帶走了，準備熬完湯後拿來做個標本。若問我鱷魚好吃麼？咳，我吃得嘴都糊住了，就不說啦！

悼念逯耀東先生 2006.02.28

於台灣赴澳門、珠海期間，聞逯耀東先生去世。各報鮮有報導，唯《聯合報》發一消息而已。於逯先生平生學術都無介紹，獨云其好吃懂吃，能考證台灣川味牛肉麵乃在台眷村軍人創出等等。此豈知逯先生耶？

台灣牛肉麵到底如何起源，殆難確考。先父在台北小南門及台中賣牛肉麵時，固然與岡山、左營、台北諸牛肉麵攤毫無淵源，年代又更早，故他老人家常自認為是台灣牛肉麵之始創人。但我知道別人家也有別的來歷、別的做法，故誰屬第一，我不敢如他老人家那般自信。舉此為說，只是要說飲食一道，人人都有經驗的局限，未食天下菜，誰敢自誇知味？逯先生亦只是嘴饞而已，非知味者也！其平生足堪記述者，豈僅在此乎？

逯先生在史學界，固然有開發飲食史研究之功，但比起另三件，此功就較膚末了。一是他對長城的研究，《勒馬長城》一書，文采思致均佳，時稱名作，相關之拓拔魏研究亦可觀。二是對中共史學的研究。三是對史學界曲學阿世，附和李登輝、陳水扁政權「去中國化」之風之針砭，給弟子的公開信，大義凜然，足征風骨。而其寂寞辭世，報導寥寥者，或亦為此。

一些關於段正淳的事

大理其實並不如一般人想像的都是白族，更不會都是苗族。在南詔時期，王室是屬於彝人的「烏蠻」。大理時期，段氏王朝與烏蠻三十七部歃血為盟，可說是共同擁有政權。現在白族也過的六月廿四火把節，大約就是傳習自彝人的風俗。可是烏蠻與白蠻畢竟不同者多。烏蠻男子剃髮、拔去髫鬚，女子穿黑衣，長裙曳地。白族女子則穿白裙，長不過膝。白族也行火葬，但烏蠻在焚屍前要先把兩耳取下，貯在瓶裡，拿回去四時祭拜，與白族不同。

另外，白族還有個特點，那就是生食。《馬可・波羅遊記》第一一七章就提到：「此地之人食生肉。不問其為羊、牛、水牛、雞之肉，或其他諸肉，赴屠市取甫破腹之生肝，歸而臠切之，置熱水摻和香料之佐食中而食。」這可不是他造謠，白族確是食生肉的民族，伴著鹽或蒜泥來吃。

……大理除奇花異草外，據說還有不少珍禽異獸。其他的也就罷了，一種鹽龍最奇。《春渚紀聞》卷四說狄青破蠻洞時，「收其寶物珍異。得一龍，長尺餘，云是鹽龍，蠻人所豢也。藉以銀盤，中置玉盂，以玉箸摭海鹽飲之，每鱗甲中出鹽如雪，則收取」，用酒送服。

這種鹽龍，不見於其他記載，不知究竟為何物。但牠吃鹽又生鹽，其實是有道理的。只不過，吃的並不是海鹽。大理乃是岩鹽區，故鹽龍也者，大概只是該地產鹽之象徵，因老百姓砌灶煮鹽，正如鹽龍般既吃鹽也生鹽。

而更稀奇的，是他們還以鹽作貨幣。馬可・波羅說是煮鹽後用模型做成塊，每塊約重半磅。大約類似茶磚。他們跟宋朝做生意，亦以茶鹽為大宗。

現在雲南鹽已罕見，醃製物，著名的只有宣威火腿，不太看得出當年食鹽之風。茶卻越銷越旺，普洱茶的價格俏得很。可是當年段正淳等人喝的，想必不是如今這般之茶。當年大理人採的是散茶，沒什麼製茶工藝。採了後，加上椒鹽一塊兒煮著喝而已。可是茶的貿易當時卻已甚盛。因為宋人向大理人買了茶來加工，再賣細茶給大理人以換馬。茶馬貿易，遂成了中原與大理的主要關係。

找不到定位的城市行銷 2006.05.21

重慶本身顯然也在找自己的定位。……包括開市長高峰會之類。可惜人在急切時就不免瞎攪和，去年推選的十大城市名片，第一張居然是美女，第二張是火鍋，什麼歷史、文化、城市產業都不談，只談飲食、男女，這是什麼品味？今年則有人提倡拍一部美女火鍋版《大長今》，以向全球推廣，或乾脆就拍《重慶美女》。相對來說，通遠門城牆公園中三塊浮雕卻把歷史都搞錯了，讓宋代將領死守明代才建的城門。如此建設城市，如此行銷，我甚憂之。

成都晤友 2006.05.26

廿日由廣州飛成都，次日在川大口試博士論文三篇。吳銘能來訪，談及這半年在川大執教狀況，頗為學生之好學感動，示我考卷數紙，果然。遂約了幾位去望江公園喝茶。公園乃薛濤井故址，頃正舉辦竹文化節。坐松竹間茗談並打牌，乃成都人度日積習，無處不然。故次日又約王慶余先生去園中喝茶。

王先生為傳奇人物，平生九死一生，多歷江湖事，敘來佳妙動聽。彼……與吾堂兄龔群交善，故相見甚親切。某年在川開會，我論張三丰武學，先生大為印可，遂執手交定。今覓一空檔，聚首喝了一趟茶，總是不錯的。

廿三日便再約了徐新建、吳銘能等同遊青城。先去看了青城派掌門人劉綏濱的新武館，再到建福宮午膳。吳銘能來成都已半載，竟未嘗一登青城，此次來飲洞天乳酒，吃老臘肉、白果燉雞，不禁大為驚豔。飯畢登天師洞，飲數盞茶，看到綏濱打拳，他就更傾倒了。

丙戌冬末雜詩 2007.01.03

丙戌冬末雜詩數章，時客燕京逾二載矣：

一、大澤龍歸漸及春，燕城雪霧正侵人。余懷澹漠燕城裡，酒題詩自養神。

八、北鄙沙寒氣肅高，椎牛割彘涮羊羔。俗移情性堪驚詫，不慣江南醉剔螯。

校園偶志 2007.03.16

返台期間，主要是去台南成功大學講課。但因這個「傑出學人講座」對我頗為優待，故其實要上的課很少，不過每週去講二次，趁便訪友聊天罷了。

至今才去了兩趟，一次卻先到了台中，一次先到嘉義。與王明蓀、雷家驥、杜志勇、邱瑞達諸老友串門、喝酒、吃田鼠，好不快活。到了台南，更是餐餐被拉去品嘗美食。台南是舊城，舊城本應顯得滄桑斑駁，但此番來見，卻甚具風華，小吃尤其可觀，感覺更勝曩昔，幾頓西餐亦甚佳。不只是菜好，餐廳經營佈置及主人風格均見巧思，令我有每週去南部享受陽光度假之感。

過澳門　2007.04.08

王順仁送了兩顆鱷魚頭來。上回與他及杜潔祥等人去吃鱷魚，庖人此番又治了幾尾，特留了頭給我，遂由順仁送來。我還來不及烹調，即飛澳門。

講習國學　2007.04.24

昨，成大中文學報開審查會，林慶勳先生來，我說起三十四年前去銘傳商專參加國學研習營的事。那一年是由孔孟學會主辦，方東美、程石泉、陳立夫、華仲麐諸老主講。方先生尤其元氣淋漓，一口氣講了四個多小時，紀錄後來刊在全集《演講錄》裡。但我們小朋友除了聽講外，玩得更快樂，記得結束晚會上我還代表我們這一組反串「蘇三起解」的蘇三，把同學們笑得打跌。而我們的輔導老師就是林先生。

結果林先生說他們當年之所以去參加輔導工作，其實也是去玩。因華仲麐先生說晚上要喝酒，找他們去做伴。華先生是貴州茅台酒廠的少東出身，當然酒量甚豪，飲饌亦精。他去英國留學時，隨身帶了一個司機，一個書童，還有一個廚子。哈哈，你說這是去讀什麼書呢？

澳門珠海去來 2007.05.13

此番去珠海，邀了青城派掌門劉綏濱夫婦也到珠海，為聯合國際學院的學生演講一場，並演示青城武術。

傳統武術門派，在今天，看起來很是興旺。武館、武術學校遍地開花，電影、電視推波助瀾，各地武術比賽、打擂台、海選武林之星，一個接著一個地辦。然而表演跟比賽就能代表傳統武術嗎？非也非也！表演都是花招；硬氣功則半真半假，靠的是道具和竅門；套路嘛，光講究著好看，跟體操沒什麼不同；兵器演練更是拿棍子鞭子劈哩啪啦甩在地上亂打，這能叫武術嗎？比賽呢？在規則底下，無論散打或自由搏擊，看來都是死勁蠻打，什麼門派招式也瞧不出。因此我有時很悲觀地認為：傳統武術到今天，只怕快要滅絕了。在珠海，便建議學校請一些傳統門派的掌門或傳人來講講，綏濱算是第一場。

講畢，夜裡到湖畔野店中，喝了一盅酒，再請他打兩趟拳，彼此講論一番。四野蛙鳴，夜風習習，亦浮生之一樂也。

去澳門，則是去交涉暑間辦研習營的事。……臨別，多馬送我一小盒澳門餅，並開玩笑說：「這不是火腿！」彼此大笑。因為昔年去浙江，袁保新托我帶點真空包火腿肉回來，結果楊樹標先生送一整隻腿來。害我抱著這腿，如抱吉他，經杭州、紹興、奉化、寧波、舟山，到普陀去拜觀音！觀世音菩薩在普陀山開道場，殆已千年，從來沒有人懷掖一條金華火腿去看她，故此事堪稱一奇。袁大嫂刻在澳門，負責外交部事務，與多馬同署辦公，故他知道這段軼事。

地板、書院、酒莊　2007.05.20

邀了周志文夫婦，請葉書含開車帶我們去陽台山。書含佛光大學碩士班還沒畢業，就來北京辦慧聰書院，任院長。近日孫冶芳經濟科學基金會又找他合作，在翠湖濕地公園建了一座四合院，準備開壇講學。另覓了一處農場，有桃杏千頭、果窖三窟，則準備改制成酒窖，建一酒莊。他也趁機拉我來看看，好替他出點主意。

翠湖甚美，不遜江南。長河碧柳，足動人情。去大覺寺畔普照寺遊觀，亦不惡。寺不對外，故靜閟。有銀杏甚偉，朴茂可觀，據云可八百年。又有娑羅樹一株，主人云即七葉菩提。蓋主人信佛，故如此云云，其實非是。娑羅樹不甚知名，然明屠隆即有《娑羅館清言》一帙，故亦佳木也。坐銀杏下飲茶一盅，令人意解魂銷。寺久廢，殿內斑駁陳舊乏保養，然自古拙可喜。梁木間尚可見昔日改作教堂時之彩繪，周志文云有東正教淵源，而「五餅二魚」作一碗五顆包子狀，尤有趣。

渝洲散記 2007.06.24

十八日下午在北師大講了本學期最後一講，即乘機飛往重慶。抵渝時已夜深。端陽前夕，而水氣甚濃，殆欲雨也！初以為此地必然甚熱，乃竟如此，頗出意料之外。

在此開會，因整天關在屋裡，故不知此地過節習俗如何。金陵電台陳婷打長途電話來問，也只能粗略比較兩岸過節的狀況。我說大陸較乏過節氣氛，粽子也不夠好吃。陳婷很驚訝，說現在端午節的氣氛不是已經很濃了嗎？我說是，但一來台灣是放了假來專門慶祝，提醒大家過節，大陸則還不能正視這種傳統節日，起碼官方還是如此，節日總是政治性的。其次是大陸個別城市飲食風俗大抵單一，台灣卻什麼省的人都有，粽子多元化，故較大陸個別城市為勝。三是某些習俗，例如香囊、香包之製作及時尚化，似乎也勝於大陸。這種比較未必準確，而且我的用意也不是挈短較長，爭兩岸之勝負，而是希望彼此觀摩，共同發展端午文化，勿令韓國人專美。

……廿二日主辦單位組織了去遊大足，看石刻。與團員聊起來，才知大多數人都不曉得大足石刻是什麼，或者根本什麼也不曉得。例如與某名流談起三味書屋，她說：「啊，為什麼叫三味，是哪幾種味呢？」原來她不知道魯迅與三味書屋的典故。聊起馮玉祥趕溥儀出京，她說：「哦？什麼時候的事？為什麼要趕？從哪裡趕出來？」我懶得跟如此這般的人出遊，便約了宴紅、周天德，一道去長壽縣獅子灘。

此地有湖，廣六十五平方公里，湖島二百座，煙波浩渺，宛然又一千島湖也。而遊人尚多未知，故素樸可喜。偏偏天氣又好，雨後涼潤，霧靄薄薄地罩在湖上，漁舟小蕩，遂如進入畫境。湖中產翹唇魚，尤為鮮美。來此靜對湖山，燒七八斤魚吃，遠勝於陪無知者扯淡矣！

秘境探密 2007.07.30

廿七日我獨自去了沙拉寺，廿八日又去了哲蚌寺。細雨霏霏，感受不俗。另外，遊人較少去的幾處，不妨略作一二介紹。

一是扎基寺。這是藏地的財神廟，神如漢地廟宇中的黑無常一般，黑臉、吐紅舌。但香火鼎盛，遠勝於其他寺院，門口哈達堆如山積。不收門票，因為都是本地人來拜。拜時，自帶一瓶酒，或在寺前購買。故寺院前面全是酒攤子。什麼酒都可以，還有一種酒就標明了叫財神酒，專用來供神的。寺院本身也賣酒。拜時奉酒，倒在一大酒盞中，下為大酒缸。酒氣熏天。人即坐此酒氣中與喇嘛擲骰子，卜問休咎。可謂一大奇觀。

二是倉姑寺，在大小昭寺之間，僻居市廛裡，不易發現，遊客也不太知道。倒是本地人群聚寺中涼棚下喝酥油茶，頗為自在。這是尼姑庵。拉薩的尼姑庵不少，但此地最居市中心。

閩西北遊志　2007.08.28

麻沙這個地名，對我們讀古書的人來說，別有感會。因宋代刻書以麻沙本為最盛，記得朱熹《建陽縣學藏書記》曾言：「版本書籍，上自六經，下及訓傳，行四方者，無遠不至。」元明以後，盛況依舊，清人查初白有詩謂：「江西估客建陽來，不載蘭花與藥材。妝點溪山真不俗，麻沙坊裡販書回」，可見到清代也還是盛的。現在雖然溪山僅存，人文不興，但吾人過此，感覺仍是十分異樣。

抵建陽，先去毛漢光先生家拜訪。所居十分寬敞，壁面上兩大幅書畫，均毛公自作。一為西安昭陵壁畫摹本及題識，一為赤兔賦。看來毛公在此頤養，雅興不淺。所居面對麻陽溪，可謂坐擁湖山矣！晚上去溪上湖畔吃魚。餐畢喝茶，與建陽文化局、旅遊局諸君談建陽陶瓷、書坊，朱熹、蔡元定家族事等。深夜則自己又一個人走出來，在建陽市區轉了一圈，吃燉罐、喝魚丸湯，不亦快哉！

武夷訪古　2007.08.29

古漢城博物館很簡陋，文物卻很珍貴，但保存及展示條件不佳。……倒是井水依然甘甜可飲。中國幾千年的古井，唯有這一口仍可生飲。我們在遺址處曬得七葷八素，掬水痛飲，涼沁心肺，真是感到無比暢快。

晚上武夷學院宴請。……餐畢，拉了毛公夫婦及應鳳凰去找包紅妹。她是包公廿八代後裔，與夫婿在武夷山經營文物藝術品買賣。五年前來武夷時認得，後來店面遷走遂沒找著，如今才問杜潔祥要到電話，聯絡了去她家喝茶，並聽彈箏。我奔南走北，各地非學界非政界之「民間友人」甚多，雖或久久才得一見，但覿面相親，輒多感念。上次來武夷，到一茶莊找老闆，不在，一行人便告辭走了。夜裡在某處山產店吃野味，老闆竟覓來，說：

我猜到是你，又猜到會來吃野味，故找來。令我大為驚喜。可惜此次想再找他的茶莊，卻已搬了。

次日……往天心永樂禪寺品茗，此寺即岩茶大紅袍祖產地。唐貫休、宋朱熹皆嘗來此，有詩文。明永樂間以茶為貢品，因賜寺名永樂。入清尤為一大叢林。「文革」間毀之，僅餘一舊殿。現方重建，正大興土木中。

方丈道澤，畢業於靈岩山佛學院，頗打禪語。我陪毛公與之聊了一會兒，便出來喝茶。中午並在寺用齋。我素不喜吃齋，偶一頓卻無妨。何況這兩天吃了不少麂子、野豬、野兔、蛇、穿山甲，吃點齋也是好的。

此寺與台灣關係密切。高雄開證法師及其法嗣傳孝法師均對此寺之重建貢獻甚大。傳孝即現任住持道澤之依止師，亦為名譽住持。惜開證法師已逝。在寺中還見到妙湛法師之塔、趙樸老的許多題識。想起在高雄見到開證法師，在南普陀見到妙湛法師，在靈岩山寺見到明學法師，在北京醫院見到趙樸老等事，一時前塵舊影，觸緒紛來。佛教所謂「無常」，此即是矣，何必說禪飲茶，始能得之？

國學講習會 2007.10.26

私人講學，才可以稱心而談；從遊者，亦皆為析疑問道而來，故也才有相與論學的悅澤之感。真學問、真精神，便似乎才由此出得來。貴州盤山有首民歌是這樣唱的：

吃菜要吃白菜頭，跟哥要跟大賊頭。
睡到半夜鋼刀響，哥穿綾羅妹穿綢。

民間講學，於今彷彿大賊頭打家劫舍的買賣。學問，也就是財貨之獲得，可能來路不正，但也可能反而很正。因為興許是劫富濟貧或竟分到了不義之財。而且，不管正不正，光這番半夜鋼刀響的生機淋漓氣魄，就要讓人眉飛色舞了，何況還將得到綾羅綢綴呢！

現在，我也要立山寨、開講會了，諸位跟我這大賊頭一道吃吃白菜頭吧！

冬日雜記 2007.11.20

王玉奎兄弟自承德來，與任定成、王駿同來邀飲。說起與王駿、林信華去石家莊吃狗肉，其後我又去承德拜訪他等往事，大發豪興說：「小寒以後，大夥兒去承德，殺一條狗、烹一鍋羊來喝酒吧！」結果承德還沒去呢，我已先醉了，昏睡了一下午才由他們送回。看來老矣，不能再與諸君縱酒啦！

十七日在國學小院講「中國的書院與講會」。……該日無詩會，陳興武卻也到了，原來他也來彈古琴。據說他們彈了一早上，中午去吃飯，聊起詩會正教格律，許多人初習此道，感覺又陌生又好玩，陳便以菜譜上的菜名徵對：「土豆燒牛肉」，李曼對以「番茄燉鮑魚」，陳大嗟賞。我聽了亦以為有趣。作詩本來就是遊於藝，應該從遊戲中體會。凡百學問皆出於玩，無玩心，就玩不出道理。而且飲啖雖俗事，作詩卻不妨由此落想。俗事俗情，一轉也可能另見趣味。例如我有冬夜一小絕句云：「福圓枸杞燉牛鞭，頗喜冬寒醉飽眠。未必養心須忌口，老夫剛證祖師禪」，即是如此。押鞭韻，彷彿東坡用屎字，所謂：「腳踏牛屎覓歸路，家在牛欄西復西。」

南行雜詩 2007.12.08

浙大在會議結束後，安排我去講了一場「生活的儒學」。講畢又去湖畔居喝茶，歸來已晏。因次日要趕清早飛機去廣州，故即準備就寢。不料林保淳卻來邀談。保淳乃現任中華武俠文學會會長，人稱「武林百曉生」，由台灣來會。但我們根本沒時間聊敘，所以趁此機會出來沿湖漫步。月黑風高，保淳又不良於行，拄著拐杖，且走且歇。在「西湖天地」逛了一陣。遊人俱散，店家也都紛紛收拾打烊，一派荒率景象。我與林保淳、張樂林三人無處可去，只好找了一家「哈根達斯」霜淇淋店，各坐夜風中吃了一球冰而已。西湖良夜，居然如此，可笑！

有南行雜詩數首，略述這類事：……二、劍氣花光萃此湖，更憑詩酒下神巫。小談俠義非吾事，早入蒲菰訊野鳧（**武俠小說研討會，金庸亦到場**）。……四、哈根達斯一球冰，夜自瞢騰意自興。略譜英雄刀劍錄，不知四野已無燈（**與林保淳、張樂林夜談武林掌故**）。

珠海、成都、重慶 2007.12.15

十二月一、二日在珠海聯合國際學院召開「國情國學教學研討會」。邀了台大周志文、中正大學雷家驥、佛光郭冠廷、浙江儒學會吳光、日本同志社大學蔡孟翰來。因迎接雷家驥等人遠道來，此番特地找了一家店吃龍虎鳳，也就是蛇貓雞。吃得我與家驥大呼過癮，志文等人則面色如土。座中崆峒派玄空門掌門人白義海乃回民，對此亦不敢向邇。

會議散了以後，……抵成都，三日在川大文學院講了一場。四日又與吳銘能、敬木林、賴和平、趙敏、胡小柳等共遊青城山。在山上喝茶唱歌，好不愜意。

趙敏、胡小柳均在川大宗教所博士班。三日夜半，趙來接我去他家茶敘，小柳與江西財經大學張晟亦同來。喝茶論道之頃，三君便要拜師，於是糊裡糊塗竟受了大禮，收了三個徒弟。我向來講學，不主秘授，即使是當年辦中華道教學院，也把歷年道教家傳秘授的傳統改為公開普傳的體系。故雖也有不少朋友發願向學，說是要來拜師，我都不曾收過。不料一時好玩，居然破戒，得著幾個好徒弟。

例既開了，五日便又請了王慶余先生來做見證師，接受了歷史學院賴和平的磕頭。……王慶余先生乃筋經門傳人，一生傳奇，文武藝業俱精。我拉吳銘能、徐新建兩兄來，與王先生茗談，並去喝簡陽羊肉湯，令他們大感興味。我多識神州奇才異能之士，新建又擅長民俗調查，因此我建議應做個計畫，有系統地做口述歷史性的調查保存文化資源，否則未來老輩凋零，悔之晚矣！

六日由成都去重慶，開「宗教與法治」的研討會。……重慶與成都一樣，都在下雨，而重慶雨後霧氣尤重。會議既然無法深談，我便自去找樂子。乘著雨，由西南大學這一門走到那一門。西南師大合併了農校等，並成了現在這麼個龐然大物，校地幾近萬畝。在雨中又不能上縉雲山去看竹子喝茶，所以就去西南大學另一頭找了家狗肉店。一個人坐店中，吃了一鍋肉，飲了兩盅酒。璧山狗肉，別有滋味，與徐州或花江狗肉均不相同。冷雨山城，霧氣昏漾中，自食自樂，亦別有情趣也。

韓國去來 2007.12.31

由天津直奔北京機場，去漢城開陽明學會。抵仁川機場後，徑轉江華島，在島上開會。我的論文研究韓國陽明學主要代表人鄭齊斗的經世思想。此題是連韓國人自己也不太懂的，故所論頗獲好評。

晚上心情大好，韓國朋友又熱情招待，於是生魚、生蟹、生蠔、生牛肉，大吃了一頓。夜中腸胃竟鬧起了暴動，狂拉猛瀉不已。次日韓國朋友忙把我送去醫院，又吊點滴又吃靈藥，而居然毫無起色。俗語云：鐵打的漢子也經不住三天瀉。想那秦瓊，如此好漢，在旅途中得了痢疾，還不是病懨懨的，最後且要賣馬，還當掉了隨身兵器熟銅黃金鐧，可知此事不是鬧著玩的。為免小命送在旅途，還是趕緊打道回府為妙。於是開完會，登時就改了機票，飛回北京。

韓國已多年沒去了。近年韓國大興中國熱，會議甚少找台灣學者參加。我這次去，本擬借機多會會彼邦學界友人，以申文化交誼。不料遽攖奇疾，踉蹌而返，殊為敗興。回得家來，女兒居然大笑，說：「倘若你客死異鄉，還可因處境淒涼，博得一些同情。但如果未來《年譜》上說是吃生牛肉拉稀拉到死，可多麼有趣啊！哈哈哈！」

春遊 2008.02.23

元宵佳節……與劉鐵梁等人同去河北蔚縣看社火。蔚縣之「蔚」，地方上都念成尉遲恭之「尉」，在靠近山西處，路過涿鹿、小五台山。山路難行，又長達二百餘公里，跑到半途，車就爆了胎，只好找間野店草草就餐，吃了盆狗肉。

抵達蔚縣已半夜，社火早過，清寒砭骨。元宵還沒吃呢，於是再找了家小店，央求主人煮了點湯圓來應景。吃畢睡覺，準備明早看廟會。

不料早起一看，好大的積雪，白茫茫一片。廟會逢此大雪，也就辦不成了。我恐山路積雪難行，乃催促著趕回。

……途經北京齋堂縣爨底下村。村子是明代屯兵守關人後裔群居而成的，我原以為是爨族或爨姓聚居，結果卻不是，全是韓姓。土木磚瓦，迄今猶存舊貌，雖開發旅遊而風味不失，十分整潔素樸。每戶人家自己住著，客人來了就是客棧，所以也全村都是驛店。

我去的一家，主人韓孟達君正在練字，滿屋子炕上都擺滿了他的習作。看來雖是小地方而風雅猶存，據說全村的春聯都出自他手筆，還曾拜師學過吶！近正寫王羲之《黃庭經》《聖教序》，頗識甘苦，拿出一大疊毛邊紙，邀我一同寫著玩。說《黃庭經》中多古字，苦不盡識，且無法斷句，亦不知其意。我略為其言之。彼不逢我，此惑將終身不能解也。

玩畢，與主人一同包水餃，並燉吃了一鍋野兔而返。又在村口野台地上放煙火、放鞭炮。月明星燦，炮驚山鳥，不亦樂乎！

行腳　2008.08.30

往徐州，欲聯絡沙先一而未果。友人知我至，準備了狗肉相迎。我說：「上回還吃了狗爪子呢，此番不知還能吃著否？」至夜，果然找來，說可用以宵夜下酒。我覺得太打擾了，乃自出覓一狗頭，扭了一截狗脖子回來，並配以茶饊子回敬。地方人士皆大詫，說：「你怎麼找得到這些東西？我們本地人都還不知道哪兒有哩！」我說：「覓食之道，通於治學，當然須找得著一般不經見之材料，才顯本事！」

安溪茶旅　2009.01.02

抵廈門，續辦書法展。

三十日去布展，一切安排停當後，三十一日便抽空去安溪。之所以跑這一趟，因緣是吳興元這幾年一直協助我出版書的事，《美人之美》《向古人借智慧》都是他經手交給百花文藝出版的，《文學散步》則由他自己印出。他是安溪人，安溪茶到北京來推廣時，我原擬出席茶會而不果；他找我去他安溪老家採風，安排了若干次，我也都不能成行。此番既到了廈門，選日不如撞日，立刻聯絡了廈門市政府辦公室陳守舉兄，煩他派車讓我去安溪一踐夙諾。……

興元聯絡了他中學老師謝文哲先生，謝先生現已任安溪宣傳部副部長，講好了參觀事宜，遂上路。

不料由同安轉安溪，由於路標標示不清，路人報以繞行山路，竟越走越遠。山縈路繞，雲霧封之，耗了很大勁才抵達安溪。原來，安溪雖距泉州與廈門皆不遠，但地處戴雲山東南坡，群嶺連綿起伏，境內有千米以上高山百餘座，故道路難行至此。千米以上的山坡成年雲霧繚繞，正與台灣各茶山地勢相似，無怪此處亦為茶鄉也！台灣的鐵觀音茶，也就是由此地分種出去的。

安溪的茶，當然不只是鐵觀音。鐵觀音發現並焙製成功甚晚，乃清乾隆以後的事，早期的茶，如五代時安溪首任縣令詹敦仁有《與道人介庵遊歷佛耳，煮茶待月而歸》詩云：「活火新烹澗底泉，與君竟日款談玄。酒須徑醉方成飲，茶不容烹卻是禪……」，又北宋宋子安《東溪試茶錄》載：「堤首七閩，山川特異，峻極回環，勢絕如甌。其陽多銀銅，其陰孕鉛鐵。厥土赤墳，厥植惟茶。……茶生其間，氣味殊美。」這些茶都不是鐵觀音，甚至也不是烏龍。

這次我到安溪，去爬了清水岩，此乃天下清水祖師廟的祖庭。當家招待我喝了一種茶，類如甜菊般，十分甘甜。據云乃清水祖師昔年發現並植栽至今的，僅幾株，每年產量三數斤，專供廟裡待客之用，移植則不活。這茶便與烏龍一系迥異，可見安溪一地，茶種十分複雜。如今主打鐵觀音這一品牌，不免獨沽一味，對茶史少了挖掘，對其他茶種之研究與開發亦少了關注，我以為是比較可惜的。

再說，詹敦仁與同道去遊佛耳、烹茶論禪，這事更與在清水岩喝茶一樣，十分重要。茶禪一味，風氣形成於晚唐。但過去論此風氣，或推源於武夷，或溯本於山東，沒什麼人注意到安溪，安溪今亦不太發揚茶禪之風；世之論茶禪者，率皆矚目東瀛，這似乎也是可惜之事。

另外，安溪鐵觀音，這一名品之形成，應與《東溪試茶錄》所說的地理特質有關。因安溪蘊藏鐵礦，目前鋼鐵產量居全省第二。這種地質所產之茶，含鐵高，茶湯色深，有時表面甚至會泛起一層淡淡的鐵銹紋，故爾得名。

如今地方傳說，乃予以神化，或說觀音托夢給魏萌，魏氏採栽回來，種在鐵鼎之中，故名鐵觀音；或說書生王某奉呈御飲，皇帝以「其茶烏潤結實，沉重似鐵；味香形美，猶如觀音」為由，賜名鐵觀音。凡此，皆鄉人野談，不可信據。堯陽村與松岩村各持一說，彼此爭哄，尤可不必。這次我也去拜訪了魏萌的後人魏月德。他曾在茶王賽中奪魁，號稱茶狀元。我很喝了幾泡他的好茶。但總以為茶狀元之稱本即不經，自來只有茶博士，並無茶狀元。茶的發明權或發現權更難考稽，談之亦無益。美國、英國根本不產茶，可是人家的星巴克、立頓紅茶，暢銷全世界，每年的營業額是安溪茶業總產值的多少倍，足證爭辯起源頗為無謂。何況這些傳說又都不能解釋鐵觀音為何以鐵為名呢！今之鐵觀音，焙製時著重其香型，有清香、濃香各類，可是茶湯大抵偏於金黃而非深褐，恐亦乖於古法。

雖然如此，鐵觀音畢竟仍是茶中絕品，在安溪一路喝來，齒頰留香，喉韻甘醇，感覺至美。不禁向謝先生等建議辦些活動，讓我再找些朋友來安溪玩，品茶、謁孔廟、登清水岩、遊茶都而論茗，濯安流以瀹懷。當然，還可以吃狗肉。謝先生知我要來，特地去訪了狗肉、鹿肉，佐以安溪的湖頭米粉、肉蛋湯、鴨湯豬腳、燜燉羊肉等，配上安溪白酒麴鬥香，大暢余衷。食畢，再飲他一盅鐵觀音，嘿，到現在寫遊記時還懷念著哩！

南北遊方 2009.04.20

自武當山回北京後，跟《中華兒女》副秘書長邊玉昆先生、政通城際公司周寶珠總經理又去了一趟張家口。過八達嶺長城後，氣溫即降，地貌與北京迥異。北京城中，已是東坡詩：「梨花澹白柳深青，柳絮飛時花滿城」之景象了，關外竟還未發春芽。地氣亦寒，夜中颶風更達八九級，與台灣刮颱風相似。

此番去，是專程去看傅大巍的銅雕。其實就是銅印。古代銅印都是鑄造的，明清文人刻石，對銅亦只能望而卻步，因為太硬了，難以奏刀。傅君則專注於此，又以治印鈕之技治銅雕。曾刻一鼎龍璽，將魏晉六朝套印技術發揚光大，大印套小印，印中又套印，凡一〇八面印文，載入金氏世界紀錄。近又刻成一般若寶璽，上為釋尊像及寶座，下為印文五十八面，燒錄《般若心經》。各印以甲、金、古璽、漢簡、小篆等為之，錯落有致，具見巧思。他正另刻《大悲咒》，規模更大，剛進行到一半，也取出供我把玩。

張家口飲食已屬塞外風格。但除蓧麵、口蘑等傳統飲食外，亦有創新處。例如我們去吃一家鵝肉涮鍋，就在涮牛羊肉外還涮鵝肉、雪兔肉。涮鵝肉不經見，涮兔子，我曾寫文章介紹過南宋時期有此做法，但也一樣罕見，不料居然能在此地吃著，腴嫩出乎意料，頗為愜意。

在張家口一宿即返北京。但不遑寧處，當天就又乘夜車南下江西鷹潭，到龍虎山去。我與龍虎山天師一脈夙有淵源，可是這趟不是為天師府去的。舊時海南大學友人相邀，謂李澄怡兄在龍虎山辦「大道乾坤」旅遊區，囑我往助。去則發現業務已然展開，由遼寧鞍山運來岫玉竟達三四千噸，蔚為奇觀，其餘規劃亦漸就緒。因略與商議之，便偕同去天師府訪張金濤住持，並向我義父張恩溥大真人遺像叩首。

由天師府出來，找了一處瀘溪河邊的農舍，坐涼亭中飲酒，吃烏龜。春水碧波，春山無嘩，真世外仙趣也。

本來朝山進香是不能吃雁、鰻、龜、鱉、鯉、蛇、牛、犬的，但我是禮拜出來才吃，故尚無妨。山中艾草等野菜與竹筍尤佳。周必大曾有詩《招陸務觀食江西筍，歸有絕句》云：「色如玉版貓頭筍，味抵駝峰牛尾狸。歸向妻孥誇至夕，書生寒乞定難醫。」此即江西筍也，味不減當年陸放翁所食。食頃，忽春雨驟至，店家說撤席進屋子裡去避避吧！我不肯，說正要體會這雨呢！故仍坐亭裡，酒酣而後返。也不用住了，依然乘夜車由鷹潭回北京。南北遊方，一日夜來往數千里，久已慣常了，這也算不得什麼。

旅中 2009.05.06

邇來行跡，過於匆遽，往往未及敘述，又啟程去赴新的旅程了。

四月廿一日抵珠海，講「生命的生與死」，並籌辦「城市與海：歷史與未來」研討會。……余秋雨也來了，應聯合國際學會之邀，作為「高桌晚宴」主講嘉賓。他與我在二〇〇五年哈佛演講後即未見過。講題是：「中國文化的當代價值」，略謂昨日乃世界讀書日，此日係紀念西班牙賽凡提斯。此公與莎士比亞均逝於一六一六年這一天，而一六一六這一年又是湯顯祖死的那一年，莎士比亞的生日也是四月廿三，可見這一年和這一天至為奇特、至為重要，這天也恰好是他老婆馬蘭的生日云云。

我好不容易待到他講完就起身走了，趕赴白雲機場。高桌晚宴，竟是一口也未吃到。乘夜班飛機飛抵杭州已然午夜二時，入住柳鶯賓館，次日開中華詩詞研究院的年會。……西湖之畔，柳鶯聲中，彌覺清雅。

西湖春色漸老，繁花都盡，柳蔭濃深。然春情不減，駘蕩多姿。我待遊人去了，一人獨坐湖濱，看著天光逐次轉晦，山色由空濛以至深黑，殊覺言語道斷，慮解魂消。

夜裡約了樓含松去找王偉勇、陳煒舜。因次日要開「龔自珍與二十世紀詩詞研討會」，我請他們由台灣來，故今先來看望。彼此再一同去「純真年代」。

這是個書吧。杭州酒吧甚多，書吧只此一家，主人為盛世潮、朱錦繡夫婦。二君於濁世為雅集，闢酒館為書肆，頗為不俗。盛君早在一九八二年就讀過我的書，見我來，甚喜，特回家取了二瓶五糧液，並贈我他所編《朋友叢書》四大冊，令我對杭州人文狀況大生驚豔之感。

胡志毅、江弱水隨後亦至，遂共談至夜中。弱水已醉，但仍記得我舊日散文中引述古人詩：「欲得周郎顧，時時誤拂弦」，誤為周郎頭。酒人醉中，往往記得清許多事，我們清醒時，倒常忘了或誤了許多事，故誰醉誰醒，其實難說得很。

次日開「龔自珍與二十世紀詩詞研討會」。早上我講完，便與青風同去楊公堤天福茶樓參加胡志毅召集的午餐雅集。浙江藝術研究院、昆曲團幾位朋友聚在花塢水曲間，品茗、閒話、笛、唱昆曲、謳民歌一番，亦甚韻。

本來會議開完，大夥還要去龔自珍紀念館夜宴。我無暇盤桓，急著去趕夜班飛機返北京，杭城食事，又少體會了一次。

南通行　2009.06.11

赴南通演講。

前此來南通，已在三年前，登狼山、遊濠河，不亦快哉。然頗不喜本地主事者以「現代化第一城」為標榜。現代化本非好事，有何可誇？且南通宋明以來人文勝跡不少，如今僅談近百年之偉烈，突出張謇，其實是把自己說小了，豈不可惜？狼山為佛教名山，台灣聖嚴法師出身亦即在此，而當時所見，寺院景區介紹似不少錯誤，亦令人詫嗟。此番再來，遂不想再看市政建設，狼山亦不必再往，乃與圖書館諸先生商量了去看書。

……結果開了庫房去，把所有善本都流覽了一遍，次日又請館裡找出靜海堂善本目錄，再看了一通。……最好玩的，我覺得有三，一是年羹堯的《兵經法術考》，二是吳殳的《紀效達辭》，二是吳汝綸評范伯子詩。吳殳是詩人，更是清初武術第一大行家，這抄本五冊，他處未見，是他對戚繼光《紀效新書》的研究，不啻兩大武術家之對話。吳汝綸評范肯堂詩，同樣未見流傳。這個本子，乃是把吳評一條條抄在詩後面，再剪貼而成的，形式也很特別。其餘琴譜、爐譜就不說了。

……抵南通時，袁瑞良先生設宴接我。袁先生能賦，所作大賦甚多，頃已卸市長任，轉職政協。相見忻喜，乃又約我次日去吃河豚。聞近時吃此類河鮮，如長江刀魚，一斤竟可達四千餘元，真嚇殺人也。袁公特選一漁莊而價廉味美者，精烹數種食之。

次日李祝星另找了一家小店，又治了河豚、鮰魚等來吃。祝星供職社科聯，招呼我行止，但跟我一般好吃，且比我能做，有二級廚師手藝。相與講談飲膳之道，大生知己之感，竟認我做了大哥。除吃魚外，還拉我去唐閘區吃全牛。全牛席我吃得多了，此間卻有淮揚菜的精緻感，與北方吃牛羊不同。祝星卻覺仍有可改進之處，與我商榷品題之，頗增飲饌之樂。

研究方法　2009.09.14

到北京，甫將養以待開學，卻又南行去杭州替清華大學東南教學點的儒商智慧研修班講了一次課。……

因要南下，乃電詢王曉華，問吳炫能不能弄到狗來吃。吳炫號稱杭州狗王，能自烹調。但她們說現下杭州還熱著，沒人吃狗，故另訂了在胡慶餘堂吃。

我快上機時，忽又接獲通知，云已央請南山人家野味館特製一爐，因此仍去吃狗。另吃了一蛇、一雉、一魚。食畢，自踏月，沿西湖而返。路過唐雲館，見尚有燈光，便拍門而入，索茶而飲，盡數十甌而後歸。

次日，胡志毅、江弱水說：仍去吃羊吧！乃至清河坊羊湯館。弱水說我能唱烏蘇里船歌，故由烏蘇里弄了一盅當地土酒來讓我喝了。他剛去台灣，所以跟我說：「不去台灣，還真不曉得老兄影響這麼大！」我忙遜謝，問他何所見而云然。他道：「許多人談起，都還怨毒在骨哩！」彼此哈哈大笑。

吃的事講完了，該說點讀書方法的問題。頃與常紹民合作，又編了《人文科學研究法》、《社會科學研究法》兩書，我都寫了序。

《飲饌叢談》台灣版自序　2009.10.10

八月中下旬，在台北一餐廳吃完飯出來，巧遇李瑞騰、焦桐。與焦桐不見已數載矣。當年他創辦二魚文化出版社，立志發揚飲食文學時，曾發豪願，願助他一臂之力；而天涯浪跡，竟未能踐我夙諾，故見之彌愧。結果，他聽說我剛輯了一批談飲食的稿子，立刻就奪去印出來了，令我不得不佩服。今日收到書，且把自序附下，以窺一斑。

> 談藝之什，舊有《書藝叢談》、《武藝叢談》二種，今復輯比剩稿，成此新編。徇焦桐之命，預易牙之盟，名曰《飲饌叢談》，並序其端云：
>
> 余非饕餮，亦嘗飲食。徒求療饑，敢云知味？幸而黃粱易熟，綠蟻能餐，遊半天下，慣食馬肝。或山麓水涯，染指雉膏熊膩之鼎；或酒簾茶灶，洗心蓴美蟹腴之盤。雖愧無伊尹割烹之力，且喜有田夫鼓腹之歡。又嘗歌大酺、詠鹿鳴、鄉飲酒而怡豫；擁豪俠、招狗屠、日傳席以汗漫。非山家之清供，鄙隨園之食單，舌福不淺，經驗可觀。
>
> 兼以性好幽奇，索隱行怪，譜求燒尾，術要齊民。歸來曾煮白石，居處久服青精，既窺飲德食和之奧，亦餌春蘭秋菊之英。即事窮理，略通儒者養民、道士辟穀之故；徵文考獻，且釋闍黎戒殺、回民宰牲之爭。因飲啄之恒情，上質政禮、醫藥、倫彝之常經，豈僅為飲食、男女、逸樂之品評？

此余飲饌文化學之大凡也，取途或異夫苟耽滋味之徒。文則莊諧競作，短長弗拘。如室女之貫珠，仿眾仙之行廚，志浪遊之鴻爪，為灌頂之醍醐。知我罪我，盍共醉茲一壺？

己丑中元，方普度於燕都